O SELF DO TERAPEUTA

A CARTOGRAFIA DOS TESOUROS ESCONDIDOS NO TERAPEUTA

Danielle Doss Damo
Lúcia Vinagre
Organizadoras

O SELF DO TERAPEUTA

A CARTOGRAFIA DOS TESOUROS ESCONDIDOS NO TERAPEUTA

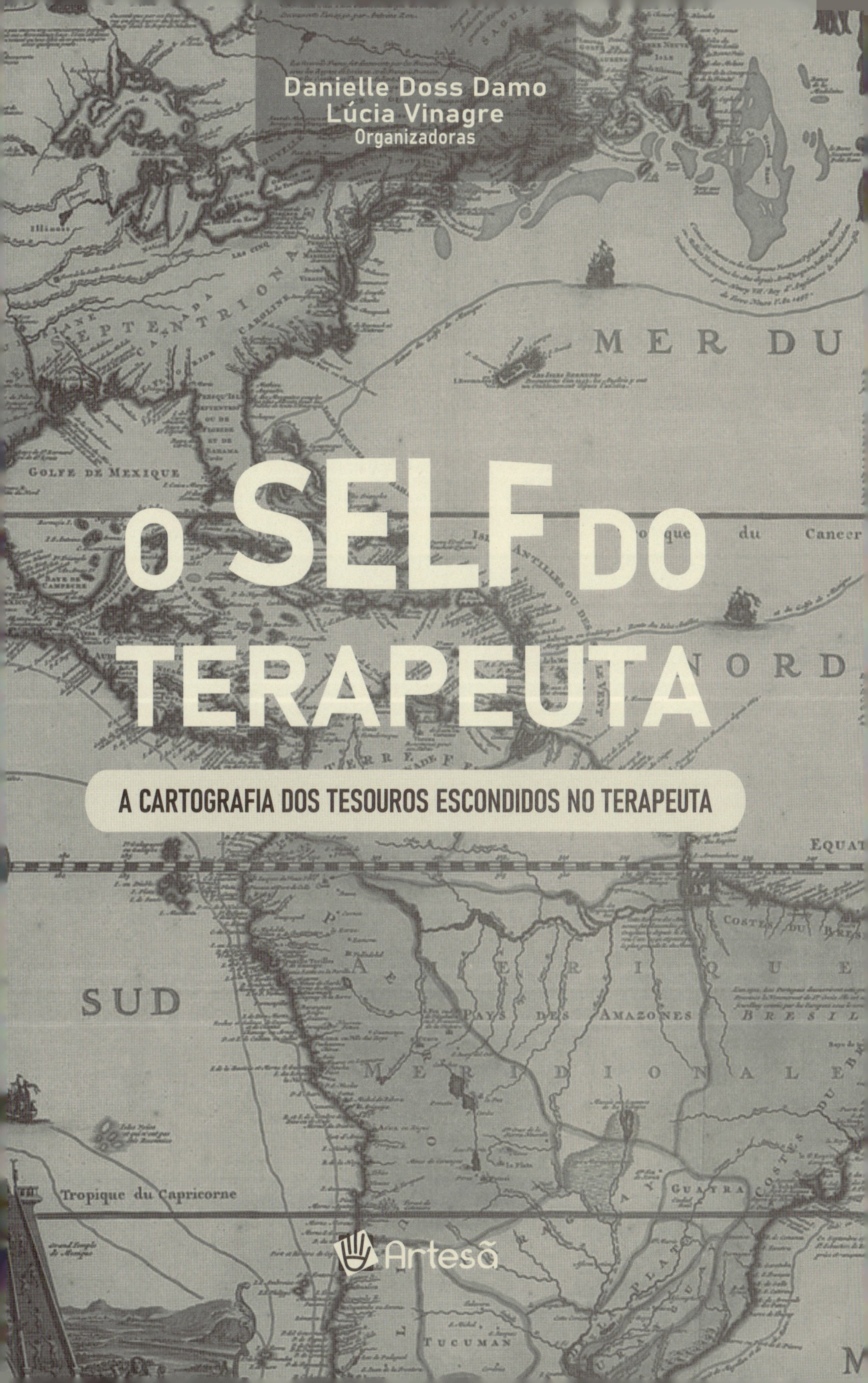

Artesã

O Self Do Terapeuta - A cartografia dos tesouros escondidos no terapeuta

ORGANIZADORAS
Danielle Doss Damo
Lúcia Vinagre

COORDENAÇÃO EDITORIAL
Michelle Guimaraes El Aouar

REVISÃO
Silvia Barbosa

CAPA
Benedito Renê dos Santos

DESIGNER
Letícia Ribeiro Ianhez

PROJETO GRÁFICO E DIAGRAMAÇÃO
Letícia Ribeiro Ianhez

S465

O self do terapeuta : a cartografia dos tesouros escondidos no terapeuta / organizadoras: Danielle Doss Damo , Lucia Vinagre. – Belo Horizonte : Artesã, 2023.
318 p. ; 23 cm.
ISBN: 978-85-7074-081-6

1. Self. 2. Terapeutas. 3. Competência profissional. 4. Impasse (Psicoterapia). 5. Psicologia. I. Damo, Danielle Doss. II. Vinagre, Lúcia Helena Barros.
CDU 159.9

Catalogação: Aline M. Sima CRB-6/2645

IMPRESSO NO BRASIL
Printed in Brazil

(31)2511-2040 (31)99403-2227
www.artesaeditora.com.br
Rua Rio Pomba 455, Carlos Prates – Cep: 30720-290 | Belo Horizonte – MG
/artesaeditora

SUMÁRIO

PARTE 2

MER D
NOR
SUD
Tropique du C
Tropique du Capricorne
GOLFE DE MEXIQUE
ISLES ANTILLES OU DES ISLES DU VENT
TERRE FERME
NOUVELLE GRENADE
GUIANE ou GUAIANE
PAYS DES AMAZONES
MERIDIONAL
TUCUMAN
GUAYRA
COSTES DU
CAROLINE
SEPTENTRIONALE
AUDIENCE DE GUATIMALA
Illinois

APRESENTAÇÃO DAS ORGANIZADORAS

Apresentação Lúcia Vinagre

Venho de uma formação analítica psicocorporal reichiana que já compreende a visão sistêmica como fundamental para olhar e compreensão do ser humano em sua relação com a vida. Nos meados da década de 90, resolvi agregar uma visão do casal ao meu saber terapêutico e fui fazer a formação em família no Instituto de Terapia de Família do Rio de Janeiro (ITF). Muito conhecimento estava sendo aprendido, mas eu sentia que me faltava uma visão mais convergente com minha abordagem de base e que aceitasse o meu sentir e estar na relação terapêutica.

Em meados de 1998, ainda em formação pelo ITF, soube de um grupo indo para Roma, conduzido por Cynthia Ladvocat, fazer o Praccticum com Maurizio Andolfi na Accademia Di Psicoterapia della Famiglia. Como preparação para este momento, Andolfi nos pediu que estudássemos seus conteúdos teóricos antes de ingressarmos nessa viagem do trabalho do *Self*. Foi aí que encontrei aquilo que procurava na abordagem sistêmica da família, a teoria sistêmica relacional. Fui também apresentada ao trabalho do *Self* do terapeuta. Minha experiência com meu genograma foi expandida para além do saber sobre minha história familiar e pude vivenciar o sabor do sentir, nem sempre doce, nem somente amargo, a partir de onde me colocava na minha família, nos impasses aqui e no meu trabalho como terapeuta e na minha vida relacional. Antes de partir para Roma, fiz meu primeiro *Self* com Cynthia (com quem encontrei uma afinidade de trabalho com esse tema. Uma querida amiga, parceira dos trabalhos do *Self* em Congressos e Simpósios no Brasil e Exterior) pioneira deste trabalho aqui no Brasil. Este foi mais um dos pré-requisitos dado por Andolfi, os participantes deveriam já terem tido uma experiência de trabalhar seu *Self*.

Além da magia da cidade romana para ser o lugar de minhas experiências do *Self*, tive a experiência profunda e extensa do mergulho para dentro de mim em minha relação vivida com minha história, emoções, posições e possibilidades surgidas a partir daí. Em 1999, retorno para um novo Praccticum com Andolfi em Roma, acompanhada por Cynthia Ladvocat. Neste, tive a oportunidade de fazer o trabalho do *Self* novamente com Andolfi e com uma supervisora da Accademia a supervisão de caso clínico com base no meu *Self*. Agreguei muito aprendizado com essa experiência pessoal e clínica nesta viagem sistêmica relacional pessoal e profissional. Luzes foram lançadas sobre as dificuldades que podiam vir a ser possibilidades e recursos. Algumas situações de minha vida familiar de origem, que até então não havia incluído como possíveis pontos de impasse de crescimento e libertação no meu processo de individuação, vieram à tona. Surpreendentemente cenas paralisantes emocionais, geradoras de ansiedade e tensão, que me mantiveram refém da história se apresentaram. Foram esculpidas tridimensionalmente e eu, inserida nelas. Eu jamais as havia visitado.

O trabalho de meu *Self* mais marcante foi de inclusão de meu meio irmão, fruto de uma relação extraconjugal de meu pai, em minha vida pessoal, social e em meu coração. Compreendi visceralmente e reflexivamente que para mim ele não era um problema e sim a realização de um desejo de ter um irmão homem desde pequena. Então me autorizei a celebrá-lo em minha vida como um presente do universo para mim.

Ao retornar dessa viagem do exterior no plano geográfico e ao interior no plano interno e emocional, posso dizer que iniciei meu caminho de levar o trabalho do *Self* com os terapeutas para frente aqui no Brasil. Comecei entusiasmadamente pelo caminho do compartilhar este saber vivido e apreendido com os terapeutas que se interessavam por este assunto nos Simpósios e Congressos. Com o passar do tempo fui construindo o meu estilo de trabalhar o *Self* como facilitadora com os terapeutas.

Foi no Simpósio da Associação Catarinense de Terapia (ACATEF) que conheci Danielle Doss Damo. Ela era a organizadora do evento e foi um encontro de almas e conexão afetiva e profissional à primeira vista. E aí nasceu o primeiro projeto de formar um grupo de trabalho do *Self* com a família de origem (FOT) em Chapecó-SC, sediado no InterCiclos Instituto de Formação. Nesse grupo Danielle fez seu primeiro trabalho de *Self*. Na sequência seguimos com o grupo de trabalho do *Self* com a família atual (FAT) e finalizamos com o trabalho do *Self* nas relações amorosas.

Deste primeiro grupo, formado em 2017, até os dias atuais, nasceram novos grupos de trabalho contínuos do *Self*. Fui descobrindo e consolidando meu formato de trabalhar com o *Self* dos terapeutas sem deixar de reconhecer e ser grata as bases vindas de Maurizio Andolfi e de Cynthia Ladvocat no que faço.

Apresentação Danielle Doss Damo

Por ser esta uma obra que versa sobre o mundo interno do terapeuta, nada mais justo do que eu revelar um pouco de mim e de meu percurso de desenvolvimento do meu *Self* pessoal, que integrado ao meu *Self* profissional me constitui como terapeuta.

Me graduei em Psicologia no ano de 2003. Na época, fiz meus estágios na abordagem sistêmica e pude ter a experiência de atender a minha primeira família. Foi uma sensação deliciosa que me fez sentir a certeza de que ali era o meu lugar. Apesar disso, o início da prática clínica me deixou claro que não era apenas de conhecimentos teóricos e técnicos que se forma um bom terapeuta. Isso não aprendi na faculdade, descobri sozinha com meus fracassos terapêuticos e meu sentimento constante de me sentir uma fraude.

A primeira vez que experienciei um trabalho de *Self* foi em minha formação de Terapia Familiar pelo Instituto Elo. Na ocasião pude olhar para algumas repetições transgeracionais e principalmente para a minha forma de fazer dinheiro. Sou de uma família em que as mulheres bem-sucedidas profissionalmente eram criticadas por não serem boas mães. Isso me perturbava muito, pois sempre tive dois desejos, até então considerados por mim ambíguos: ser mãe (uma boa mãe) e criar uma carreira que me orgulhasse. Hoje percebo que não são ambíguos, e perceber isso me libertou de grande parte das minhas culpas e angústias.

Ainda durante a formação, o genograma cruzado (meu genograma, ligado ao do meu marido) me oportunizou transmutar o meu entendimento de dupla conjugal. Pude perceber a grandeza que a manutenção da individualidade poderia ter. Abri espaço para a construção de um modelo de relacionamento que coubesse para mim e meu marido. Do nosso jeito.

Anos depois, conheci Lúcia, nossa conexão foi imediata e, após assistir a um trabalho seu em um Simpósio organizado por mim enquanto presidente da Associação Catarinense de Terapia Familiar (ACATEF), a convidei para trabalhar o *Self* do terapeuta de forma contínua com um grupo de terapeutas que me propus a formar na minha cidade, no InterCiclos Instituto de Formação. Este foi o grande *start* para me embrenhar profundamente para dentro do meu mundo interno visceral.

Nosso primeiro grupo de Trabalho do *Self* do terapeuta com ênfase na família de origem do terapeuta (FOT) iniciou com 10 terapeutas. Ao final dele, fizemos uma imersão de dois dias para o encerramento e seguimos para a segunda etapa: a família atual do terapeuta (FAT), com um número já reduzido de colegas. Seguimos apenas em três colegas para uma nova etapa: o olhar para as relações amorosas do terapeuta (EAT).

Concomitante, estive em Roma, em duas ocasiões na Accademia Di Psicoterapia Della Famiglia, com Maurizio Andolfi e Anna Mascellani e na Scuola Romana de Psicoterapia Familiare, com Carmine Saccu e Paolo Bucci (coautor deste livro). Em ambas as escolas, o *Self* do terapeuta foi o foco. Tive a oportunidade de ser supervisionada por Anna Mascellani, com base no meu *Self*. Apresentei um caso de uma família de mulheres: uma avó, uma filha adotiva dependente química e uma neta. Na época, atendia essa família em coterapia. Anna brilhantemente, me fez andar por dentro da minha família de origem e perceber o meu emaranhamento e o sentimento de peso que eu carregava no "cuidado" com meus familiares e com esta família. Escancarou a minha dificuldade de seguir sem uma dupla de atendimento, assim como de continuar o processo de individuação da família de origem.

Meu primeiro trabalho de *Self* com Lúcia partiu de um desenho em que retratei uma boa lembrança de família. Desenhei uma família dentro de um carro, em viagem. Lembrei-me com alegria desses momentos, nos quais eu, meus dois irmãos mais novos e meus pais viajávamos. Viagem sempre teve um gostinho bom. Havia vezes, que além de nós, meu avô e avó maternos também viajavam conosco, em um mesmo carro (na época que isso era "possível" e relevado nas leis de trânsito). Olhando para o desenho, no dia do meu *Self*, de cara pude identificar o emaranhamento de pessoas presas por limites (o carro) bem sólidos.

Lúcia me pediu para que eu representasse em uma cena viva, com ajuda dos colegas, a cena desenhada. Nesta cena, estimei que tivesse em torno de 12 ou 13 anos. Em seguida, solicitou que eu reorganizasse os membros da família 10 anos depois. Nessa nova cena, meus pais já haviam se separado. Na cena que foi formada, Lúcia me pediu inúmeras vezes que eu, silenciosamente me afastasse da família de origem e fosse em direção a outro cômodo (por coincidência o meu santuário – meu consultório). Esses movimentos, foram realizados com muita intensidade e choro. Um misto de sofrimento e alívio. Para a finalização, a colega que representava minha mãe me abençoou a seguir adiante, exatamente como eu sei que ela faria se conseguisse.

Muitas tarefas me foram dadas pelo grupo. Não as fiz exatamente, mas tenho certeza que estou seguindo rumo a esse movimento de seguir adiante. Para ser específica, tenho conseguido não me sentir culpada quando não atendo as necessidades de minha família de origem. Com isso, procuro incentivar a independização de cada um (que tem dado certo), como também a minha. Tenho cada vez mais clareza de que o meu lugar não é o de âncora, principalmente porque uma âncora fica presa, e eu desejo ir longe: desbravar, conhecer, vencer.

Fiz um outro movimento importante, que sei ter sido em decorrência deste trabalho. Modifiquei meu formato de atendimento familiar que anteriormente estava engessado na coterapia. Me permiti seguir no meu ritmo e do meu jeito. Foi angustiante e libertador ao mesmo tempo. Percebo ter sido necessário para que o meu processo de diferenciação pudesse seguir.

Desejo encontrar um lugar de valentia e conquista, e principalmente de autoconhecimento. Desejo ser para os meus filhos uma inspiração de alguém que escolhe ir e vir, às vezes ficar, outras ir, e não que fica porque está presa.

Encerro este relato reafirmando que entendo o lugar de diferenciação como um lugar solitário. Por solitário entendo que seja um lugar individual/próprio, sem uma mãe ou um pai (ou qualquer outra pessoa) para depositarmos nossas frustrações e desejos. Meu lugar de caminhada solitária com minhas próprias "coisas". Mas por solitário não entendo como ruim, e sim de completa espontaneidade. Desejo poder abrir mão da ideia de ser a "filha da Vera" e a "filha do Enio" para poder ser apenas eu: Danielle, sem negar as minhas origens. Sigo no processo que acredito não ter fim, cada vez me desafiando a andar mais um pouco.

Agradeço imensamente à Lúcia, minha amiga e condutora desse incrível trabalho que muito me ajudou. Abriu muitas portas que estão me oportunizando a me encontrar e me desenvolver. Agradeço também aos colegas, que integraram os grupos nos quais fiz parte, que souberam ser continentes e calorosos. Sem isso, certamente eu não teria conseguido ir tão fundo em mim.

MER D
Tropique du
NOR
SUD
GOLFE DE MEXIQUE
Illinois
ISLES LUCAYES OU DE BAHAMA
AUDIENCE DE GUATIMALA
TERRE FERME
NOUVELLE GRENADE
GUIANE ou GUAIANE
PAYS DES AMAZONES
Tropique du Capricorne
TUCUMAN

INTRODUÇÃO

Este livro nasce de uma dupla de profissionais da área da terapia familiar que se tornaram amigas e construíram uma relação de trabalho ímpar na organização e condução de Grupos de Trabalho do *Self* do terapeuta. Inicialmente o trabalho era presencial, com um grupo fechado de terapeutas. Com a chegada da pandemia, transformamos o trabalho em online e desta forma expandimos a possibilidade de participação de terapeutas de todo o Brasil.

Uma parte do nosso trabalho vivencial com grupos de terapeutas percorre textos e autores que abordam o tema do *Self* do terapeuta. A outra parte é construída sobre um terreno criativo, artístico, simbólico e despretensiosamente livre para que o mistério que guarda as memórias da história afetiva e emocional dos vínculos e relações se apresente. De uma cena aparentemente conhecida surge o inusitado resultado do que está bloqueando a diferenciação dentro do sistema.

São muitos os autores que contribuem para o entendimento da relevância das vivências e experiências internas do terapeuta no processo terapêutico. No entanto, sentíamos duas faltas: a primeira era de ter acesso a uma bibliografia que agrupasse o domínio teórico construído até aqui pelos terapeutas familiares acerca da temática, levando em consideração os grandes mestres. A segunda, era de ter acesso às experiências vivenciadas por terapeutas que participaram de momentos de trabalho de *Self*. Até então esse era um lugar misterioso e sigiloso, visto que os facilitadores não podem, por questões éticas, relatar os trabalhos.

Nossa intenção é de inaugurar uma produção científica brasileira mais extensa e profunda deste tema. Sabemos da importância do terapeuta não ignorar suas emoções ao estar em contato com quem o procura. Sabemos que é a integração do *Self* pessoal com o *Self* profissional que constituem o terapeuta. Tornar essa intersecção consciente e manejável faz diferença na qualidade que o profissional oferece do seu trabalho, visto que o terapeuta é seu próprio instrumento de trabalho.

Para a construção desta obra, buscamos um título que pudesse expressar a busca por "tesouros" em um território desconhecidos até então. A cartografia é o estudo detalhado de mapas ou a sua descrição. No caso deste livro, a cartografia aparece no traçado para o encontro desse tesouro e seu posterior manejo. Este é o sentido que gostaríamos de dar: um caminho a percorrer. Cada um poderá fazê-lo da forma que se sentir mais convidado, confortável ou desafiado.

Convidamos colegas terapeutas que admiramos para compor conosco uma sinfonia. Temos clareza de que maestros são importantes em uma sinfonia, mas são os músicos que fazem tudo acontecer. Nossos músicos foram escolhidos com muito cuidado. Temos certeza que você, leitor, concordará conosco. Cada contribuição é como um farol que ilumina uma área desconhecida ou pouco explorada. Nos sentimos orgulhosas da potência da luz dessas lanternas.

O livro está dividido em duas partes: Na primeira parte, escolhemos teorizar sobre a consciência da influência da pessoa do terapeuta na clínica. A ação transformadora dos impasses em recursos. Os vários textos constituem um rico material de pesquisa e aprofundamento sobre o tema sob lentes variadas.

A segunda parte é composta por relatos de experiências de terapeutas que passaram pelo trabalho na estrada do pertencimento e separação e seguiram pelo caminho da diferenciação. Além de terem experenciado fazer parte dos grupos que conduzimos de Trabalho do *Self* do terapeuta, os terapeutas/autores tiveram o desafio de transformar em palavras escritas a emoção do encontro de seus tesouros e articular com questões teóricas. Um trabalho incrível que muito agregará a quem se deixar levar pelas linhas desses relatos.

É muito bom tê-lo conosco na tarefa de cartografar o tesouro do *Self* que está dentro de ti leitor/terapeuta. Esperamos que juntos possamos maximizar as potências da transformação da dificuldade em competência.

Carinhosamente,
Danielle e Lúcia

MER DU
NOR
SUD
Tropique du Ca
Tropique du Capricorne
GOLFE DE MEXIQUE
ISLES ANTILLES OU DE SOUS LE VENT
TERRE FERME
NOUVELLE GRENADE
GUIANE ou GUAIANE
PAYS DES AMAZONES
MERIDIONAL
TUCUMAN
GUAYRA
Illinois

PREFÁCIO

É uma imensa satisfação escrever o prefácio deste livro que aborda um tema fundamental na formação do terapeuta sistêmico: o *Self* do terapeuta. Ao receber o convite gentil de Danielle e Lúcia, logo iniciei a prazerosa leitura dos vários capítulos. Ao ler as apresentações pessoais de Lúcia e Danielle, deparei-me com a profundidade e a confiança com que falaram dos trabalhos de *Self* que ambas realizaram. Através das suas colocações, percebemos a relevância deste trabalho em todo o processo terapêutico, contribuindo de forma fundamental para o estilo pessoal do terapeuta.

Como não poderia deixar de ser, transportei-me para o início de minha formação em que vivenciei situações de trabalho de *Self* e revivi a importância que esta atividade teve em meu caminho profissional. A maneira como o terapeuta se percebe, reconhece o que percorreu em seu desenvolvimento, resulta no significado de sua identidade pessoal e profissional. Como terapeutas, a oportunidade que temos em conhecer o que aprendemos e construímos em nosso universo pessoal, entender, por exemplo, o porquê agimos de uma determinada maneira em um atendimento, o porquê nos aliamos a uma determinada pessoa ou nos irritamos com outra, quais dificuldades que nos bloqueiam, é essencial para o trabalho terapêutico. O *Self* de uma pessoa se revela através de suas interações com o outro e dos julgamentos efetuados que este outro tem a respeito desta pessoa.

Indiscutivelmente, somos melhores terapeutas quando, de forma integrada, conhecemos e trabalhamos tanto o *Self* pessoal como o profissional. É esta rica e complexa temática descrita de forma fascinante, que encontramos neste livro.

É relevante acrescentar que, na parte inicial do livro, vários autores apresentam o trabalho de *Self* dentro de uma perspectiva teórica sistêmica em que conceitos de vários pioneiros nos estudos dos relacionamentos familiares embasam este aprofundamento para dentro de si mesmo, mesclando-se com o reconhecimento da influência da pessoa do terapeuta nos atendimentos clínicos. Os capítulos, que compõem esta parte, mostram assim, a conexão existente entre a teoria e as diferentes possibilidades de transformar impasses pessoais em recursos clínicos.

Lúcia Vinagre inicia seu capítulo escrevendo que o *Self* do terapeuta é um desafio, pois se caracteriza como um trabalho vivencial e pessoal em que a pessoa se revela através da narração de episódios essenciais de sua vida. Sendo a família de origem um ponto referencial no desenvolvimento do terapeuta, torna-se necessário o exercício de uma autorreflexão para entender suas influências e poder, então, se diferenciar em um processo de individuação. Isso o libera para uma escuta empática das demandas da família em atendimento. Discorre sobre o significado do *Self* pessoal e a forma como é trabalhado com os terapeutas em formação, enfatizando que esta atividade faz parte do desenvolvimento pessoal e profissional. Lúcia percorre com maestria os caminhos sobre a importância do conhecimento profundo da história familiar, tanto da família de origem, como suas repercussões na família atual e no desenvolvimento profissional.

A seguir, Danielle Doss Damo traz em seu capítulo uma interessante contextualização dos fundamentos teóricos sobre o *Self* do terapeuta, que, inicialmente, teve um olhar controverso. Cita alguns pioneiros da terapia familiar como Ackerman, Whitaker, Satir, Bowen, Framo e Minuchin que mostravam em seus estudos a relevância de se considerar as emoções do terapeuta, enquanto Watzlawick,

Haley e o Grupo de Milão (na formação inicial) enfatizavam a neutralidade terapêutica. Danielle apresenta de maneira clara uma sequência de conceitos que embasam a integração do *Self* profissional e o *Self* pessoal, tais como conceito de diferenciação, de ressonância, de triangulação, de transgeracionalidade e autorreferência. Finaliza seu capítulo com esta frase, que diz muito sobre o que escreveu: "Sem o ponto de partida, o futuro corre risco de perder força. Como em uma árvore, se as raízes não forem fortes o bastante, os galhos não podem crescer muito, pois o vento pode a derrubar".

Daniela Bertoncello apresenta suas reflexões sobre o *Self* do terapeuta inserido na prática clínica e, dentro deste tema instigante, busca a compreensão das competências que o profissional precisa possuir para se tornar eficaz. Suas reflexões permeiam por caminhos do conhecimento pessoal integrado com o conhecimento teórico, mostrando que este relacionamento se constitui de forma sistêmica. É com muita sensibilidade que Daniela, através de metáfora e de poesia, discorre sobre o *Self* do terapeuta com seus processos internos e externos na sua prática clínica. Fala sobre o estilo do terapeuta, sobre a importância do seu despertar como terapeuta e a influência de seu repertório pessoal, da empatia que incentiva a relação terapêutica e no que ela se fundamenta. Apresenta um caso clínico, onde traça considerações sobre a experiência clínica do terapeuta e em como estar próxima do sofrimento do outro. Finaliza com colocações que considera ser pertinente à formação de um terapeuta eficaz.

A subjetividade do psicoterapeuta como algo bastante complexo é abordada por Paolo Bucci centrando seu olhar sobre, em suas palavras, "como ser psicoterapeuta e sobre como fazer psicoterapia", tendo como foco de suas reflexões as emoções do terapeuta. Bucci refere que a subjetividade está em contínua evolução, resultando do encontro entre indivíduos que estão interconectados. Ele traz conceitos de diversos autores sobre o uso das emoções no fazer terapêutico. O objetivo de Bucci é tornar evidente a pesquisa sobre como fazer uso adequado das emoções na relação terapêutica e considerar suas implicações no processo de formação do psicoterapeuta.

Danielle Doss Damo, em um novo capítulo, apresenta a forma de trabalhar o *Self* do terapeuta enquanto este está em formação e após no transcorrer da vida profissional. Chama a atenção para o profissional formador, que estará com a responsabilidade desta atividade tão importante, uma vez que esta é uma das ferramentas mais relevantes da psicoterapia. Danielle salienta que uma forma de trabalhar o *Self* do terapeuta nos cursos de formação tem sido através do uso do genograma, o que oportuniza o trabalho com as emoções. Discorre sobre o processo do trabalho do *Self* do terapeuta em formação e, após, ao longo de sua vida profissional, trazendo a experiência que realiza no InterCiclos Instituto de Formação e Centro de Terapia e Pesquisa. Inicia expondo como trabalha a Linha de Vida do terapeuta em formação, e, a seguir, descreve o genograma do terapeuta, passando para a terceira atividade que é a integração entre o *Self* e a teoria.

Cynthia Ladvocat narra como foi seu caminho e suas motivações nos estudos sobre o *Self* do terapeuta. Apresenta os conceitos de Bowen e Ackerman sobre os seus estudos da família de origem e diferenciação do *Self*. Ao discorrer sobre genograma, menciona os autores com os quais se identifica pelas suas experiências profissionais. Especifica novas maneiras de utilizar esta rica ferramenta que possibilita novos enfoques na compreensão do indivíduo, tais como o genograma Vincular ou Duograma que se destina à compreensão das relações amorosas do indivíduo ou casal, genograma

Ecológico ou Ecomapa, o genograma Simbólico ou do Desenho e o genograma Profissional ou do *Self*. Cynthia relata um caso clínico e nos brinda com comentários relevantes sobre a dinâmica do casal integrando com o *Self* do terapeuta.

Lúcia Vinagre e Danielle Doss Damo escrevem sobre o trabalho do *Self* do terapeuta em grupo, propondo formas bem interessantes e inovadoras para realizar esta atividade, utilizando a Família de Origem, a Família Atual e as Escolhas Amorosas do Terapeuta (EAT). Trabalhando com um grupo fechado e homogêneo, reflexões são realizadas, possibilitando que as relações familiares sejam reveladas, integradas com as relações familiares atuais e seus vínculos amorosos. Lúcia e Danielle nos proporcionam uma dádiva, quando explicitam todo este trabalho de *Self* na forma online, tornando possível alcançar e reunir pessoas em seus diferentes locais de residência e trabalho.

O Duograma, técnica que trata das incursões do terapeuta nas histórias de amor de sua vida, é apresentado por Teresa Arcelloni e Gloria Ferrero. As autoras desenvolveram esta atividade como parte da formação do terapeuta que trabalha com casais, incluindo os relacionamentos de casal vividos pelo terapeuta ao longo de sua vida e que interagem diretamente no encontro do terapeuta com os casais em atendimento. Sua performance permite que uma nova história possa surgir a partir de como ela é contada. Expõem como realizar esta atividade, inclusive de forma online, e nos brindam com exemplos esclarecedores. É um instrumento rico e fundamental na formação do terapeuta de casais.

A seguir, Lúcia Vinagre relata seu trabalho sobre os impasses do terapeuta como handicap profissional. Descreve com detalhes ricos o trabalho de seu *Self* e a forma como experienciou o uso de seus impasses na compreensão de seu handicap profissional. Como ela mesma diz, quanto mais se aprofunda no conhecimento de si mesma, mais ela aprimora o uso de ferramentas em sua atividade profissional. É com maestria que nos mostra os caminhos a trilhar entre o *Self* pessoal e o *Self* profissional, descobrindo os impasses e como transformá-los para um processo terapêutico mais eficiente. Lúcia conclui com magníficas palavras, dizendo que "*é a verdadeira liberdade de ser como se é*", desbravando novas formas de se aperfeiçoar.

Leda Rúbia Maurina Coelho escreve sobre um tema fascinante que, dentro do contexto da supervisão clínica, visa o trabalho da pessoa do terapeuta. Ela discorre claramente sobre a função do supervisor e de seus possíveis impasses no exercício de supervisionar. Leda traz as ideias de diversos autores sobre a pessoa do supervisor, incluindo modelos de perguntas como sugestão no trabalho do supervisor enquanto supervisionando. Expõe de forma criativa como o supervisor pode facilitar as reflexões do supervisionando sobre si mesmo enquanto em sua atividade de terapeuta, o que beneficia diretamente seus atendimentos terapêuticos.

A partir daqui, os conteúdos apresentados pelos autores focalizam-se sobre a exposição das vivências pessoais experienciadas em seus trabalhos pessoais de *Self*, desvelando parte de seu mundo interno, com as emoções pertinentes aos seus laços familiares, integrando-os harmonicamente com conceitos teóricos da visão sistêmica.

Guilherme Marafon compartilha, criativamente, as histórias de suas famílias de origem, materna e paterna, e seu trabalho de *Self* para nos trazer suas reflexões sobre a fusão e a ruptura com a família de origem e suas implicações em um atendimento terapêutico. Descreve as influências do que somos sobre nossas escolhas, e a relevância em conhecer-nos e sempre atualizarmos a visão de nossa família para exercer a atividade terapêutica, uma vez que, como

Guilherme escreve, diferenciar-se da família de origem possibilitou "*permitir-se, tendo maior convicção de seu trabalho como terapeuta*".

Juliana Felippin, através de uma escrita de grande sensibilidade, vai revelando suas conquistas profissionais, a forma como seu *Self* foi trabalhado, permitindo um conhecimento profundo de si mesma, junto com histórias de sua família com seus mandatos e legados. Percorre vários autores, muitos pioneiros nos estudos sobre família, trazendo reflexões importantes sobre o terapeuta se conhecer, possibilitando potencializar seu desempenho profissional. Percebe-se nos seus relatos haver uma busca constante no desenvolvimento de suas competências com muita habilidade e consistência.

Gianne C. Gemeli Wiltgen expõe, em seu capítulo, as experiências e mudanças que foram acontecendo no transcorrer de seu trabalho de *Self*. Gianne descreve as referências transmitidas pela sua família de origem, que influenciaram a construção de seu relacionamento conjugal e suas opções nos caminhos vividos como indivíduo e como parceira no seu relacionamento conjugal. Mostra como foi relevante o trabalho de *Self*, auxiliando-a a sair do olhar individual e investir no conjugal, podendo assumir sua adultez em sua própria família. Finaliza seu relato, refletindo que este é um processo sem fim.

Dalvana Zago descreve, de forma cativante, como iniciou seu trabalho de *Self*. Ao contar a história de sua família, vai integrando os diversos conceitos sistêmicos que fundamentam esta atividade. Dalvana inicia seu trabalho de *Self* por uma foto de sua família de origem e, a partir desta situação, investe na descoberta da sombra que a acompanha. Ela percorre vários autores trazendo suas reflexões sobre questões de família e vai tecendo suas considerações a respeito de sua história familiar. Conclui com o entendimento de que sem conhecer e expressar sua própria dor, não conseguiria escutar devidamente a dor do outro.

Ao finalizar a leitura desta obra, tive o desejo de me aprofundar mais sobre este tema desafiante e complexo que compõe a formação de um terapeuta. Cada capítulo oportuniza reflexões intensas sobre os relacionamentos nos contextos familiar e social e suas repercussões sobre o terapeuta e seu exercício profissional. As histórias pessoais relatadas mostram a potência do trabalho de *Self* e as conquistas alcançadas através dele.

Agradeço a cada profissional que se disponibilizou em escrever, dentro de uma visão sistêmica, sobre os impasses pessoais que podem ocorrer no desenvolvimento do terapeuta, assim como expor as emoções desencadeadas no trabalho de *Self* pessoal e profissional, contribuindo para o aprimoramento de outros profissionais.

Helena Centeno Hintz

NOUVELLE GRENADE OU
LES CALIFORNIES OU CAROLINES
GRAND QUIVIRA
NOUVEAU MEXIQUE
APACHERIA
VIEUX MEXIQUE
Illinois
SUD
Cancer
MER PACIFIQUE
LIGNE EQUINOCTIAL
DU
SU
Les Isles de Salomon
Tropique

PARTE 1

MER DU
NOR
SUD
GOLFE DE MEXIQUE
Tropique du C
Tropique du Capricorne
TERRE FERME
GUIANE ou GUAIANE
PAYS DES AMAZONES
COSTES DU
GUAYRA
TUCUMAN

CAPÍTULO 1

O TRABALHO SOBRE O *SELF* DO TERAPEUTA: CAMINHO PESSOAL E CLÍNICO DE DIFERENCIAÇÃO E TRANSFORMAÇÃO

Lúcia Vinagre

Começo este caminho com Fernando Pessoa (1993):

Procuro despir-me do que aprendi
Procuro esquecer-me do modo de lembrar que me ensinaram.
E raspar a tinta com que me pintaram os sentidos
Desencaixotar as minhas emoções verdadeiras
Desembrulhar-me e
Ser Eu.

Escrever sobre o trabalho do *Self* do terapeuta é um desafio, pois ele é um trabalho vivencial-pessoal sobre a pessoa do terapeuta, em que aparece seu processo de desenvolvimento pessoal e profissional em suas relações, histórias de vida e significados das dificuldades como terapeuta. Nesse trabalho desnuda-se quem somos e o que somos a partir das narrações, nossos *scripts* familiares e seus elementos nodais (GRANDESSO, 2000). Promove-se um reencontro com as histórias de nossa vida que levam à compreensão da origem e do significado das dificuldades como Terapeuta de Família e Casal.

Ao dar a importância ao trabalho do *Self* do terapeuta, atende-se a necessidade de entender a si mesmo, para se orientar entre os limites internos e externos das relações interpessoais, já que é impossível separar sua vida como pessoa no mundo de sua profissão (GOOLISHIAN; ANDERSEN, 2000). Dessa maneira o terapeuta aprende a não se deixar paralisar pelas emoções que sente vindas de suas marcas das relações. Este trabalho ajuda a refletir e questionar a postura do terapeuta e seu lugar dentro do sistema terapêutico para compreender que ser terapeuta é um processo de transformar-se e transformar através de uma postura aberta sobre as pessoas, seus problemas e as situações de impasse (GRANDESSO, 2000).

O *Self* e o terapeuta

O *Self* do terapeuta é o entrelaçamento de vários sistemas em interação, que contribuem para formar um mapa complexo no qual a harmônica conexão entre as partes é fundamental (LADVOCAT, 2014). A família de origem do terapeuta é uma fonte de conhecimento e de competência e pode ser colocada a serviço de um processo de mudança do próprio terapeuta como também do sistema que atende (LADVOCAT, 2014). No encontro da família em terapia e a família interna do terapeuta se estabelecem conexões que podem incluir uma confusão entre a família interna do terapeuta e a que está diante dele. Essa confusão pode ser nomeada de impasse, que faz o terapeuta ficar impactado e, para sair disso, precisa ir na direção de sua diferenciação entre ele e a família/casal que atende (ANDOLFI, 1984). Ele precisa fazer a autorreflexão, ou seja, a reflexão da ação e redirecionar sua autorreferência da observação dessa dinâmica de interseção, para poder se diferenciar dessa família. Para isso é necessário saber que tipo de confusão o terapeuta está vivendo naquele momento. Isso pede que coloquemos as esculturas em cena e observemos as semelhanças entre elas;

depois, temos que olhar essas estruturas e dizer qual é o problema do terapeuta. Mas não se sabe se o problema é em relação ao que a família sente ou ao o que o terapeuta sente. Isso é um paradoxo, e precisamos pensar que existe naquela família o que o terapeuta sente e o que sente o terapeuta existe na família, e o terapeuta pode falar disso. Ele pode abrir um espaço para falar o que vê quando está vendo. Se listarmos as semelhanças e diferenças e anularmos os opostos, o que aparece é a ressonância, como um espaço de ponte de acesso do terapeuta ao sistema construído a partir das interseções entre as histórias da família e a sua própria história (ELKAIM, 1988). A ressonância é o que amplia o campo das possibilidades na relação para as mudanças no sistema. E as interseções referem-se às conexões criadas e não separáveis dos contextos em que nós existimos e que nos constroem como pessoas.

O terapeuta em seu trabalho aciona qualidades internas relacionais empáticas, mas também precisa aprender a posição principal de um terapeuta, que é colocar o centro do corpo na relação, independente do que a família traz. Isso quer dizer que quem olhar de fora deve reconhecer o terapeuta em 10 minutos, porque o terapeuta merece uma posição diferenciada entre sua postura e a família (ANDOLFI, 1984). As coisas que acontecem na família ativam problemas internos do terapeuta, que precisa distinguir essa confusão, pois será pior se ele não souber quem é ele e quem é a família. Se o terapeuta estiver preocupado com sua história, não escuta o paciente, e a ação substitutiva que faz é exatamente o oposto da disponibilidade, e isto vem dessa confusão entre a sua história pessoal e a que está sendo demandada a ele. O terapeuta fica perdido no tempo da dupla entre a família e a própria história, e o risco é ficar envolvido demais com a história da família em atendimento.

O lugar do terapeuta

Como se faz para tirar os recursos do terapeuta com essas questões? Qual posição deve ficar? Não se pode falar do problema da família sem falar onde está o terapeuta, pois o lugar dele é um produto da relação da família. O terapeuta centrado na terapia tem que olhar para as dificuldades, os impasses dele e dos membros da família e para as qualidades de sua ressonância interna a fim de transformá-los em recursos terapêuticos (ANDOLFI, 1984). A terapia funciona para um terapeuta que pensa, e seu pensamento levará a intenção. A experiencia terapêutica é um espaço para pensar, não é um fim em si mesmo. Tem que haver uma separação do terapeuta para a família. O terapeuta tem que se destacar no sentido de se diferenciar, caso contrário não há terapia (BOWEN, 1998). O trabalho é onde falta: se está muito, sai; se está pouco, entra. O terapeuta pode tocar o nó do conflito, o impasse, deixando-se tocar sem deixar de ser ele próprio. Sem envolvimento emocional intenso que o impeça de se move e, nem tão distante a ponto de não tocar na família. É entrar no tema sem ficar preso nele, sabendo que parte sua entra em relação com a família, percebendo e lendo as ressonâncias entre ele, o terapeuta e sua família de origem. Essa capacidade de mover-se é com um pensamento que o leve a ser coerente com a família e não ser coerente com o pensamento da família, o que o levaria a uma fusão com a família.

Na minha experiência, o trabalho do *Self* do terapeuta é a resposta para as questões levantadas anteriorementе. Este trabalho inicia como experiência vivencial e, à medida que o tempo passa, vai trazendo, à luz da consciência, elaborações muito importantes e de clareza enorme dos pontos de impasse do terapeuta em sua história relacional familiar. E, se não estiver comprometendo seu trabalho com as famílias com temas coincidentes, num tempo ou noutro vai comprometer. Esses impasses estarão presentes nas interações, bloqueando não só a experiência com a família como também a própria experiência do terapeuta em sua vida. A partir da possibilidade de contato, no trabalho do *Self* do terapeuta, com espaços interativos de sua família, se toca o seu espaço pessoal vendo defesas atuando sobre a cena ou sendo desarmadas e abrindo sua capacidade autorreflexiva de sua história e de seu contexto sobre si mesmo. O espaço pessoal na vivência ficando mais claro, pelo desmembramento de uma cena ou questão com a família do terapeuta, torna o encontro rico em possibilidades e realmente dinâmico. Os efeitos são muito abrangentes, podendo ocorrer mudanças objetivas, como visuais (identifica posições de lugar e forma), atitudes, relações, mudanças internas emocionais, perceptivas e do sentir na sensação, cognição, compreensão e redefinições, entre outras. Há um processo por analogia de discriminar, diferenciar, clarear, limpar através de ampliação de pontos de confusão por onde o terapeuta pode ser absorvido e capturado na história da família e na sua própria história, e isso é o que vai garantir a possibilidade de caminhar no processo terapêutico com a família e com sua própria vida.

Os impasses e o *Self*

O trabalho dos impasses no trabalho do *Self* é indispensável para o desenvolvimento do diálogo, ou seja, para a interação recíproca com a família e o terapeuta, flexibilizando a interação e tornando-a dinâmica e rica de possibilidades no encontro com a família que procura ajuda (ANDOLFI, 1984). Esses impasses vêm de posições que o terapeuta, em sua família de origem, assume enquanto função, como uma posição-chave na sua família. Provavelmente também será a motivação/validação reparatória de sua escolha profissional e que também vai compor os fatores que contribuirão para definir sua identidade de terapeuta. Esses fatores se articulam na complexa interação entre o *Self* pessoal e profissional do terapeuta.

O *Self* pessoal tem duas fontes: família de origem e família atual do terapeuta. Com o tempo, a família de origem perde sua força nas questões evolutivas, mas deixa sua marca impressa na personalidade do terapeuta; a família atual aumenta sua força, mas, muitas vezes, é um reflexo de comportamentos anteriores das relações originais. O *Self* profissional, por sua vez, é a sobreposição de dois sistemas: a rede de relações profissionais composta por instituições formadoras, supervisores, colegas e a rede dos pacientes, que é nosso campo de expressão, verificação de capacidade profissional, fonte de gratificação, consolidação da identidade e benefício econômico (GRITT; CANAVARO, 1995). Portanto, vemos que a identidade do terapeuta comporta seu movimento de individuação e pertencimento nos sistemas de relações por que passa, principalmente como se relaciona à estrutura dos relacionamentos na sua família. Aqui falamos da construção da história, o quadro total que pinta da família, as origens centrais do sofrimento familiar e dos conflitos revelados, preconceitos pessoais e familiares, suposições filosóficas, personalidade, crenças e o lugar do poder nos relacionamentos. Ou seja, tudo que pode inquietar o terapeuta o suficiente para entrar no jogo da busca de solução e ficar envolvido no processo terapêutico que tem potencialidades e limites para mapear, redefinições de papéis e fronteiras, lados fortes para serem colocados em relevo e problemas para serem investigados. O equilíbrio dos sistemas que compõem a identidade do terapeuta sustentará a saúde psicológica e somática do terapeuta, assim como sua idoneidade profissional (GRITT; CANAVARO, 1995). A sobreposição de uma área em prejuízo da outra pode determinar um sofrimento crescente no terapeuta, podendo resultar em impasses terapêuticos limitantes de seu sentimento de competência. A dificuldade relacional na família de origem do terapeuta frequentemente está na base de sua escolha vocacional em ser terapeuta e, ao mesmo tempo, uma dúvida e/ou medo de se afundar na complexidade dos sistemas disfuncionais que atende. Então, estuda para curar a dificuldade psicológica, mas encontra a dupla mensagem da família como paciente, que pede alívio do sofrimento, sem modificar, porém, seu funcionamento, o que gera um desafio técnico na co-criação da realidade terapêutica (GRITT; CANAVARO, 1995). Este desafio vai, de fato, fornecer a possibilidade de tomar consciência de sua própria dupla mensagem de também não mudar diante de seu sistema familiar. Poder sair do que o aprisionou ou criou obstáculos para se conhecer pode fazê-lo superar tais obstáculos. Nesse caso, pode desfrutar a vantagem de que sua orientação vocacional para ser terapeuta de família constitui-se em fonte de conhecimento e de competência que pode ser colocada a serviço de um processo de mudança seu e, consequentemente, da família que atende. A sua vocação, de modo intuitivo, o coloca diante da disfuncionalidade provável de sua própria família e o leva a buscar um lugar para aplicar o que desenvolveu em seu próprio sistema nas funções de mediação e de vínculo, como reconciliador, pacificador, negociador, mensageiro, guardião da unidade familiar, entre outras. As consequências psicológicas dessas posições-chaves na sua família conduzem a uma busca de compensação e de neutralidade, a qual, muitas vezes, ocorre com o custo de um isolamento afetivo em seu próprio sistema e/ou em estilo de vida (GRITT; CANAVARO, 1995).

Os impasses do terapeuta mostram uma porta reparatória de sua escolha profissional de ser terapeuta familiar ao ajudá-lo a mudar sua posição em seu grau de fusão ou de diferenciação presentes em seu desenvolvimento e em sua visão de mundo. No trabalho do *Self*, esses impasses poderão transformar-se em capacidades e recursos emocionais, o que mostra a relação íntima que existe entre o terapeuta e a família diante dele. Essa relação se manifesta através das ressonâncias, dos sentidos, desconfortos e temores, oriundos de suas vivências em suas famílias, as quais se apresentam no *setting*. Quando os mundos do terapeuta se cruzam com os da família, falamos de cruzamentos dos mapas, dos sentidos e, por isso, precisam ser identificados e desbloqueados para liberar pontos cegos da visão e da ação do terapeuta (ONNIS; MARI, 1995). Quanto mais as questões do terapeuta deixam de ser mistério ou desconhecidas por ele, mais competente o terapeuta se torna de suas questões; ele pode ser capaz de desenvolver a competência na família que atende, porque suas dificuldades se transformam em recursos terapêuticos.

Como se faz isso? Reconstruindo elementos que são oferecidos, salientando os que não foram percebidos anteriormente, excluindo os excessivamente salientados ou alterar suas posições sequenciais dos padrões interativos. Dando ao terapeuta um esqueleto para construir novo arranjo, esclarecendo regras, movendo as relações entre os membros, definindo ou redefinindo os desequilíbrios. Indo da coesão para a necessidade de mudança e diferenciação no sistema e com o sistema familiar do terapeuta (BOWEN, 1998). A escuta do outro, de si e do silêncio orientam esse caminho que é percorrido pelo terapeuta no seu trabalho de *Self*. É um mergulho para dentro de si na sua história encarnada dos fatos e vivências próprias, em um papel central, dirigindo o percurso para trás e para frente, movendo, afastando, abrindo, procurando suas autorreferências, o que pode estar além do que vê, sente ou pensa e que pode não estar resolvido, curado, impedindo-o de mover-se livremente no espaço da vida e terapêutico (ELKAIM, 2000). Isto nos diz que, no trabalho do *Self* do terapeuta, este *Self* pode por ele ser observado, examinado, delimitado por fronteiras, integrado, conscientizado, (re)significado, compreendido como produto de significados do que conta a si mesmo dele próprio. Aqui o desafio vai ser o de recontar sua história, mas tentando compreender e compreender-se nas origens e significados de suas atuais dificuldades para promover a si uma mudança da história e do seu presente, a favor de evoluir e desenvolver-se nas relações e na vida no processo entre diferenciação e pertencimento.

Partindo da história de desenvolvimento pessoal e profissional do terapeuta, podemos aprofundar o complexo tema da formação pessoal do terapeuta, trabalho que foi por mim estudado em seus livros e vivenciado no Praccticum com Maurzio Andolfi (1998/1999), em Roma, e na vivência do meu trabalho de *Self* com Cynthia Ladvocat como também trabalhando juntas em simpósios no Brasil e em Portugal, os quais ilustraram o uso ativo do *Self* do terapeuta, que favorece um encontro autêntico com a família em dificuldade. O resultado é a transformação da dificuldade do terapeuta em recursos muitas vezes escondidos ou inexplorados no terapeuta, como na sua família estendida e no contexto social ao qual pertence.

O terapeuta é ativo em sua observação, uma vez que sempre existe algo que ele ignora (ONNIS; MARI, 1995). O fato de não haver uma hipótese absoluta como certa permite que transite curioso na investigação profunda, e que isso sirva da melhor forma possível. Existe na operação de observar consequências sobre o corpo do terapeuta, sobre sua fisiologia, como mudanças que produzem na linguagem e nas emoções no encontro terapêutico (ANGELO, 1996). Certezas e dúvidas que o terapeuta têm mexem com ele e marcam seu olhar sobre a família em atendimento, podendo gerar uma tendência a imaginar o traumático para um membro e com isso ter um olhar comprometido; portanto, precisa de diferenciação do seu *Self*. A base das questões e impasses tem a ver sobre o impacto na vida pessoal do terapeuta dessa história que remexe um mundo de motivos e conflitos ocultos, os quais se fundem com o tecido emocional do sistema a sua frente. O fato de ter tido a vivência na sua história faz o terapeuta ter uma gama de situações que viveu e ter uma expertise de checar na família a sua frente o que se passa e se coincide com o que ele sente em ressonância pelas suas marcas desde criança e dali para frente de sua história afetivo-emocional (LA MESA; FIORAVANTI, 1996). O ponto aqui é saber usar essas reações, que são percepções que não podem separar-se de sua própria história, mas que podem trazê-la para a conversação terapêutica, criando algo de original no sistema terapêutico, favorecendo o desbloqueio da evolução e conduzindo a uma mudança possível diante das dificuldades da família, resultado da articulação das singularidades com os membros do sistema terapêutico.

Diferenciação do terapeuta

Agora trataremos da importância de melhorar o processo de diferenciação do si- mesmo, ou, dito de outra forma, a individuação do terapeuta de sua família de origem para que, ao perceber suas emoções, saiba identificar o que pode vir a bloqueá-lo e possa libertar-se emocionalmente (BOWEN, 1998). Em muitos pontos da história do terapeuta, podemos dizer que ele pode estar indiferenciado ou fusionado aos membros de sua família de origem, e essa fusão segue atuando no fundo, mesmo ele sustentando que estão separados entre si. O conceito da diferenciação desenvolvido nos estudos de Bowen, em seu livro "De la familia al individuo", é um conceito intrapsíquico e interrelacional que se refere ao grau em que o terapeuta vai se diferenciando emocionalmente dentro de seu sistema. Ou seja, ter um grau de autonomia mais forte, a cada ciclo vital, desde o momento de seu nascimento, através dos processos de separação emocional das figuras parentais nas diferentes fases da vida, os quais são processos complexos, complicados e, algumas vezes, incompletos (BOWEN, 1998). O processo de diferenciar-se não se produz no vazio; ele se produz na relação com os demais a respeito de temas importantes para ambas as partes. A diferenciação pode estar relacionada com a distância física/emocional, a diversidade de opiniões, os modelos de relação, de vínculos que estabelece com pessoas e com o mundo, o processo de autonomia e de independência, os mecanismos de defesa para controlar a indiferenciação, etc. Portanto, podemos dizer que o grau de diferenciação vai determinar o grau de apego emocional não resolvido de seus pais e de sua família de origem e o estilo de vida do terapeuta (BOWEN, 1998).

O grau de apego emocional tem relação com o grau de ansiedade durante momentos críticos da vida e como tem enfrentado essa ansiedade. A quantidade de ansiedade tende a ser similar ao grau de apego não resolvido na família, o que pode gerar respostas favoráveis ou desfavoráveis no campo emocional diante das tensões e dificuldades para adaptar-se às exigências da vida e pode também levar a patologias e problemas (ANDOLFI, 1984). Assim, podemos dizer que as pessoas menos diferenciadas são movidas como peões pelas tensões emocionais e as mais diferenciadas ficam menos vulneráveis aos estados de tensão. O terapeuta que trabalha ativamente sua diferenciação em seu sistema familiar tem menos vulnerabilidade de ser engolfado emocionalmente pelo campo emocional que o interconecta com a família que atende e pode se mover entre as tensões produzidas dentro da dinâmica familiar durante os atendimentos. Ali ele fará o processo de diferenciação do que é de seu sistema familiar e do que é do sistema que atende e verá como utilizar isso para dentro da sessão para ajudar a dissolver a tensão e a ansiedade dentro do sistema. Baixando o estresse emocional, o terapeuta tem a possibilidade de mover-se com maior espontaneidade e liberdade, o que é necessário para manter o equilíbrio emocional da família diante dele. Quanto mais fora (sem ser engolfado emocionalmente) pode ficar do sistema emocional da família, mais pode observar os fenômenos humanos diante dele e ter mais objetividade de distinção dos fenômenos e das emoções que se manifestam no sistema terapêutico.

O trabalho do *Self* do terapeuta facilita que ele se torne aberto e observe os triângulos, os papéis e os modelos reativos familiares e inicie o processo mais profundo de diferenciar-se de mitos, lealdades, imagens ideais e distorções, para destriangular-se do que antes não conseguia ver (BOWEN, 1998). É como no treinamento de um atleta de alta performance, em que seu treinador, para melhorar sua performance, entende que o processo vai depender do atleta trabalhar no sentido de que seu progresso depende mais dele próprio. Ou seja, o terapeuta que adquire capacidade de observar e controlar sua reatividade emocional pode reagir aos problemas emocionais com respostas adequadas e com liberdade de mover-se dentro da situação, dominar sua reatividade e continuar a fazer observações que ajudam a manter o controle de si mesmo e da situação (BOWEN, 1998). Este trabalho de controle e de observação da própria reatividade cria um sistema relacional mais aberto e pode reativar o sistema emocional, uma vez que ele se mantém à parte, isto é, pode estar em contato, sem tomar partido das partes, mantendo uma linha de respostas neutras e objetivas.

No trabalho do *Self* do terapeuta, ratificamos que o *Self*, ao ser observado, permite revelar um nexo entre os alcances internos da experiência e do mundo externo (MATURANA, 2000). Descrever o que a visão dessa observação faz ser visto no ato de ver é um processo de produção de significados através da ação da linguagem, em nosso processo humano de existir nas relações dentro dos contextos e das narrativas que contamos de nós mesmos, de quem somos. Essas narrativas nascem do que contamos sobre nós mesmos e das histórias que escutamos do que os outros nos contaram de nós, deles próprios e das relações entre os membros da família. O trabalho mostra que podemos ser coautores de novas narrativas sobre nós mesmos a partir da compreensão do que somos e de quem somos nessa narração e que esta narrativa pode estar em constante mudança como consequência da transformação de nossa visão de nosso *Self* (MATURANA, 2000). Desse modo, criamos a possibilidade de recontar a história de nossa vida de forma diferente, isto é, com novos sentidos dados a nós mesmos e ao mundo. Assim, nos ajuda a compreender as origens e os significados das nossas dificuldades nas relações, nos atendimentos e em situações que nos parecem impossíveis de lidar.

Este ponto é a bifurcação de um antes – sem objetividade emocional – e de um depois – quando conseguimos conservar a objetividade emocional dentro do sistema –, seja esta nossa família ou a que está em terapia, a fim de mantermos a conversa sem triangular com o outro no campo emocional entre duas pessoas (BOWEN, 1998). Desse modo, desenvolvemos centrar a atenção em somente uma relação para abrir a compreensão do que nesta relação pode estar contribuindo para o problema da família. Focar na relação pessoa a pessoa, sem sobrestimar ou subestimar e ver e pensar em cada um como pessoa e não como função ou papel desempenhado (BOWEN, 1998). A diferenciação é um esforço automotivado que tira energia do si mesmo e não de um estímulo externo, sendo impulsionada pelas forças de individualidade e proximidade dentro das relações, as quais são influenciadas pela aprendizagem do sujeito de como lidar com o sistema emocional em sua família. Na base desse sistema emocional, está o triângulo, resultado da tensão entre os dois membros da família e que chama um terceiro para equilibrar a ansiedade gerada pelo conflito comunicacional e interacional.

Na família, formam-se distintos triângulos que produzem mudanças emocionais nas posições abaixo, por exemplo, nos filhos, no casal nuclear, como tentativas de resolver o problema, descarregar emocionalmente as tensões ou para criar uma ilusão de não responsabilidade. Isto acaba fazendo o problema reaparecer em outro ponto das relações familiares de origem ou nas relações da família nuclear (BOWEN, 1998). Os diferentes membros da família agrupam-se em ângulos do triângulo primário e variam de acordo com o momento emocional, criando uma onda de choque onde se desenvolvem os conflitos. Por isso, é importante, para compreender as forças emocionais da família nuclear, remontarmos as gerações anteriores do terapeuta para podermos recolher informações históricas sobre a família a fim de que se possa compreender sua família atual.

O caminho da diferenciação está em conhecer e observar a própria família, mais do que reagir frente a ela. A objetividade emocional é o que pode contrapor as forças emocionais do sistema familiar. Essas forças levam a uma coesão de pensamentos e sentimentos dentro do sistema no qual seus membros atribuem valores semelhantes nas ações para todos, construindo, assim, uma massa indiferenciada de sentir e pensar, sem lugar para o "eu" (BOWEN, 1998). No caminho da diferenciação, cada pequeno passo promove um desequilíbrio no sistema emocional familiar e interno para ir em direção a uma nova organização, pois a diferenciação se produz em relação com os demais e em temas importantes para os membros, seja o casal parental, sejam os filhos, os irmãos, os tios, os avós, porque sempre tem pontas soltas nos temas de conflito (BOWEN, 1998).

Nos triângulos, não temos relações individuais de cada filho(a) com o pai ou com a mãe, e, na diferenciação do *Self*, é necessário experimentar esse contato com cada um para abrir uma brecha numa ponta do triângulo, o que exige flexibilidade emocional. Aqui estamos falando da relação de dois; quando temos consciência dos triângulos dentro da nossa família, isto favorece a versatilidade e a coragem emocional para aprender sobre a posição de cada membro dentro do tema familiar conflituoso (BOWEN, 1998). As relações diretas libertam as ligações emocionais dentro do triângulo e constroem relações mais vivas, as quais permitem mudanças de padrões e modelos.

No trabalho do *Self* do terapeuta, é muito importante promover a destriangulação do terapeuta do seu sistema familiar emocional, que quase sempre é feito recorrendo-se à proposta de ações distintas dentro das relações duais nas quais se encontra paralisado e, não distante destas relações, para conquistar sua autonomia e autoridade pessoal (BOWEN, 1998). Para que funcione a diferenciação, o terapeuta necessita continuar a relação com o sistema familiar que é o que promove a automotivação para tirar energia de si mesmo e não do externo para seu processo de diferenciação. O trabalho leva o terapeuta a conhecer como ele funciona na cena de sua vida e que pode se separar nas cenas e encontrar uma saída do que mexe com ele. Isso promove uma harmonia entre a mente e o corpo do terapeuta e permite que as ressonâncias sejam recursos para ajudar o terapeuta e a família a se moverem. As histórias estarão juntas, mas discriminadas e conectadas ao trabalho que vai fazer com sua própria pessoa para desenvolver a competência de lidar com suas situações difíceis e com os problemas da família (AUSLOOS, 2011).

O que quer dizer, então, atingir a diferenciação? Significa entender a necessidade de sua autoexpressão, seus níveis de autonomia dentro dos processos interativos e nas ligações estruturais de seus vínculos afetivos e, assim, evolutiva e progressivamente, encontrar seu espaço pessoal, sua própria identidade nas formas de relações e funções que exerce dentro dos sistemas que circula sem se perder de sua rota de individuação (BOWEN, 1998). A diferenciação é um processo de separação-individuação, um processo de evolução dinâmico, de reorganização contínua entre desequilíbrio-equilíbrio-mudança a cada ciclo da vida e que caracteriza o processo de evolução do indivíduo. A diferenciação permite encarar a dificuldade de afirmar-se e de reconhecer a própria identidade e a dos outros, através da dança de pertencer e diferenciar-se, sem perder o sentimento de estar livre nos intercâmbios das relações, o que é permitido a partir da construção de um equilíbrio dinâmico entre diversificação e estabilização dentro do sistema.

O trabalho do *Self* é um modo de aprender a andar além dos complexos e resistências para poder redefinir sua identidade como terapeuta, apropriando-se de sua competência relacional, que leva a ter mais confiança em si mesmo, clareza e lucidez, o que permite atitudes que estimulam a interação e a conexão, as quais, por sua vez, aumentam sua capacidade relacional e empática, assim como o calor humano (NICHILO, 1996). O trabalho é um processo recursivo em contínua interação circular e atento no processo de transformação e crescimento pessoal, ampliando a capacidade observativa e descritiva do terapeuta dentro dos sistemas complexos das relações (MATURANA, 2000). É um processo menos instrutivo, menos prescritivo e menos centrado na aquisição de técnica, e mais focado no processo de aprendizagem como transformação e crescimento pessoal. É um processo que amplia a capacidade observativa, descritiva e de intervenção do terapeuta, como também lhe dá maior atenção articulada e complexa da relação.

Referências

ANDOLFI, M. Processo de diferenciação dentro do sistema familiar. In: ANDOLFI, M. *Por trás da máscara familiar*. Porto Alegre: Artes Médicas, 1984. p. 18-26.

ANGELO, C. Linguagem del corpo, terapia familiare e rapporto terapêutico. *Rivista Terapia Familiare*, v. 52, p. 57-67, 1996.

AUSLOOS, G. *A competência da família*. Rio de Janeiro: Terra dos Homens, 2011.

BOWEN, M. *De la famiglia al individuo*: la diferenciación del si mismo em el sistema familiar. Buenos Aires: Paidos, 1998.

PESSOA, F. *Poemas de Alberto Caeiro*. Lisboa: Ática, 1993.

NICHILO, M. Il genogramma vivente. *Rivista Terapia Familiare*, v. 52, p. 79-91, 1996.

ELKAIM, M. *Formação e práticas em terapia familiar*. Porto Alegre: Artmed, 1988.

ELKAIM, M. Auto-Referência, Interseções e Conjuntos. In: ELKAIM, M. *Terapia familiar em transformação*. São Paulo: Summus, 2000. p. 131-134.

GOOLISHIAN, H.; ANDERSON, H. Narrativa e self: alguns dilemas pós-modernos da psicoterapia Harold. In: GRANDESSO, M. *A postura do terapeuta*. São Paulo, 2000. p. 275-278.

GRANDESSO, M. *A postura do terapeuta*. São Paulo, 2000. p. 275-278.

GRITT, P.; CANAVARO, A. El Self del terapeuta familiare. *Rivista Terapia Familiare*, v. 49, p. 10-12, 1995.

LA MESA, A.; FIORAVANTI, G. Matrice relazionale nei processi terapeutici e formativi. *Rivista Terapia Familiare*, v. 52, p. 23-31, 1996.

LADVOCAT, C. O mapa do terapeuta e a diferenciação do self como recursos para a formação em terapia familiar. *Revista Brasileira de Terapia Familiar*, v. 5, p. 122-132, 2014.

MATURANA, H. Observando a observação. In: ELKAIM, M. *Terapia Familiar em Transformação*. São Paulo: Summus, 2000, p. 178-187.

ONNIS, L.; MARI P. L'importanza del lavoro sulla persona del terapeuta nel processo formativo. *Rivista Terapia Familiare*, v. 49, p. 53-63, 1995.

CAPÍTULO 2

BREVE CONTEXTUALIZAÇÃO DAS BASES TEÓRICAS NO ENTENDIMENTO DO *SELF* DO TERAPEUTA

Danielle Doss Damo

O uso do *Self* do terapeuta como recurso na terapia não foi sempre um consenso entre os terapeutas e teóricos. Vale lembrar que até o surgimento dos primeiros atendimentos familiares, a teoria predominante era a psicanálise, que pontuava a contratransferência, mas insistia na neutralidade do terapeuta. Até mesmo na própria terapia familiar, o uso do *Self* do terapeuta se manteve controverso por algum tempo.

Como uma terapeuta familiar, considero pertinente conhecer as bases que conduz o nosso trabalho. Nas próximas linhas, poderemos juntos, traçar uma linha cronológica de como chegamos ao momento atual, em que entendemos ser ímpar a integração entre o eu profissional e o eu pessoal do terapeuta; assim como conceitos relevantes para o entendimento do trabalho de desenvolvimento do *Self* do terapeuta.

Pequeno histórico acerca do olhar para o *Self* do terapeuta na perspectiva da Terapia de Família

A terapia familiar teve seu berço no Ocidente. Títulos como *Pragmática da Comunicação Humana*, de Paul Watzlawick, Janet Hemick Beavin e Don Jackson (1973), e *Psicoterapia Familiar In-*

tensiva, de Boszormenye-Nagy e Framo (1965), deram início ao olhar para o mundo emocional da família. Logo, Whitaker escreve acerca da "contratransferência" e "associações livre do terapeuta" apontando para o reconhecimento do valor das respostas emocionais do terapeuta para o espaço terapêutico, até então negados pelos "puristas do sistema".

Ao longo dos anos, pode-se observar vários nomes de relevância da terapia familiar abandonar a ideia de neutralidade profissional para um conceito amplificado de relação terapêutica que incluiria além da linguagem verbal, o encontro no plano subjetivo dos sentimentos dos membros da família e do terapeuta. Virgínia Satir (1987) dizia que a terapia é uma experiência profunda, íntima e vulnerável, que exige grande sensibilidade no encontro entre a essência mais humana do terapeuta e a de quem pede ajuda. Acreditava que era necessário que os terapeutas tivessem resolvido seus problemas ou pelo menos estivessem atentos aos que ainda estavam em aberto em suas famílias de origem para que fosse possível ter equilíbrio e congruência que permitisse a relação terapêutica autêntica, sem o uso de mecanismos projetivos.

Quase que concomitantemente, Bowen publicou seu artigo intitulado "Anônimo" (1967), em que descreve o desenvolvimento de sua família, e o apresentou na Conferência Nacional da Família. Na década seguinte, Bowen criou uma formação para psiquiatras interessados em aprender a terapia familiar. Usou desse interesse para fazer um experimento interessantíssimo: ao invés de ensinar-lhes técnicas e estratégias de intervenção, primeiro explorou o genograma familiar de cada um e depois os convidou a se reconectarem com suas famílias de origem por meio de visitas domiciliares e olharem para os cortes emocionais. Foi por meio da reconciliação com o passado que seus alunos puderam aprender na prática os fundamentos da terapia intergeracional praticada por ele e sua escola. Entendeu que havia grande diferença técnica entre os alunos que haviam feito "a viagem" para dentro de suas famílias de origem e os demais.

Aos poucos, dois grandes grupos se formaram. De um lado Ackerman, Whitaker, Satir, Bowen, Framo e Minuchin, acreditando que o terapeuta deveria ser reconhecido como parte do sistema e não como um observador neutro. Tinham o uso do *Self* do terapeuta como elemento central da relação terapêutica e parte relevante na transformação familiar. Do outro lado, Watzlawick, Haley e o Grupo de Milão (na formação inicial) que acreditavam em uma abordagem mais distanciada pautada na neutralidade terapêutica.

Talvez esse fato, nos primórdios da terapia familiar, tenha contribuído para que, diferentemente da psicanálise, por exemplo, a terapia familiar seja uma profissão acessível a todos (psicólogos, advogados, enfermeiros, assistentes sociais, líderes religiosos), por meio de uma sólida formação que integra o profissional e o pessoal. O perigo de uma formação mais teórica/técnica sem o interesse no crescimento pessoal do terapeuta é a confusão entre o que pertence ao mundo interno do profissional e o que diz respeito à família em atendimento. Famílias e terapeuta estariam em risco nesse caso (ANDOLFI, 2021).

O *Self* profissional e o *Self* pessoal integram o terapeuta. Entende-se que o *Self* profissional desenvolve-se a partir dos estudos universitários, da formação específica realizada numa escola de formação, e da compreensão sistêmica da sua rede profissional e institucional. O *Self* profissional também tem como contribuição para a sua formação os pacientes, casais e famílias, que com seus esforços, motivações e transformações oferecem matéria-prima à construção do terapeuta. O eu pessoal é formado e alimentado pelo equilíbrio entre o sentimento de pertencimento à família de origem, o contexto cultural, os vínculos horizontais formados pela família atual e o sistema de amizades e trabalho (ANDOLFI, 2021).

É na integração entre essas duas identidades que surge o terapeuta familiar. Quanto mais consciente estiver de seus processos de desenvolvimento e com suas vicissitudes e história, mais livre estará para ouvir e sintonizar os problemas da família que tem em sua frente na terapia. Na formação de um terapeuta sistêmico-relacional, é necessário aprofundar suas etapas de desenvolvimento familiar, sua dimensão identitária e eventuais dúvidas/bloqueios ainda não resolvidos com a própria família. É na articulação do eu profissional com o eu individual que o terapeuta pode estar apto a usar-se na terapia como agente de mudança com consciência e eficácia.

Conceitos relevantes na formação do *Self* pessoal do terapeuta

Caro leitor, apesar da consciência de que, provavelmente, você já tenha conhecimento acerca dos conceitos básicos que envolvem o trabalho do *Self* do terapeuta, cabe a mim, pontuá-los brevemente. Sem nenhuma dúvida, esses conceitos são muito mais abrangentes do aqui posto. No entanto, acredito que no decorrer das páginas desse livro, esses conceitos serão amplificados pelos demais capítulos e demais colegas autores.

Conceito de diferenciação

O conceito de diferenciação foi cunhado como peça-chave da teoria proposta por Murray Bowen (1989). Trata-se de um conceito intrapsíquico e interpessoal ao mesmo tempo. Intrapsíquico no sentido da capacidade de separação de pensamentos e sentimentos. Interpessoal no sentido da autonomia de ser em relação aos outros. Criou uma escala de diferenciação do *Self* que avalia o indivíduo em termos de amadurecimento, respostas significativas, funcionamento e disfunções nos processos relacionais. A escala tem uma importância teórica (mais do que classificatória) para o entendimento do conceito. É dividida em quatro quadrantes. No primeiro quadrante, há mínima diferenciação do eu. O quadrante é ocupado por pessoas que vivem em um mundo de sentimentos e muito dependentes. São incapazes de distinguir a emoção da razão, apresentando comportamentos reativos e dificuldades relacionais com frequente envolvimento em conflitos. No segundo quadrante há uma pobre diferenciação. As pessoas são capazes de funcionar de maneira limitada, são facilmente influenciadas e têm poucas opiniões próprias. No terceiro quadrante estão as pessoas com um nível de diferenciação um pouco maior. Conseguem assumir posição independente do julgamento do outro. Têm opiniões diferenciadas e definidas. E, no quarto quadrante, o nível máximo de diferenciação. Estão nesse quadrante as pessoas dotadas de plena maturidade e independência. Seguras de si e com opiniões definidas sem a necessidade de expressá-las com rigidez. São responsáveis por seus atos e tolerantes e respeitosas às divergências. Não sentem necessidade de provar de que estão certas (MARTINS, RABIONOVICH, SILVA, 2008).

Diferenciar significa tornar-se singular, ter direito de pensar e expressar-se sem se restringir pelos valores que a família defende. Este conceito, portanto, está diretamente relacionado ao desenvolvimento da autonomia (MARTINS, 2005). Para Bowen, os contatos com a família extensa são de extrema importância para a diferenciação. Costumava recomendar aos terapeutas, seus alunos, uma visita à família de origem com vistas a experimentar uma nova relação, desta vez mais madura, que pudesse propiciar autonomia. Dizia que esta inserção era como um "regresso liberador" que autorizava o terapeuta a permanecer "fora" (SETTON, 2015).

A diferenciação permite a reorganização do sistema familiar como um todo. Contribui para a manutenção do diálogo e dos laços afetivos e para o encorajamento conjunto da autonomia e independência dos membros familiares. A família é considerada uma unidade emocional (PELLEGRINI et al, 2015). Além disso, acredita-se que para um indivíduo as sequências comportamentais e interacionais que refletem o sistema emocional possuem uma característica de repetição que precisa ser rompida (PAPERO, 1998) e isso só acontecerá por meio da diferenciação de um ou mais membros do sistema.

Segundo Andolfi (2018), diferenciar-se exige um constante esforço do indivíduo ao longo da vida e contará com vários obstáculos. É influenciado por fatores como: o grau de estresse emocional e ansiedade do sistema familiar, níveis de separação/fusão emocional e processos de maturidade/imaturidade transmitidos através das gerações.

Conceito de ressonância

O conceito de ressonância faz parte do fio condutor da abordagem de Mony Elkaim. O autor conceitua a ressonância como "agrupamentos particulares, constituídos pelas intersecções de elementos comuns a diferentes indivíduos ou diferentes sistemas humanos, que suscitam as mútuas construções do real dos membros do sistema terapêutico" (ELKAIM, 1998, p. 320), como um corpo que vibra com uma dada frequência sonora.

Para Elkaim (2000) a ressonância, que parte da autorreferência é um trunfo para o terapeuta. Se manifesta na intersecção entre a descrição do que acontece ou é dito, da construção de mundo do terapeuta e da construção de mundo da família. A ressonância é um indicativo de algo importante para o sistema terapêutico e isso inclui o terapeuta (SETTON, 2005).

Sabe-se que a raiva, a agressão verbal entre outros comportamentos expressos por um paciente em sessão, não são direcionados ao terapeuta. Dizem respeito às experiências do paciente consigo próprio e com suas relações familiares disfuncionais. Na terapia de família isso também acontece, com a diferença de neste contexto são múltiplas as projeções possíveis. É necessário que os sentimentos que atravessam o terapeuta possam ser reconhecidos e identificados como da família em atendimento ou da família de origem do terapeuta ou de ambos. A ressonância do terapeuta em relação às questões levantadas pela família na sessão não deve ser subestimada. São potentes e têm o poder de paralisar o terapeuta que, ao invés de se distanciar dos conflitos e emoções que estão ativados na sessão, acaba envolvido demasiadamente neles (LOMANDO; SIGARAN, 2018).

Saber o que fazer com as próprias respostas emocionais nas interações com a família é fundamental e complexo ao mesmo tempo. É fundamental promover um encontro no nível da humanidade mútua que pode acontecer quando uma experiência profunda é compartilhada. Quando o terapeuta tiver alcançado uma plena consciência dos limites entre o que o preocupa e o que diz respeito à família, ele pode revelar algo sobre si mesmo, em vez do medo de contaminar o campo com suas próprias experiências pessoais. A consciência dos próprios limites e o manejo das emoções na sessão são essenciais para que não haja confusão entre o seu *Self* e o complexo mundo emocional da família que busca a sua ajuda (ANDOLFI, 2021).

Elkaim (2000) compara a ressonância a um iceberg em que a parte visível é a ligação entre o passado de uma pessoa e sua experiência em um momento específico. Considera como a parte mais importante do iceberg a parte debaixo da linha de flutuação. Que representaria a função da experiência como reforço e proteção do mundo e das crenças tanto do paciente quanto do terapeuta. Acredita que o quê o terapeuta sente remente a sua história pessoal e ao sistema terapêutico no qual está inserido (ELKAIM, 1990). Esse conceito é chave para uma posição horizontal no setting terapêutico e na postura colaborativa entre paciente/casal/família e o terapeuta.

Conceito de Triangulação

O conceito de triangulação se refere a um sistema inter-relacional entre três pessoas, envolvendo sempre uma díade e um terceiro. O terceiro é convocado a participar quando o nível de desconforto e de ansiedade aumentar na díade. A terceira pessoa funciona como um aliviador da tensão. Os triângulos aparecem no processo emocional interacional que se estabelece no sistema familiar e transgeracional e funciona como um bloqueador das emoções no sistema.

Bowen (1991) apontou que as relações entre duas pessoas apresentam tendência à instabilidade. Identificou que, quando a tensão emocional do sistema formado por duas pessoas for maior que um determinado nível, há a tendência dessa dupla envolver uma terceira no conflito, fazendo com que a tensão seja descarregada dentro do triângulo. Desta forma, o sistema é estabilizado. Na família, observam-se vários triângulos que se formam e se desfazem de forma repetitiva. Não são fixos nem estáticos, pelo contrário, sofrem deslocamentos, a depender do nível de ansiedade e da dinâmica interna da família. É importante ressaltar que estão ligados a uma unidade emocional mais ampla, de onde também recebem influência, denominada triângulos entrelaçados ou imbricados. Neste caso, a ansiedade, incapaz de ser contida dentro de um triângulo, se expande para um ou outro triângulo (KERR; BOWEN, 1988). A triangulação é uma dinâmica de funcionamento.

Andolfi (2018) aponta para a dimensão temporal e histórica dos triângulos por meio do entendimento dos triângulos transgeracionais. Segundo ele, em um eixo vertical (considerando a ascendência familiar), pode-se encontrar comportamentos, expectativas, medo e mitos que perpassam uma geração a outro por percursos triádicos como por exemplo: "a subjugação feminina em relação ao masculino" na linha feminina: avó-mãe-filha. Os triângulos transgeracionais incluem membros de diferentes níveis geracionais.

Sair das triangulações confere relacionamentos em nível superior de maturidade. Cabe lembrar que não se desfazem, apenas podem ser manejados conscientemente. Em situações de menor tensão, ficam latentes, reaparecendo quando os conflitos e a tensão aumentam. Assim, os triângulos são susceptíveis à ansiedade, tornando-se mais ou menos ativos em situações de tensão. Nesse sentido, o processo de triangulação constitui um mecanismo de resposta que acontece nos processos relacionais ante situações estressantes (KERR; BOWEN,1988). A formação dos triângulos é natural e inerente a todos os sistemas familiares, apesar disso, dependendo da tensão dos conflitos e da forma como os membros do sistema lidam com eles, pode contribuir significativamente para o surgimento e a manutenção de problemas clínicos (OTTO; RIBEIRO, 2020). O triângulo funcional tem a ver com a liberdade de movimento dentro dele, com flexibilidade nos vértices.

Conceito de Transgeracionalidade

Acredita-se que as gerações têm a função de transmitir, ao longo do tempo, os significados e valores de uma família. Cumprem sua função por meio das memórias, dos eventos familiares, das tradições sociais e dos rituais seguidos pelos pais ou avós. Influenciam a forma como os membros de uma família assumem seus papéis familiares e como são enfrentados os eventos vitais importantes como, por exemplo mortes, nascimentos, casamentos e divórcios (ANDOLFI, 2018).

O olhar para as gerações anteriores é parte estruturante do arcabouço teórico da terapia familiar. Bowen (1978) apontou para importância das dinâmicas multigeracionais familiares das quais o indivíduo se relaciona e daquelas das quais ele nunca chegou a conhecer ou se relacionar, como é o caso da quarta ou quinta geração de uma família. Acredita-se que os padrões relacionais de uma família são limitados e previsíveis. Eles dizem respeito aos valores, crenças, emoções e comportamentos transmitidos de uma geração à outra como um recurso de adaptação ao ambiente (NICHOLS; SCHWARTZ, 2007).

O processo de transmissão transgeracional é baseado no pressuposto de que o indivíduo é sempre inserido e uma história pré-existente. Essa história faz dele um herdeiro e, também um prisioneiro (ANDRÉ-FUSTIER; AUBERTEL, 1998). Groisman (2022, p. 20) compara a família a uma roda de moinho que se "banha no passado, se atualiza no presente e se projeta para o futuro". Uma família forma uma cadeia objetiva e subjetiva, na qual o que acontece com um de seus membros, influenciará, em maior ou menor grau os demais membros ao longo de gerações.

Questões transgeracionais impactam, prioritariamente, em momentos de crise que haja maior tensão e estresse no sistema familiar. Alguns pontos do percurso familiar no ciclo vital são mais propensos a gerar dificuldades dessa ordem (FALCKE; WAGNER, 2005).

Autorreferência

As teorias construtivistas agregaram à terapia familiar a atenção à complexidade dos fenômenos que dão origem à subjetividade individual. Contribuíram fortemente para que o conceito de objetividade fosse de fato visto como ilusório. O lugar do observador, passou a ser considerado parte do sistema observado (ANDOLFI, 2018).

Von Foerster (1981) indicou a importância o observador no sistema que observa. Segundo ele, toda a descrição da realidade é autorreferencial e para o conhecimento seja alcançado deve-se partir do eu em relação ao mundo. Neste sentido, a observação é um processo dinâmico, no qual a construção da realidade está baseada na "interação entre os níveis complexos dos sistemas perceptivos, emocionais e imaginativos de quem observa e de quem é observado" (ANDOLFI, 2018, p. 34). Quem observa e quem é observado sofrem mútua transformação.

Maturana (2000) assinala que o observador é o "eu" na observação do ato de observar. Observar o ato de observar consiste, para ele, em distinção de uma distinção, como um ato reflexivo. Complementa dizendo que um observador cego quanto à sua origem "só terá possibilidade de ver e compreender a observação, como fenômeno biológico" (MATURANA, 2000, p. 179).

Mony Elkaim (2000), diz que não é possível fazer uma assepsia em nós mesmos, terapeutas, para limpar todo elemento singular que poderia causar desordem. Muito pelo contrário, sua própria experiência o permite a trabalhar com a família/indivíduo. Acredita que a tentativa de permanecer neutro gera miséria ao sistema terapêutico que se forma. A autorreferência pode e deve ser usada como recurso na construção das interações, visto que não somos separados dos contextos aos quais existimos. "Não é unicamente a maneira pela qual nós construímos o real que determina nossas interseções, mas são possivelmente, essas interseções que nos constituem, da mesma forma" (ELKAIM, 2000, p. 134).

Encerro este capítulo com a lembrança de que são nas origens que se encontram os elementos que nos levam ao entendimento e à possível criação do novo. Sem o ponto de partida, o futuro corre risco de perder força. Como em uma árvore, se as raízes não forem fortes o bastante, os galhos não podem crescer muito, pois o vento pode a derrubar.

Referências

ANDOLFI, M. *A terapia familiar multigeracional*. Belo Horizonte: Artesã, 2018.

ANDOLFI, M. *The gift of truth*. Roma: Accademia Press, 2021.

ANDRÉ-FUSTIER, F; AUBERTEL, F. A transmissão psíquica familiar pelo sofrimento. In: EIGUER. A. et al. *A transmisión do psiquismo entre generaciones*: enfoque em terapia familiar psicanalítica. São Paulo: Unimarco, 1998.

BOWEN, M. Family therapy in clinical practice. New York: Jason Arons, 1978.

BOWEN, M. *La terapia familiar en la práctica clínica*. Fundamentos teóricos (Vol. 2: Aplicaciones). Bilbao, Spain: Desclee de Brouwer, 1989.

BOWEN, M. *De la familia al individuo*: la diferenciación del sí mismo en el sistema familiar. Buenos Aires: Paidós, 1991.

ELKAIM, M. *Se você me ama, não me ame: abordagem sistêmicaem psicoterapia familiar e conjugal*. Campinas, SP: Papirus, 1990.

ELKAIM, M. *Panorama das terapias familiares*. Vol. 2. Summus, São Paulo, 1998.

ELKAIM, M. *Terapia familiar em transformação*. São Paulo: Summus, 2000

FALCKE, D.; WAGNER, A. A dinâmica familiar e o fenômeno da transgeracionalidade: definição e conceitos. In: WAGNER, A. *Como se perpetua a família*. EDIPUCRS: 2005, p. 25-46

GROISMAN, M. *Terapia Familiar do Luto*: da morte à vida. Rio de Janeiro: Núcleo Pesquisas Editora, 2022.

KERR, M. E.; BOWEN, M. Family evaluation. In: *Family evaluation*. W. W. Norton & Company (Digital edition), 1988.

LOMANDO, E.; SIGARAN, C. *TMS*: Terapia dos Movimentos Sistêmicos. Arte em Livros: Porto Alegre, 2018.

MARTINS, E. M. A. *Família e o processo de individuação na perspectiva de Murray Bowen*. Dissertação (Mestrado) - Universidade Católica do Salvador, Salvador, Bahia, 2005.

MARTINS, E. M. de A.; RABINOVICH, E. P.; SILVA, C. N. Família e o processo de diferenciação na perspectiva de Murray Bowen: um estudo de caso. *Psicol. USP* [online]. 2008, v. 19, n. 2, pp. 181-197.

MATURANA, H. R. Observando a observação. In: ELKAIM, M. *Terapia familiar em transformação*. São Paulo: Summus, 2000, p. 178-186

NICHOLS, M. P.; SCHWARTZ, R. C. *Terapia familiar*: conceitos e métodos. Porto Alegre: Artes Médicas, 2007.

OTTO, A. F. N.; RIBEIRO, M. A. Contribuições de Murray Bowen à Terapia Familiar Sistêmica. *Pensando Famílias*, v. 24, n. 1, p. 79-95, jul. 2020.

PAPERO, D. V. A teoria sobre os sistemas familiares de Bowen. In: ELKAIM, M. (Org.). *Panorama das terapias familiares*. Vol. 1. São Paulo: Summus, 1998, pp. 71-100.

PELLEGRINI, P. G; SILVA, I. M.; BARRETO, M.; CREPALDI, M. A. Diferenciação Adulto Jovem. *Pensando famílias*, v. 19, n. 1, jun. 2015.

SETTON, M. Z. Um mergulho na história do terapeuta: um percurso na formação. In: MACEDO, R. M. S. *Expandindo horizontes na terapia familiar*. Curitiba, CRV: 2005.

VON FOERSTER, H. *Observing Systems*. Seaside: Intersystems Publication, 1981.

CAPÍTULO 3

SELF DO TERAPEUTA E SUA INFLUÊNCIA NA PRÁTICA CLÍNICA

Daniela Bertoncello

"*A maneira de fazer é sendo.*"
(Lao Tsé)

Debruçar-se sobre o tema da figura do terapeuta pode ser um caminho provocante e inspirador, ao mesmo tempo. Muito possivelmente isso ocorre pois, ao tentarmos compreender as competências necessárias à sua prática, acabamos por esbarrar em variáveis de ordem tanto profissional como pessoal. Assim, essa temática nos convida a examinar territórios distintos, porém não excludentes, que podem se correlacionar de modo singular e recíproco. Mencionar a reciprocidade nesse campo do conhecimento é vestir sistemicamente os termos relacionais com circularidade e não com linearidade.

Nossa prática clínica como terapeutas pode ser considerada multifacetada, pois, diante de queixas variadas apresentadas pelas pessoas que buscam terapia – casais, famílias ou indivíduos com tramas complexas, em sua maioria –, uma multiplicidade de elementos coloca-se diante do olhar e da escuta atenta do terapeuta. Alguns desses conteúdos, outrora já vivenciados pelo próprio profissional ou por alguém próximo a ele, fazem emergir nuances mais fronteiriças de seu repertório pessoal; afinal, estamos falando de terapeutas, seres humanos. Em vista disso, utilizamos o termo *Self* para nos referirmos ao seu lado pessoal.

Incluo aqui uma metáfora, para seguir em minha contextualização: os telescópios. Podemos entender tais instrumentos óticos como "janelas para o céu" (VENTUROLI, 2016) que possibilitam ao ser humano viajar por meio da luz até onde se reconhecem os limites do Universo distante e que de tempos em tempos se ampliam, conforme o crescimento da capacidade de observação advindo de instrumentos mais modernos. Poderia seguir detalhando os tipos de telescópios existentes ou mesmo contando seus dados históricos – que, diga-se de passagem, são bem interessantes sobre essa importante invenção do homem. Porém esclareço que o objetivo dessa metáfora é simplesmente focalizar o terapeuta em seu universo e destacar sua importância por meio da observação e do estudo de sua figura como parte do processo clínico, a partir de lentes relacionadas à sua formação profissional – que vão muito além da teoria e da técnica e concentram-se nos aspectos ligados à sua pessoa, ao seu *Self*. Para ilustrar os telescópios cito o poema de Gullar (2009, p. 239) – que, com uma dose de sensibilidade, também poderia se referir ao lugar do terapeuta:

> Meu corpo de 1,70 m que é meu tamanho no mundo
> meu corpo feito de água
> e cinza
> que me faz olhar Andrômeda, Sírius, Mercúrio
> e me sentir misturado
> a toda essa massa de hidrogênio e hélio
> que se desintegra e reintegra
> sem saber pra quê.

Ponderar o quanto o *Self* do terapeuta incide sobre sua prática clínica e como ocorrem tais processos internos e externos constitui o desafio de investigar essa temática. Creio que a parte inspiradora recai sobre os grandes saltos que o terapeuta experimenta todas as vezes que ousa tomar consciência e enxergar – com coragem, determinação e humildade – seu próprio estilo e as repercussões que ele gera sobre os campos profissional e pessoal.

Estilo do terapeuta

O estilo do terapeuta pode ser compreendido como o conjunto de crenças, padrões habituais, experiências, autoconceito, visão de mundo, posição socioeconômica, momento do ciclo vital, faixa etária, gênero, aspectos culturais e étnicos e estilo de apego, dentre outras variáveis que integram tal repertório.

De acordo com as investigações de Ceberio e Linares (2005), as intervenções terapêuticas durante as sessões são frutos da estruturação conceitual do profissional, o que inclui não somente a abordagem escolhida como marco teórico, mas também os diversos elementos que compõem seu repertório pessoal: crenças, valores e construções histórico-familiares. Para os autores, tais momentos são irreproduzíveis justamente pela interação criada entre terapeuta e cliente em um tempo e contexto únicos. O mapa resultante inclui a experiência tal qual se deu; por conseguinte, com recortes singulares realizados a partir da delimitação distinta das cenas, comunicações e emoções. Concordo com os autores; torna-se inimaginável repetir intervenções e pautas terapêuticas, pois para cada experiência poderá também haver a emergência de um novo ponto de transformação, tanto para o terapeuta como para o cliente, como afirma Amaral (2020, p. 14):

> Eu só acredito em uma vida vivida coletivamente, em que haja a possibilidade de escutar o que o ou-

> tro sente vontade de dizer sobre si. Nessa mistura de histórias, vamos compreendendo melhor o que é viver. Os desafios são semelhantes, as histórias de como os experimentamos é que são absolutamente únicas.

Amaral (2020) utiliza cartas como forma de conversar com os terapeutas sobre possíveis e diversas emoções – segundo o autor, as cartas tendem a abraçar sem qualquer pretensão de dar respostas, inclusive frente às perguntas ainda inexistentes dentro de si: "as crises são parte do tecido que une todas as histórias – e, por isso, são um motivo a mais para nos sentirmos próximos e semelhantes" (AMARAL, 2020, p. 31). Sua obra deu voz às indagações emocionais de terapeutas, em conexão com suas práticas profissionais.

Recordo-me das palavras de Andolfi (2020), que sabiamente abordou a questão da utilização do *Self* pelo terapeuta como forma de movimentar-se dentro de si em direção à autoconsciência. Na ocasião, o autor provocou uma bela reflexão sobre a importância do autocuidado dos terapeutas, incluindo seus pensamentos e emoções, rompendo barreiras dentro e fora de si, e principalmente olhando-se interiormente. Os terapeutas realizam um trabalho artesanal, o que torna seu ofício peculiar, minucioso e distinto (ANDOLFI, 2020).

Todas essas questões me fazem considerar que Keeney (1992) já tinha razão ao assinalar que, se o terapeuta tornar sua prática trivial – a partir da sedução provocada pelos modelos teóricos bem construídos – poderá gerar a dispensa do uso da criatividade no seu repertório e, por conseguinte, a atrofia da sua imaginação e do caráter vivo do seu trabalho. Nesse sentido, o estilo terapêutico poderá tornar suas intervenções previsíveis, descaracterizando a essência de sua atuação profissional como um processo que deve considerar suas propriedades pessoais e profissionais e o caráter da improvisação do seu trabalho. Segundo Keeney (1992), o estilo terapêutico une todos os recursos e limitações, demonstrando desse modo a singularidade de cada profissional. O autor ressalta que as limitações, quando bem identificadas e aproveitadas, seguem sendo fortes recursos para que o terapeuta as utilize como recursos naturais, de forma a amadurecer seu estilo terapêutico pessoal (KEENEY, 1992).

O despertar do terapeuta

Segundo Guy (1995), há salutar importância em examinar a influência dos múltiplos fatores da prática clínica sobre o terapeuta enquanto pessoa, em sua personalidade, seu cotidiano e nos momentos significativos em sua vida. Os terapeutas foram considerados como uma espécie de curandeiros, cuja tarefa era aliviar o sofrimento advindo das aflições humanas. Esse tipo de profissional poderia ser visto com confiança, mas também com temor.

Podemos problematizar a partir dessa premissa: por que escolhemos ser terapeutas? Qual a base de nossas escolhas? Além dos fatores externos, tais como o reconhecimento social e a estimulação cognitiva pela variedade de problemas que poderão se apresentar, há ainda fatores pessoais que podem funcionar como motivações conscientes e inconscientes para efetuar tal escolha, incluindo a capacidade de escuta, diálogo e empatia e também a presença de enfrentamentos indiretos, o desejo de poder, as necessidades afetivas, aspectos vivenciados com a família de origem e experiências anteriores emocionalmente significativas (GUY, 1995). Entretanto, devemos lembrar que esse caminho é de mão dupla, por meio da reciprocidade circular que se instaura nas relações terapêuticas, cujos lados interagem entre si e incidem-se mutuamente. Isso ocorre porque o terapeuta tem a participação de seu *Self* no processo terapêutico. A antiga posição de neutralidade, outrora designada, cede lugar ao posicionamento de "ser parte", com isenção de julgamento e consciência de seu repertório pessoal e profissional (BERTONCELLO, 2020, 2021; CEBERIO; LINARES, 2005).

Segundo Quadros e Yoshida (2012), os valores relevantes do terapeuta podem e devem ser considerados aspectos presentes que interatuam no tratamento.

Embora não mencionem claramente quais variáveis podem interferir mais sobre o funcionamento do processo terapêutico, os autores asseveram que há variáveis observáveis, como faixa etária, sexo, aspectos étnicos e técnicas aplicadas, e também variáveis inferidas, como valores, crenças, mitos, gênero e traços de personalidade; tais elementos integram o campo mais subjetivo, validando as informações.

O repertório de variáveis, que engloba o perfil do terapeuta e suas questões conflitivas e emocionais, existe tal qual o repositório de qualquer outro ser humano. O que difere é que o terapeuta necessita atuar profissionalmente sobre o sistema de crenças e valores de seus clientes, com o simultâneo discernimento de seu próprio código de valores e sistema de crenças pessoais. Ceberio e Linares (2005) ressaltam a importância da plasticidade e da criatividade como formas de relativizar o mapa pessoal do terapeuta, composto por esse repertório pessoal que integra seu perfil pessoal e profissional, além de outros pontos fundamentais à sua formação.

Mais do que o despertar do profissional, torna-se vital seu reencontro permanente com as características que consolidam seu estilo e retratam suas variáveis observáveis e inferidas, perfazendo um caminho constante de autoconsciência e autoconhecimento. Em consonância com Medina (2010), enfatiza-se a necessidade da clareza de si mesmo por meio da capacidade de dissolução de conflitos internos e do alcance da qualidade de vida como formas de aumentar a eficácia da terapia. A autora ressalta também o fator flexibilidade do fenômeno terapêutico, como um processo em constante mudança e evolução. Segundo a autora, pensamentos, emoções e comportamentos emergentes no terapeuta podem ser aproveitados no processo de forma analítica e interventiva, já que se trata da condição humana do *Self* do profissional (MEDINA, 2010).

Empatia

É curioso, para mim, descrever um vídeo que gostaria de estar reproduzindo ao vivo a você, leitor, para que pudéssemos discutir o possível impacto que sua mensagem poderia lhe causar. Como isso não é possível, por estarmos em uma comunicação escrita, sugiro nesse momento que faça uma pausa na leitura, para que consiga entender por que escolhi esse recurso na introdução do tópico relacionado à empatia. O vídeo de Brené Brown (2013), denominado *On empathy*, pode ser facilmente localizado no Youtube e tem curta duração. Nesses poucos minutos, Brown fala sobre conexão, perspectiva, julgamento, emoções, escolha e gratidão. Com muita sensibilidade, expressa a diferença que existe entre alguém empático – e não simpático – para estar ao lado de alguém que apresenta sofrimento. Sugiro que registre suas percepções e reflita a respeito delas. Essa reflexão poderá ampliar sua forma de estar no mundo; como profissional, poderá transformar seu modo de estar nas relações terapêuticas.

A obra audiovisual de Brown consegue ilustrar o papel do terapeuta ao lado do cliente. Observamos que aquele que consegue acolher a dor do outro, de algum jeito, conseguiu também se conectar à própria dor como forma de alcançar esse reconhecimento. Ao falarmos de *Self* terapêutico, confirmamos que a pessoa do terapeuta também habita esse universo, com marcadores de alegria e tristeza, fartura e privação, saúde e doença, proteção e solidão. A conexão com o outro pode ocorrer de modo empático se conseguir reconhecer algum desses elementos em si mesmo e em sua história, a respeito daquilo que lhe toca no outro.

A partir dessas considerações, torna-se mais fácil compreender a força do *Self* do terapeuta e sua incidência sobre a prática clínica. O motor que impulsiona a relação terapêutica perpassa a potência do vínculo e da conexão, fundamentada principalmente na confiança, no compromisso e no respeito. Contudo, por vezes, essa conexão não se estabelece – quando, por exemplo, surge alguma dificuldade no âmbito do reconhecimento mútuo e assim algo se paralisa ou não amadurece. O terapeuta deve estar atento a esses estancamentos, pois constituem importante material a ser explorado ao longo das supervisões e da própria terapia pessoal, para que possa haver transformação e retroalimentação do processo terapêutico com o cliente.

Segundo nosso mestre Mony Elkaim (1989), é primordial estar atento às ressonâncias emergentes dos diversos sistemas interatuantes durante os processos de terapia e supervisão. O autor define a ressonância como:

> O encaixe de elementos semelhantes e comuns a diferentes sistemas em intersecção. (...) A amplificação desses acoplamentos formados, tanto de regras intrínsecas como de singularidades do sistema terapêutico, é o que provoca a mudança ou o bloqueio de um sistema. (ELKAIM, 1989, p. 16, tradução nossa).

A partir desse conceito, os limites se transformam em possibilidades, viabilizando a utilização do *Self* do terapeuta como instrumento em terapia. Esse loop na forma de ser terapeuta e fazer terapia gera avanços fundamentais para a prática clínica e para o foco nos trabalhos de *Self* (APONTE; CARLSEN, 2009; BERTONCELLO, 2020; MAESIMA; BARRETO; BEIRAS, 2019).

Experiência terapêutica

Considero importante relembrar as palavras de Peter Rober (2021), especialmente quando recebo pedidos de terapeutas para supervisão clínica ou psicoterapia pessoal. Lembro-me de sua afirmação em um dos *workshops* que participei: "O quão pequeno eu sou, diante dos problemas com os quais lido como terapeuta!". Segundo o autor, é preciso viver o hoje em sua profundidade, utilizando a empatia como forma de estar próximo à dor do outro e ao mesmo tempo forte diante dele, para que encontre esperança. As experiências terapêuticas estão sempre presentes por meio da conexão e da escuta dialógica, sendo ou não verbalizadas – e o silêncio também comunica; desse modo, sintonizar-se com o outro e colocar-se em sua direção por meio das formas de ser e estar é fundamental para conseguir vê-lo e compreendê-lo.

De acordo com Rober (2021), a prática clínica do terapeuta pode apresentar características que tornem o processo de terapia mais eficaz, tais como:

a) Aptidões interpessoais para formar uma aliança terapêutica (empatia, fluência, foco nas preocupações dos clientes);
b) Criação de expectativas positivas para formar esperança;
c) Autocrítica como profissional para desenvolver autorreflexão;

d) Utilização de *feedback* do cliente para retroalimentar a aliança terapêutica e promover flexibilidade.

Ilustro, a seguir, os fundamentos aqui apresentados com um exemplo clínico. Apresento-lhes Marisol, 36 anos, psicóloga e terapeuta familiar, casada e com um filho de 5 anos de idade; Marisol mudou-se para um estado vizinho ao da sua família de origem quando se casou, há aproximadamente nove anos. Buscou terapia para trabalhar o luto proveniente da perda da mãe, decorrente da pandemia da Covid-19. Apesar de ter participado de alguns processos terapêuticos anteriores, Marisol comentou que nunca havia abordado com profundidade algumas especificidades da sua história de vida familiar. Ela veio até mim encaminhada por outra colega terapeuta que já havia sido minha cliente.

Nos últimos dez anos Marisol viveu momentos de grande conexão e afetividade com sua mãe, até que a notícia do adoecimento repentino e da morte abrupta chegaram trazendo-lhe profunda dor. Surgiram imediatamente sintomas de ansiedade, insônia, perda de apetite e um quadro de medo e sensação de abandono que extrapolou para seu âmbito profissional. Marisol estava trabalhando remotamente no período da pandemia e dividia-se entre seus papéis profissional, materno, conjugal e familiar. Pouco tempo após a perda, ela experienciou algumas interrupções clínicas sequenciais em sua prática profissional. Deu-se conta de que estava muito difícil lidar com os sentimentos relacionados à perda da mãe; percebeu que estava revisitando um lugar em que nunca mais havia se permitido estar: o lugar da criança desamparada, após a separação dos pais, quando tinha apenas 8 anos. Esse momento familiar foi bastante difícil, pois outras questões associaram-se à crise: perdas financeiras, infidelidade conjugal do pai e desemprego da mãe. Com o tempo, os pais reestruturaram suas vidas pessoais e a mãe também se reorganizou profissional e emocionalmente. Entretanto, Marisol nunca esqueceu as privações que passou ao lado da sua mãe e a dor que sentiu quando viu seu pai sair de casa para viver com outra mulher.

A partir dessas vivências, Marisol construiu um entendimento de que uma perda poderia desencadear perdas subsequentes e que qualquer campo de privação – afetivo, material e social – poderia ter sentidos viscerais e arrebatadores por um longo tempo. Na época da separação, viu sua mãe deprimida, necessitando de amparo médico e familiar. Viveram momentos marcantes, mas que foram guardados por ela junto com o baú de lembranças da infância, pouco reaberto ao longo de sua vida adulta.

Creio ser compreensível, nesse caso, que Marisol estava vivendo etapas relacionadas ao luto com especificidades do luto do período de pandemia, muito associado aos medos coletivos, às incertezas e à desorganização mais global no cotidiano das pessoas. Mas isso não foi suficiente para entender o que se passou com ela; quando alguns de seus clientes sequencialmente interromperam seus processos, Marisol fez um *link* de que a roda viva das perdas estava recomeçando em sua vida. Quanto mais tentava preservar seus atendimentos clínicos, mais havia cancelamento de sessões por parte dos clientes e ela não sabia o que fazer para reverter a situação. Marisol se sentia culpada, incompetente, frágil e impotente. Viu sua vida profissional se desestabilizar junto com a vivência da perda da mãe e dia a dia sentia-se menos capaz de auxiliar as pessoas a superarem seus sofrimentos. A vida financeira de Marisol também sofreu impactos que geraram repercussões em seu contrato financeiro conjugal.

O processo de terapia de Marisol incluiu alguns horários de supervisão clínica, para que pudéssemos entender juntas o que estava ocorrendo em seu contexto profissional em interface com sua crise pessoal. As ressonâncias ficaram evidentes, pois muitos clientes de Marisol também experimentaram situações de perda de um familiar, conflitos relacionais, perdas financeiras e de trabalho, dentre outras; sentiam-se tão inseguros e desamparados como ela. A carga máxima das mesmas emoções a partir de situações semelhantes alterava consistentemente o ritmo das sessões. A percepção de que havia uma intersecção gerava uma significativa negação das emoções por parte da terapeuta, com aproveitamento raso de seu repertório; desse modo, gerava dificuldades para desenvolver uma escuta empática, conectada e com esperança, junto à maioria de seus clientes.

Marisol resgatou seu baú de memórias e foi reconstruindo crenças pessoais sobre as fatalidades e o destino. Conseguiu reconhecer seu direito a chorar pela perda de sua mãe e conectar-se com os elementos aos quais essa dor remetia em seu passado. Encaixou melhor seus pensamentos e emoções em um plano real no qual seria possível superar mais essa adversidade, pois já havia aprendido com sua progenitora que isso era possível durante o percurso da vida. A esperança foi dando lugar à reorganização do cotidiano de Marisol, que criou uma agenda com momentos pessoais mais leves com seu esposo e filho e horários para praticar atividades de relaxamento com aulas on-line de pintura e pilates; pouco a pouco, seu estado de ânimo foi atingindo maior fluidez e equilíbrio interior. Com o passar dos meses, ela fortaleceu sua autoconsciência e passou a se sentir mais confiante nas alianças terapêuticas com seus clientes.

Marisol encontrou meios seguros para revelar que também estava passando por um processo de luto naquele momento de sua vida sem sentir-se fraca e incapaz, particularmente nos casos clínicos em que percebeu a necessidade de proceder dessa maneira como forma de reconhecimento e conexão com a dor do outro. Conforme foi discernindo tudo isso, sua escuta empática e dialógica foi sendo ampliada e fortalecida; passou, assim, a focar na história de cada paciente durante as sessões, sem perder de vista seu observador interno, muito atento às ressonâncias.

Nas sessões de terapia de Marisol processamos muitas histórias familiares e modelos aprendidos e pudemos rever suas lealdades, valores, crenças, mitos e tradições. Examinamos seus recursos e limitações – que foram sendo transformadas em potências e gradualmente aplicadas em sua prática clínica.

Atualmente, Marisol encontra-se estável emocionalmente, com fluxo profissional restabelecido; recuperou-se financeiramente e está cursando uma pós-graduação em sua área. Sentiu-se lisonjeada quando pedi sua permissão e autorização para referenciar seu caso clínico neste capítulo, afirmando que nunca havia imaginado que seus piores momentos de vida poderiam tornar-se os momentos de maior aprendizado e superação, revelando-se ainda como inspiração para outros terapeutas.

Cabe dizer que sou muito grata à Marisol[1], que em tempos tão difíceis de pandemia ensinou-me mais sobre o amor, a dor, a resiliência, a capacidade que temos de cair e nos levantar como terapeutas e pessoas e sobre a gratidão de nos encontrarmos em intersecção com alguns de nossos clientes, gerando possibilidades de desenvolvimento de nosso *Self* e nossa prática como terapeutas.

Alguns comentários

O *Self* de Marisol como terapeuta influenciou sua prática clínica e vice-versa. Quando seus momentos foram limitadores, a

1 Marisol teve suas informações principais modificadas ao longo desse relato, como forma de garantir sua privacidade, anonimato, compromisso com a confidencialidade e respeito à sua história de vida.

terapeuta considerou a possibilidade de revisar e mudar, abraçando as oportunidades que ela foi criando como forma de sair de sua crise pessoal e profissional. O processo que Marisol vivenciou nesses territórios validou a importância da autorreflexão, da busca da terapia pessoal e da supervisão clínica. Aos poucos, sua vida foi se restabelecendo, com muitas transformações em seu repertório e em seu estilo pessoal como terapeuta.

Ao contar a história clínica de Marisol, recordo a afirmação de Lukas (2005, p. 99) de que as "cicatrizes formam um tecido resistente". Segundo a autora, na obra *Histórias que curam*, somente por meio da participação da consciência poderemos elaborar situações difíceis da vida. Ela ainda destaca que:

> As sombras do passado nunca podem ser inteiramente afastadas e que elas se manifestam com particular clareza quando o ambiente está "cheio de sol" (...) mas onde existe luta também existem feridas, e onde há feridas também há cicatrizes. (...) Podem formar um "tecido forte", tanto no corpo como na alma. (LUKAS, 2005, p. 100).

Para Lukas (2005), a força emerge da transformação das experiências de sofrimento em fontes de força espiritual que podem gotejar, por fim, a sabedoria. Nesse mesmo sentido, concordo também com Casas (2021), que afirma ser inevitável que a história de vida do terapeuta – composta por seu repertório e estilo – realize ingerências em sua atuação profissional, de modo a interagir mutuamente com o mundo.

Assim, nesse caminho, percebo que venho me transformando como terapeuta e pessoa a cada novo caso clínico atendido e nas supervisões realizadas ao longo dos anos. Saio grande a cada encontro terapêutico e reitero Rober (2021), relembrando que a cada nova conexão, devo lembrar também o quão pequena ainda sou frente a tudo que preciso aprender. Essa expectativa de aprimoramento constante provoca-me ainda mais motivação (motivo para a ação) para cuidar com atenção de minha formação continuada como terapeuta, supervisora e professora – tarefa encantadora, que desperta em mim dedicação, alegria e vida. Pergunto a você, terapeuta: o que tem feito para se manter vivo em sua missão?

A formação do terapeuta eficaz

Acredito em uma formação permanente, criativa, cuidadosa e realizada com qualidade. Em mais de 30 anos de prática clínica, atendendo sempre estudantes e profissionais da mesma área de atuação, identifiquei alguns cuidados fundamentais que despertaram minha atenção, interesse e aperfeiçoamento como terapeuta, tentando equilibrar constância e evolução, manutenção e mudança, raízes e asas.

Sempre me observei como uma terapeuta em construção; por isso, ter a criatividade por perto tornou-se uma forma segura de seguir aprendendo e evoluindo. Em vista disso, as cadeiras das salas de cursos e de grupos nunca foram afastadas da minha vida profissional, pois entendi que o profissional eficaz deve lapidar seu conhecimento teórico-técnico e prático-pessoal de forma continuada, buscando atingir níveis satisfatórios de atualização e aprimoramento. Podemos ter bases teóricas seguras a partir de formações consolidadas, como é o caso da Teoria e Abordagem Sistêmica, alicerce que sempre norteou minha formação como terapeuta familiar e de casal, mas reitero que há muitas formas de trabalhar a partir do mesmo eixo teórico, tal como relembra Keeney (1992).

A teoria poderá sempre guiar nossa prática, mas nossa atuação é formada em simultaneidade com outros elementos que também a edificam. A criatividade, a escuta empática, a fluidez do vínculo e da conexão, o compromisso, a confiança e o respeito asseguram, juntos, que o sentido da teoria poderá transcorrer com segurança e em forma de aliança fecunda. Sem isso, pouco poderá suceder em termos de eficácia terapêutica. Do mesmo modo, as técnicas podem e devem ser aplicadas por meio de intervenções seguras e da utilização de recursos terapêuticos criativos e pertinentes; contudo, serão insuficientes se não houver um vínculo de confiança e conexão na relação terapêutica, para que se garanta a escuta empática e dialógica.

Sempre que algum cliente retorna à terapia, independentemente dos meses ou anos de intervalo desde seu último atendimento, faço a mesma indagação: o que o trouxe de volta aqui, com a mesma terapeuta? Quase sempre recebo respostas semelhantes acerca do acolhimento do contexto terapêutico já vivenciado anteriormente, além das metáforas memorizadas, dos recursos e momentos terapêuticos marcantes que tiveram algum efeito reparador e reconstrutor. Às vezes são detalhes que não estão descritos no prontuário das antigas sessões, pois ocorreram nas entrelinhas do que foi vivenciado naquele encontro. É nítido perceber que as pessoas realmente buscam uma escuta empática e a esperança para solucionar suas questões e sofrimentos por meio da confiança, do compromisso e do respeito.

De acordo com Linares (2012), o termo "inteligência terapêutica" – para além da intelectualidade – refere-se à capacidade que o terapeuta possui de lançar mão de seus próprios recursos, natos e aprendidos, em favor de suas intervenções e não em favor de si próprio, como um colecionador de habilidades. Trata-se de competências construídas conjuntamente por meio do vínculo e do compartilhamento, para que não percam seu brilho e sua utilidade.

Portanto, para uma formação satisfatória é necessária uma construção sólida baseada em tijolos teórico-técnicos e práticos-pessoais por meio de uma estrutura teórica consistente, grupos sistemáticos de estudo, terapia pessoal, supervisão clínica individual e/ou grupal e oficinas e vivências do *Self*. Aliado a isso, doses de criatividade, humor, empatia, delicadeza, sensibilidade, respeito, compromisso e confiança poderão sempre calibrar o funcionamento da força motriz da escuta dialógica, da aliança e das habilidades terapêuticas (BERTONCELLO, 2020; CASAS, 2021; LINARES, 2012; MEDINA, 2010).

É fundamental que o terapeuta possa reconhecer aspectos de seu *Self*, integrando elementos ressoantes de sua prática clínica como forma de evoluir pessoal e profissionalmente (APONTE; CARLSEN, 2009; CASAS, 2021; MAESIMA; BARRETO; BEIRAS, 2019). Ter esse tempo emocional traduz-se na conexão consigo mesmo por meio de recursos internos e externos que, se bem equilibrados, podem produzir resultados bastante satisfatórios.

Finalizo essas reflexões concluindo que todas as concepções e inspirações que tenho buscado como forma de compreender, vivenciar e avançar nesse tema traduzem um legado simples e claro sobre a tomada de consciência acerca do perfil, estilo e pessoa do profissional. Acredito que essa é a chama central que aquece nossa prática e aconchega nosso *Self* como terapeutas.

Referências

AMARAL A. C. *Cartas de um terapeuta para seus momentos de crise*. São Paulo: Planeta do Brasil, 2020.

ANDOLFI, M. *Segredos e mentiras na família:* como intervir? Goiânia: Associação Brasileira de Terapia Familiar (ABRATEF), 2020. Simpósio Virtual.

APONTE, H; CARLSEN, J. C. An instrument for person-of-the-therapist supervision. *Jornal of Marital and Family Therapy*, Alexandria, v. 35, n. 4, p. 395-405, 2009.

BERTONCELLO, D. Labirintos reflexivos do terapeuta: Valores e crenças diante do tema da infidelidade conjugal. In: BERTONCELLO, D.; CUNHA, A. S. A.; MAZER, T. Z. (Orgs.). *Infidelidade conjugal & processos de apego*. Belo Horizonte: Artesã, 2020. p. 41-60.

BERTONCELLO, D. Valores e crenças do terapeuta diante do tema da infidelidade conjugal. *Revista Brasileira de Terapia Familiar*, Goiânia, v. 10, n. 1, p. 99-113, 2021.

BROWN, B. *On Empathy*. 2013. 1 vídeo (2min53seg). Disponível em: <https://www.youtube.com/watch?v=1Evwgu369Jw>. Acesso em: 30 mai. 2022.

CASAS, M. C. *La família de origen del terapeuta em sesión. Moviéndonos entre famílias*. Madrid: Ediciones Morara, 2021.

CEBERIO, M. R.; LINARES, J. L. *Ser y hacer em terapia sistémica:* la construción del estilo terapêutico. Barcelona: Ediciones Paidos Ibérica, 2005.

ELKAIM, M. *Se me amas, no me ames*. Psicoterapia con enfoque sistémico. Barcelona: Editorial Gedisa S.A., 1989.

GULLAR, F. *Toda Poesia*. 18. ed. Rio de Janeiro: José Olympio, 2009.

GUY, J. D. *La vida personal del psicoterapeuta*. El impacto de la práctica clínica em las emociones y vivencias del terapeuta. Barcelona: Ediciones Paidos Ibérica, 1995.

KEENEY, B. P. *La improvisación en psicoterapia*. Guía práctica para estrategias clínicas creativas. Barcelona: Ediciones Paidos Ibérica, 1992.

LINARES, J. L. *Terapia familiar ultramoderna*. La inteligencia terapêutica. Barcelona: Herder Editorial, 2012.

LUKAS, E. *Histórias que curam... porque dão sentido à vida*. Campinas: Verus Editora, 2005.

MAESIMA, G. M.; BARRETO, M.; BEIRAS, A. O conceito de ressonâncias no processo de formação do terapeuta: descobrindo potencialidades e limitações na prática terapêutica. *Nova Perspectiva Sistêmica, São Paulo, v. 64*, p. 105-118, 2019.

MEDINA, L. I. L. La otra cara de la terapia: la vida personal del psicoterapeuta. *Poiésis*, Medellín, v. 19, p. 1-10, 2010.

QUADROS, E. A. de; YOSHIDA, E. M. P. Variáveis do terapeuta: análise em periódicos brasileiros (1998-2007). *Interação em Psicologia Clínica*, Curitiba, v. 16, n. 1, p. 63-72, 2012.

ROBER, P. A *pessoa do terapeuta*: a complexidade da escuta. São Paulo: Instituto Noos, 2021. Workshop On-line.

VENTUROLI, T. Telescópios: janelas para o céu. *Super Interessante*, São Paulo, 31 out. 2016. Disponível em: <https://super.abril.com.br/tecnologia/telescopios-janelas-para-o-ceu/>. Acesso em: 31 mai. 2022.

MER D
Tropique du C
NOR
SUD
Tropique du Capricorne
GOLFE DE MEXIQUE
Illinois
SEPTENTRION
Tropique du Capricorne
GUIANE ou GUAIANE
PAYS DES AMAZONES
MERIDIONAL
TERRE FERME
TUCUMAN

CAPÍTULO 4

A SUBJETIVIDADE DO PSICOTERAPEUTA

Paolo Bucci

"Uma boa psicoterapia deve incluir as reações fisiológicas, psicológicas e endócrinas a um sistema de interação profundamente pessoal."
(C. Whitaker)

Enfrentar a temática da subjetividade do psicoterapeuta é problema complexo. A amplitude do assunto me compele a restringir ulteriormente o campo, limitando-o ao contexto da psicoterapia e a considerar, assim, as implicações no "fazer psicoterapia". A atenção será dedicada aos aspectos subjetivos do terapeuta e de como concorrem ao processo de observação e construção da relação terapêutica.

No decorrer dos desdobramentos da abordagem sistêmico-relacional, num primeiro momento, dir-se-ia que o interesse pelos aspectos subjetivos das vivências no contexto da psicoterapia fosse escasso. Sucessivamente, e de vários lados, ganharam consistência diversas conceitualizações, que permitiram adentrar o mundo das vivências e dos significados no contexto terapêutico. Vez após outra, as reflexões dos terapeutas familiares pertencentes a diversas escolas apontavam, e ainda apontam, para vários aspectos, tais como os processos simbólicos, os jogos da família, a relação terapêutica, a dimensão tri-geracional, a co-construção dos significados, a dimensão narrativa etc. Se considerarmos, ainda, que o instrumento mais utilizado como método de descrição e avaliação do trabalho do psicoterapeuta é o da auto-observação, se torna inevitável assumir a dimensão da subjetividade como especialmente relevante na reflexão sobre *como ser psicoterapeuta* e sobre *como fazer psicoterapia*. E, a tal respeito, gostaria aqui de acrescentar a importância que ganhou a temática das emoções do terapeuta no contexto da psicoterapia. As diversas escolas, as várias orientações evidenciam a sua centralidade na compreensão dos processos de transformação relativos à experiência terapêutica.

Por mais que possamos considerar muito importantes os vários temas que aqui sinteticamente esbocei, inclusive o das emoções do terapeuta, é necessário amenizar o risco de utilizá-lo, vez após outra, como lentes universais para observar e investigar, a despeito de uma abordagem complexa à psicoterapia. Resolvi considerar a subjetividade do psicoterapeuta justamente porque acredito que seja o recipiente dessas temáticas e das várias lentes que utilizamos para ir adiante em nosso trabalho clínico e de pesquisa. É evidente que, com a expressão "subjetividade", entendo, portanto, uma entidade dinâmica, em contínua evolução e, por isso, dificilmente descritível em termos denotativos. Uma entidade capaz de observar e observar-se na hora de entrar em relação consigo mesma e com as situações com as quais se depara.

Creio que seja redutivo, na perspectiva de um pensamento complexo, a referência que, amiúde, é feita ao conceito de *Self*, ou *Self* do psicoterapeuta. Um conceito que, certamente, pode referir-se à atividade de auto-observação do psicoterapeuta sistêmico relacional, mas que, consideradas as modalidades com as quais foi descrito e estudado, ressente bastante da influência dos modelos que foram utilizados para defini-lo. Com efeito, por mais que este conceito permita observar o ajuste identitário dos indivíduos numa perspectiva mais ampla do que o clássico modelo pulsional, conserva, em todo caso, uma visão objetivizadora daquilo que acontece no sujeito. Em outras palavras, é sempre e só um observador externo que pode dizer do *Self* de um indivíduo, ao passo que é muito raro que um sujeito se expresse como se fosse capaz de descrever seu próprio *Self*. Que seja claro: não é minha a intenção de formular uma crítica ao conceito de *Self*, muito pelo contrário. Podemos considerá-lo como um grande auxílio na busca e compreensão dos mecanismos que presidem à formação de configurações identitárias, na idade evolutiva ou não.

Utilizando uma perspectiva sistêmico-relacional, porém, temos que considerar que o ajuste identitário dos indivíduos não é uma entidade estática, definível através de métodos denotativos ou normativos, mas é o resultado do encontro entre indivíduos em contínua interconexão e relação. Por esta razão, após ter ultrapassado o antigo estereótipo do terapeuta familiar que não se interessa pelas emoções, considero necessário ampliar as modalidades com que se possa aprofundar a temática da componente emocional do terapeuta na psicoterapia. Se considerarmos a literatura científica produzida nos últimos anos pelos terapeutas sistêmico-relacionais, podemos observar que é aquisição consolidada o fato de considerar o terapeuta como incluído no sistema e no processo de terapia. A partir desse assunto, desenvolveram-se várias maneiras para levar em conta as emoções, e a referência a elas é cada vez mais frequente.

Conhecendo um "estranho": o que acontece?

Conduzir uma reflexão atenta acerca das emoções e da subjetividade do terapeuta, porém, deve poder superar o risco de vê-las como a *parte que explica o todo*, e não como a parte através da qual começar e entrar na complexidade do trabalho psicoterapêutico. Deveríamos romper o esquema que considera a existência de uma única forma de falar em emoções, e nos orientar a entrelaçar essas várias formas, para considerar como as emoções são funcionais aos processos de transformação na relação terapêutica. "É necessária uma reflexão sobre a diversidade das linguagens através das quais terapeutas sistêmicos falam em emoções, no contexto terapêutico" (FRUGGERI, 1992, tradução livre,); certamente, é uma maneira mais fértil do que a crítica por ter descuidado desses aspectos, ou não ter cuidados deles tão bem quanto, ou melhor do que outros.

Atualmente, portanto, não podemos considerar uma novidade o fato que mais ou menos todos os terapeutas sistêmico-relacionais considerem importante levar em conta a subjetividade do terapeuta e suas emoções no contexto terapêutico. Talvez, o forte impulso a realizar procedimentos e validar as técnicas utilizadas, em linha com certa medicina embasada nas evidências, obrigou os terapeutas a manter o tema das emoções no pano de fundo, no que diz respeito a uma atenta consideração de suas implicações no desdobramento dos processos terapêuticos.

Certamente, isso favoreceu uma distinção entre o *pensar* (domínio da lógica, da racionalidade e da objetivação) e o *sentir* (domínio da subjetividade das vivências e da não-objetividade). A temática, tão querida aos terapeutas sistêmico-relacionais, segundo a qual Sistema é uma maneira de conectar as partes do todo, tornava-se - e torna-se - o criador de uma antinomia que implicaria e implicou alguns obstáculos em manter nossa pesquisa embasada na convergência interdisciplinar da qual está se abrindo um espaço rumo a uma perspectiva completamente diferente: a da Ciência da Complexidade. Pensar e Sentir, mais uma vez, esboçavam uma antinomia, mais do que uma unidade funcional para a organização do ser vivente (a autopoiese de Maturana) e contrários a qualquer rigor na reflexão sobre o contexto emocional da psicoterapia.

Ainda hoje, podemos assistir a uma forma de ecletismo pelo qual mudam os pontos de vista em função do assunto examinado, ou ao recurso aos *bons sentimentos* como fatores terapêuticos para compreender os mesmos processos terapêuticos. Frequentemente, os terapeutas sistêmicos tornam-se pragmáticos quando analisam a comunicação; construtivistas quando analisam a recursividade na relação; psicodinâmicos quando analisam a temática das emoções. Tive a oportunidade de considerar os vários pontos de vista em função do progredir de minha experiência clínica e de meus estudos e, assim como eu, vi muitos colegas mover-se da mesma forma.

Na minha experiência de formação, assumiu peculiar posição central a atenção para as componentes emocionais e para suas implicações nas relações entre os componentes do sistema terapêutico. Comecei minha formação em Psicoterapia Familiar nos anos 80, e contemporaneamente inaugurava minha história de clínico psicoterapêutico à época das batalhas contra os manicômios, culminada com o encerramento dos hospícios em 1978 (a Lei Basaglia). Cabe-me confessar que, à época, não era tanto a temática da família como objeto de intervenção que aguçava meu interesse, mas a possibilidade de ter à disposição instrumentos de observação que me permitissem colher e observar a interrelação entre as partes, sem necessariamente operar uma redução da complexidade dos fenômenos observados. Era o que afirmavam minhas experiências de vida e meus estudos universitários, que encontraram uma formidável caixa de ressonância no percurso formativo em terapia familiar, antes, e na experiência de didata da Scuola Romana di Psicoterapia Familiare, depois. O modelo formativo da Scuola Romana di Psicoterapia Familiare, dirigida pelo Prof. Carmine Saccu, sempre deu peculiar destaque à importância das capacidades de redefinição da realidade terapêutica a partir das emoções do terapeuta.

Mais do que descrever e catalogar a realidade, o terapeuta pode usufruir da sua criatividade e de sua intuição na experiência terapêutica. Uma visão prejudicialmente orientada a opor-se a uma perspectiva reducionista ao enfrentar as problemáticas do sofrimento humano. Era aquela a época em que, paralelamente ao difundir-se de uma epistemologia capaz de favorecer modelos de trabalho interdisciplinares, nasciam na Itália inteira escolas orientadas à linha sistêmico-relacional. Estava se difundindo a Teoria Geral dos Sistemas num momento histórico em que se contrapunham acirradamente modelos mecanicistas e modelos vitalistas na convicção que os fenômenos vitais não pudessem ser reconduzidos a interpretações químico-físicas. Tornava-se possível considerar a relação com o paciente de forma menos autoritária e unidirecional e era introduzido o conceito de responsabilidade e de atividade de quem era portador do sofrimento (direto ou indireto), ao criar e manter as condições desse sofrimento.

Entre os aspectos que, pessoalmente, considerava muito funcionais, naqueles tempos de efervescência social, acompanhados pela abertura de novos serviços dedicados à saúde mental, era justamente aquele de dispor não apenas de uma ideologia para enfrentar o encerramento dos manicômios, mas também de um corpus teórico-clínico que permitisse sustentar uma pesquisa e uma praxe mais respeitosas das necessidades de quem procurava ajuda.

Assumia uma posição central o encontro do sistema de valores, crenças, atitudes do terapeuta com os modos e as formas com que se expressa o sofrimento, quer do indivíduo singular, quer do sistema familiar. Para este encontro, impunha-se com força a necessidade de interrogar-se sobre as maneiras com que era utilizada a abordagem sistêmica, sobre como considerar a própria noção de Terapia e de Identidade do psicoterapeuta. O movimento de pensamento que tinha se ativado nos terapeutas sistêmico-relacionais era *sacudido* pelo fato que, antes mesmo de transformar a maneira com que se explicava o sintoma ou a patologia, eram questionados os pressupostos que embasavam a psicoterapia enquanto fenômeno, ao mesmo tempo, científico e social. Pense-se, por exemplo, à relevância da consideração que o observador, longe de se situar externamente ao processo de conhecimento, participa ativamente à construção do sistema observado e a todo momento relaciona-se com ele, mediante uma compreensão que altera sua própria relação com o sistema (MATURANA; VARELA, 1980).

A afirmação da natureza construtiva dos processos de observação, e, portanto, de conhecimento, introduzia uma mudança nesses mesmos pressupostos. Com efeito, trazia implícita a necessidade de reconhecer que as explicações dos terapeutas não são objetivas, e, portanto, que as regularidades de funcionamento de uma pessoa ou de uma família não são características daquela pessoa ou daquela família, mas são descrições do terapeuta. Eram e são variadas as consequências do afirmar-se dessa epistemologia. Por exemplo, ruía a ideia confortante do conhecimento objetivo, e da analogamente confortante distinção entre compreensão e intervenção: pensar que a análise da pergunta, a observação dos modelos interativos, a coleta de informações relativas à história da família e o eventual diagnóstico pudessem ser colocados num tempo 1 e a intervenção num tempo 2 era uma ilusão: conhecer é intervir e o conhecer está mais ligado ao vértice de observação do terapeuta do que às *reais* características da família. Junto com a queda desses alentadores baluartes, introduzia-se um princípio metodológico assumido por todos os terapeutas sistêmicos, aquele da auto-observação, e também na minha formação, portanto, havia a contínua referência àquilo que sentia ou pensava acerca das situações clínicas com que estava lidando. Conceito de neutralidade terapêutica, adeus! E, como se não bastasse, começava a ganhar consistência a consciência de como o participar da dinâmica interativa pudesse contribuir - ou não - a ativar processos evolutivos.

Ter que lidar também com minhas emoções, minhas percepções e meus sentimentos, com minha corporeidade, isto é, ter que incluir entre os fenômenos observados também a mim mesmo, enquanto indivíduo que participa de seu próprio viver e contribui a construir a realidade que lhe diz respeito, não é tão simples. Este *mim mesmo* com quem me deparava era a coisa mais bizarra e desconhecida que poderia ter encontrado. Como enfrentar esta realidade? Estava cada vez mais evidente que qualquer procedimento ou ato relacional, atuado no decorrer de uma relação terapêutica, não tinha maior ou menor eficácia em função unicamente da sua *correta execução*. A qualidade das trocas e os significados implícitos na relação tinham uma grande influência na criação de *efeitos* possíveis.

Assim, nos aproximamos das considerações relativas ao tema da subjetividade do terapeuta numa perspectiva em que a subjetividade não é simplesmente algo não objetivo, arbitrário, embasado em sentimentos pessoais, simpatias, interesses, antipatias a ser contraposto a uma presumida objetividade. A subjetividade do terapeuta está implicada nos processos de transformação da relação terapêutica, é uma entidade que, por quanto seja escassamente definível, desenvolve um papel importante na relação terapêutica.

No afã de querer abrir espaço para uma reflexão sobre as experiências emotivas do terapeuta, vários autores do âmbito sistêmico-relacional consideraram a possível transposição do conceito de contratransferência (NICOLÒ, 1983). Essa transposição, considerada com a oportuna cautela, deu a chance para formular algumas reflexões. É necessário também levar em conta que, com o passar do tempo, o conceito de contratransferência foi se modificando, em relação a um primeiro momento em que era considerado como um reemergir de emoções reprimidas no terapeuta, como resposta às modalidades dos pacientes. Essa evocação de emoções era considerada um obstáculo para o avanço da terapia e havia a indicação para um trabalho pessoal do terapeuta que auxiliasse o correto desenvolvimento da psicoterapia.

Sucessivamente, prevaleceu a ideia da resposta emocional do terapeuta como algo mais generalizado que não necessariamente constituísse um obstáculo à compreensão do paciente ou da família, mas que, ao contrário, possibilitasse observar como refletida no terapeuta a condição emocional de um familiar ou do paciente.

No momento atual, essas duas modalidades de conceitualizar a contratransferência são decididamente colocadas em discussão primeiramente pela mesma psicanálise e, esperamos, também pelos terapeutas sistêmicos que continuam considerando o terapeuta como um cientista/pesquisador neutral e objetivo, ou simplesmente um espelho de sentimentos e emoções que não são próprios. A ideia implícita dessas conceitualizações é que o terapeuta deva ter o controle das suas emoções ou, melhor ainda, não experimente emoções próprias. Desta forma, mantém-se a visão de um terapeuta como polo e agente de mudança, a despeito da relação entre terapeuta e família ou situação problemática.

Outros autores afastaram-se da transposição do conceito de contratransferência e, como já acenei, orientaram-se a considerar as emoções do terapeuta mais como um apelo aos *bons sentimentos*, às capacidades empáticas do terapeuta, como elementos caracterizadores do trabalho psicoterápico. O limite desta visão é relativo à confusão que introduz entre o valor ético da relação de ajuda e os princípios metodológicos aos quais se refere o psicoterapeuta.

A atenção para as emoções do terapeuta, portanto, caracterizou-se pela tentativa preponderante de *explicar* sua relevância no processo terapêutico. Nos últimos anos, outros autores começaram a considerar as emoções como fenômenos emergentes na relação entre os vários participantes da relação terapêutica. Os mais recentes estudos, com efeito, evidenciam uma perspectiva diferente da qual observar as vivências humanas; por exemplo, com Maturana e Varela, é sancionada a interdependência entre sistema cognitivo, emocional e comportamental de cada ser humano. Todas as nossas ações são determinadas pelas emoções e todo sistema racional tem um fundamento emocional, isto é, constitui-se no operar com premissas aceitas aprioristicamente a partir de uma emoção (MATURANA; VARELA, 1987). Considerando as ações de um ponto de vista biológico, seriam elas disposições corporais dinâmicas que definem os vários âmbitos de ação dentro dos quais nos movemos. Quando mudamos de emoção, mudamos de âmbito de ação.

A respeito, é interessante a interrelação proposta por Maturana entre linguagem e emoção: as palavras *agem*. "É por isso que as palavras não são inócuas e não é a mesma coisa se usamos uma ou outra, numa determinada situação" (MATURANA; D'AVILA, 2006, tradução livre). Desse ponto de vista, as emoções não são mais simplesmente uma reação a um estímulo externo, o reflexo de emoções alheias, nem projeções de instâncias fantasmáticas: o encontro terapêutico, a relação terapêutica torna-se o lugar em que os vários sistemas cognitivos, emocionais e comportamentais dos participantes constroem o entrelaçamento de um possível processo de transformação.

Dentro de uma cultura da relação, assim como vai se afirmando, não é simples afirmar que as relações *determinem* o sofrimento do indivíduo. Correríamos o risco de reintroduzir uma causalidade linear exatamente no ponto em que pensávamos de querê-la ultrapassar. A relacionalidade é algo que nos atinge constantemente, que não pode ser claramente distinta e, na melhor das hipóteses, como afirma Varela (2000), temos que nos perguntar como é possível que dentro de um universo relacional consiga se definir um indivíduo. Isso significa observar de que forma os indivíduos, dentro do universo de relações em que se encontram, consigam definir a si mesmos, definir seus valores, fazer suas escolhas, pagar um preço por tais escolhas no contexto em que estão vivendo. Estamos numa perspectiva em que o sujeito cria as interações e que nas interações se cria. Um indivíduo que não pode não levar em conta sua emocionalidade e que, a partir do diálogo consigo mesmo, pode usufruir e dispor das oportunidades relacionais que o contexto de vida lhe disponibiliza.

Em âmbito sistêmico-relacional, Elkaim deu destaque peculiar à perspectiva da subjetividade no encontro terapêutico e propôs o conceito de *ressonância*. Elkaim descreve o conceito de ressonância como aqueles peculiares acoplamentos que são constituídos pela interseção de sistemas distintos que têm um elemento em comum. Sistemas humanos diferentes parecem entrar em ressonância sob o efeito de um elemento comum, assim como os corpos podem começar a vibrar se estiverem expostos a uma determinada frequência. As ressonâncias que Elkaim descreve não existem por si só, mas manifestam-se nos acoplamentos, nas interseções entre as construções do real dos membros do sistema.

> Disso deriva que a ressonância não é um fato objetivo, não é uma verdade oculta que deve ser desvelada através de um ponto comum a sistemas diferentes, mas tem sua origem na recíproca construção do real que se cria entre quem a nomeia e o contexto dentro do qual o próprio indivíduo descobre-se no ato de nomeá-la. (ELKAIM, 1992, p. 72, tradução livre).

Também Daniel Stern introduziu o conceito de *Momento Presente* em que entende o aqui e agora como momento transformador específico da relação terapêutica. Um momento em que realidade subjetiva e experiência fenomênica dos participantes da relação, incluindo o terapeuta, entram em contato e geram novas possibilidades de co-construção da realidade (STERN, 2005, tradução livre)

Trata-se de contribuições que nos levam a considerar as vivências, as emoções do terapeuta, como centrais no constituir-se de momentos transformadores no processo terapêutico. Uma centralidade em que se concentra a atenção nos processos de transformação que se geram através da representação de fatos que se originam do encontro terapêutico e não são nem predefinidos, nem já conhecidos aos participantes.

Na minha experiência, encontrei vários autores, de distintas linhas de pensamento, que com força e determinação dão relevância à dimensão corporal e emocional para equilibrar o excesso de ênfase dedicado aos aspectos mentais, demasiadamente vistos como antagonistas do "sentir" do terapeuta. Autores que se caracterizaram por ter concebido e desenvolvido hipóteses e teorias capazes de introduzir solicitações que permitem expandir a compreensão dos fenômenos psíquicos numa perspectiva complexa em que aspectos subjetivos e intersubjetivos, biológicos e cognitivos, intervêm no realizar-se da experiência humana.

A respeito, gostaria de lembrar um psicanalista italiano e brasileiro, Armando Bianco Ferrari, com o qual mantive longa colaboração e que, com suas hipóteses, permitiu que desse um mais forte impulso à pesquisa em âmbito clínico acerca da relevância da subjetividade do terapeuta na relação terapêutica. Em sintonia com os desdobramentos do pensamento sistêmico, achava muito mais interessante sua contribuição, pois colocava-se num vértice distinto em relação àqueles mais habituais do modelo psicanalítico.

Em síntese, as hipóteses de Ferrari buscavam valorizar e dar relevância à experiência conectada com a relação entre as sensações e sua correspondência com as representações mentais no funcionamento psíquico. É por isso que estava aberto para a dimensão subjetiva do encontro e introduzia a dimensão da corporeidade, entendida como corpo uvivenciado, como central no desenvolvimento psíquico. Na sua abordagem, dava menor relevância à relação objetal e havia uma reconsideração de conceitos, como o de transferência e contratransferência na relação terapêutica (FERRARI, 1992).

Se mantivermos a atenção nessas contribuições, poderíamos correr o risco de repropor um ulterior aprofundamento sobre a temática das emoções do terapeuta. Mas eu gostaria de segurar a barra do leme bem direcionada para refletir sobre como o terapeuta utiliza suas emoções na situação clínica.

Uma abordagem complexa para a psicoterapia

Gostaria de evidenciar que, ao considerar *as emoções como o resultado do encontro* entre os participantes da relação, deveríamos então reformular a ideia do uso que podemos fazer delas dentro da relação analítica. Hoje, não podemos exigir de chegar a uma conclusão, o debate sobre como definir o papel das emoções no processo analítico está longe de ser concluído, aliás: o debate ainda está aberto e, por alguns aspectos, ainda está se desenvolvendo. Todavia, nesta perspectiva vacila a posição do Terapeuta como *aquele que sabe* em relação à posição do paciente, entendido como *aquele que não sabe*, mas a ideia de poder ter o privilégio de explicar aquilo que acontece no trabalho terapêutico pode ser de auxílio ou de grande entrave ao processo terapêutico.

A atitude do terapeuta empenhado a explicar torna-se, na maioria das vezes, um obstáculo à expressão dos aspectos evolutivos da relação terapêutica e o *saber sobre a relação* não ajuda a *viver na relação*. Mas, o que quer *dizer viver na relação?* Retorna aqui a temática da auto-observação e da autorreflexividade.

Já me fiz muitas perguntas em busca de uma resposta a esta questão. Tentava observar aquilo que meus colegas mais experientes faziam, meus supervisores, meu analista, para tentar compreender o sentido e o porquê daquilo que eles faziam nos contextos de terapia. Achava que, assim, ia conseguir fazer algo parecido com eles. Decerto, foi para mim uma experiência muito rica, pois me colocou nas condições de observar os limites deste modo de proceder. Se a questão é a maneira com que o terapeuta está na relação, deriva disso que o prevalecer dos aspectos de imitação afasta drasticamente essa possibilidade. Ou procedia dentro de uma perspectiva de imitação, que implicava um fazer igual àquele de outros - e então não estava em relação comigo mesmo, com minhas sensações, percepções ou ideias - ou tinha de enfrentar a solidão de um viés autorreflexivo para poder me interrogar sobre aquilo que acontece em mim enquanto estou numa relação terapêutica.

O estar em relação envolve a maneira com que eu sinto e a maneira com que me posiciono em relação ao que sinto. Esta consciência me impulsionou a buscar instrumentos que ainda não conseguia encontrar. Tinha chegado a um limite, saber e saber explicar não me davam mais informações sobre *como* eu pudesse lidar com minhas emoções e com tudo aquilo que ocorre dentro de mim e que se ativa e ganha forma na situação de encontro terapêutico. O que quero evidenciar com este trabalho é a necessidade de pesquisar como podemos fazer uso de nossas emoções na relação terapêutica e como considerar suas implicações relativas ao processo de formação do psicoterapeuta. Uma pesquisa em que seja possível abrir mão de uma visão monocêntrica, orientada à busca do elemento último que explica o todo, e assim nortear nossa busca na direção de um horizonte de observabilidade em que os vários vértices da perspectiva contribuem a encontrar a realidade, mais do que a determiná-la.

É líquido e certo que não se possa considerar o indivíduo senão dentro de uma relação. Enquanto vivo, não posso considerar não considerar a alteridade. A alteridade é parte de minha subjetividade.

Mas, relação com quem? Foi muito importante, em minha história, formular a mim mesmo esta pergunta.

Minha subjetividade se tornava e se torna um possível horizonte de observabilidade que aqui coloco com a única intenção de oferecer uma sugestão para aprofundar uma temática certamente ainda inexplorada. Quando formulei a mim mesmo essa pergunta, não levei em consideração a possibilidade de me incluir entre as pessoas existentes no mundo! Desenvolvera uma atitude a considerar as coisas que aconteciam fora de mim quase como se eu não pertencesse a este mundo, e isso gerara as dificuldades e os limites dos quais falava antes. Hoje, vivemos tempos em que está presente a necessidade de aprofundar e articular uma pesquisa que olhe para frente. Ainda não temos condições de chegar a alguma conclusão, por enquanto, pois o debate sobre como enquadrar as emoções no processo terapêutico está, quiçá, apenas no começo e temos que esperar contribuições e perspectivas que, de vários lados, podem enriquecê-lo.

Pensando naquilo que poderia manter em movimento nossa pesquisa, considero importante amenizar o risco de proceder substituindo novas definições às antigas, pois correríamos o risco de manter inexplorada uma dimensão da relação terapêutica, isto é que, além de definir e denotar o que são as emoções em geral, é preciso prestar atenção a como o terapeuta as usa coerentemente com o próprio entendimento da relação terapêutica. Além disso, considerarei entusiasmante a perspectiva em que componentes biológicas, que incluem emoções, sensações ligadas à corporeidade, possam dialogar com as componentes cognitivas do observador, na tentativa de caracterizar a relação terapêutica como uma experiência real.

Referências

ELKAIM, M. *Se mi ami, non amarmi*. Orientamento sistemico e psicoterapia. Bollati Boringhieri: Torino Editora, 1992.

FERRARI, A. B. *L'eclissi del corpo. Una ipotesi psicoanalitica*. Roma, 1992.

FRUGGERI, L. Le emozioni del terapista. *Psicobiettivo*, v. 3, p. 23-34, 1992.

MATURANA, H.; VARELA, F. *Autopoiesi e cognizione*. La realizzazione del vivente. Venezia: Marsilio Editore, 1980.

MATURANA, H.; VARELA, F. *L'albero della conoscenza*. Milano: Garzanti, 1987.

MATURANA, H. R.; D'AVILA, X. *Emozioni e linguaggio in educazione e politica*. Milano: Eleuthera, 2006.

NICOLÒ, A. M. Sull'uso del contro-transfert in terapia familiare: spunti per una discussione. *Terapia Familiare*, v. 13, p. 97-100, 1983.

STERN, D. *Il momento presente*. In psicoterapia e nella vita quotidiana. Milano: Raffaello Cortina, 2005.

VARELA, F. Quattro pilastri per il futuro della scienza cognitiva. *Pluriverso*, n. 2, p. 6-15, 2000.

CAPÍTULO 5

O TRABALHO DO *SELF* NA FORMAÇÃO DO TERAPEUTA E AO LONGO DA CARREIRA

Danielle Doss Damo

Pensei
que a liberdade vinha com a idade
Depois pensei
que a liberdade vinha com o tempo
Depois pensei
que a liberdade vinha com o dinheiro
Depois pensei
Que a liberdade vinha com o poder
Depois percebi
que a liberdade não vem
Que não é coisa que aconteça
Terei sempre eu de ir
(Sonia Balacó)

Como introdução deste capítulo proponho um questionamento: como e quem deveria "treinar" terapeutas para estar em contato com o drama, desespero e conflitos humanos? Espero que, ao final dele, tenhamos juntos, você e eu, pelo menos uma resposta a essa pergunta simples e ao mesmo tempo complexa.

Ser psicoterapeuta requer minimamente 5 anos de estudos de Psicologia e, posteriormente, com alguma sorte, alguns anos de estudos em áreas específicas e ainda muitas leituras de temas variados. Mesmo que não tenhamos uma especialização específica, por exemplo em luto ou transtorno alimentar, entre outras, eventualmente receberemos pacientes, casais ou famílias com essas temáticas. Os diferentes cursos nas distintas áreas da psicologia clínica costumam receber terapeutas das mais variadas idades e tempos de profissão. Isso significa dizer que a busca pelo conhecimento teórico costuma ser algo constante e necessário nessa profissão. Não há dúvidas quanto à necessidade de um bom conhecimento e manejo teórico e técnico do profissional que está "responsável" em entrar em contato com a vulnerabilidade emocional das pessoas que o procuram.

Sem a menor intenção de minimizar a importância do conhecimento teórico/técnico do profissional, quero dar ênfase ao ponto que a meu ver é o grande diferencial do profissional excelente: o seu *Self*. Acredito que seja o trabalho com o *Self* que diferencia o bom profissional do excelente profissional, visto que ele é uma das ferramentas mais poderosas da psicoterapia. A capacidade de autorreflexão e de conhecimento aprofundado em si mesmo é o que impedirá que o mundo interno do terapeuta se confunda com quem lhe procura em sofrimento, mantendo uma distância emocional segura e não gélida.

Durante a graduação, em função da alta demanda de conteúdos básicos necessários ao profissional da área da Psicologia, poucas universidades conseguem inserir trabalhos com o *Self* do terapeuta no curso. O currículo é, em geral, meramente teórico e acadêmico; portanto, são nos cursos de formação que esta possiblidade se abre.

Na área da Terapia Familiar, o trabalho do *Self* do terapeuta constitui um dos requisitos básicos dessa formação. A Associação Brasileira de Terapia Familiar (ABRATEF) instaurou em 2008 e confirmou em 2021, por meio de um documento norteador, a obrigatoriedade do trabalho do *Self* do terapeuta em todos os cursos de formação de terapeutas de casal e família. Em países como a Itália, um psicólogo só pode clinicar após a graduação e mais 2000 horas de especialização clínica dividida entre questões teóricas de uma abordagem, trabalho pessoal e supervisão.

Nos cursos de formação, o genograma tem sido um grande aliado para o trabalho do *Self* do terapeuta. Via de regra é a oportunidade de ouro do terapeuta estar frente a frente com seus mitos familiares, legados, segredos e missões dadas pela família de origem. Trata-se de uma forma de vivenciar todo o conhecimento teórico adquirido no decorrer do curso. O genograma, termo cunhado na década de 1970, com base na teoria desenvolvida por Bowen, passou a ser amplamente usado na prática clínica e em uma variedade de objetivos desde a publicação de McGoldrick e Gerson, em 1985 (CARTER; MCGOLDRICK, 1994). Sua utilização como fonte de pesquisa no meio acadêmico também tem sido bastante aceito como método científico. O genograma é um instrumento que oferece um esquema da estrutura da família e dos relacionamentos ao longo das gerações de forma a mapear o sistema familiar (LADVOCAT, 2021). Tem o poder de explicitar pontos encobertos, fantasmas, segredos, lealdades e repetições transgeracionais ocultas. Segundo Andolfi, é como um raio-X das relações significativas.

É essencial que o terapeuta, como agente de mudança, possa aprender a usar de si, criando uma sinergia entre o eu profissional e o eu pessoal (ANDOLFI, 2021). Passar pela experiência de refletir acerca de sua própria família de origem e nuclear permite ao aluno uma maior habilidade em entender as cognições e emoções das pessoas com as quais trabalhará terapeuticamente. Proporciona uma maior empatia e respeito no que se refere às dores e aos dilemas humanos expostos por seus pacientes (CERVENY; GALANO, 2014).

O trabalho de *Self* é um processo que tem como objetivo básico colaborar para que o psicoterapeuta possa identificar as ressonâncias e compreender quais partes do que está sentindo ou pensando tem a ver consigo e quais são do(s) paciente(s). Tal tarefa parece muito fácil em um primeiro momento, mas tenho certeza de que não é. As nossas ressonâncias surgem de forma pouco explícita em muitos momentos: sono, evitação de uma temática, direcionamentos demasiados, atos falhos, esquecimentos no agendamento de um paciente, envolvimento excessivo entre tantas outras situações discretas que podem denunciar uma dificuldade de *Self*. Quando o terapeuta não toma consciência de que está se misturando com o paciente, o resultado pode ser indesejável para o processo terapêutico.

A oportunidade de trabalhar o genograma na formação promove o pensar e o aprender a fazer. Abre a possibilidade de encontrar uma nova narrativa à sua própria história, repleta de novos significados e sentidos. Abre lugar para a emoção, nossa melhor professora. Abre espaço para outros caminhos, uma vez que conhecer a própria origem e refletir sobre ela com vistas a novos olhares já está posto como necessidade imprescindível na vivência profissional de um terapeuta de casal e família. Abordaremos agora sobre como o trabalho do *Self* do terapeuta tem sido realizado durante a formação do terapeuta e ao longo da carreira.

Como acontece o trabalho do *Self* do terapeuta na formação

Cada instituto formador tem livre arbítrio para organizar os trabalhos do *Self* do terapeuta conforme sua grade e seu interesse. Aqui, será abordada a experiência do InterCiclos Instituto de Formação e Centro de Terapia e Pesquisa.

Toda a formação é permeada por momentos em que os alunos saem da questão teórica e vão em busca do entendimento de si em sua própria família de origem. Muitas são as tarefas ao longo do processo de dois anos e meio da construção do terapeuta de casal e família em nosso instituto. Três delas são consideradas as mais relevantes e serão citadas.

Logo no início do processo de formação, o aluno é convidado a construir e apresentar sua Linha da Vida para o grupo. Trata-se de uma técnica antiga, usada em muitas áreas do conhecimento. Não há referência de data ou de autor de sua criação. A Linha da Vida tem como objetivo estabelecer uma representação visual e cronológica de eventos de uma história. Oferece, tanto ao seu dono quantos aos expectadores, uma forma simplificada de entender como variados eventos e pessoas desempenham um papel importante em quem somos.

Nesse momento, o grupo já começa a sentir as ressonâncias a partir das narrativas dos colegas e são convidados a construir, cada um, uma pergunta reflexiva que proporcione ao narrador ampliar a reflexão acerca de si e da sua história. Dessa forma, a técnica Linha da Vida toma proporções intensas de alcance e trabalho do *Self*. Em um grupo de 10 integrantes, por exemplo, o aluno que apresentar a sua linha da vida terá pelo menos 9 perguntas a partir de 9 *Selfi*es diferentes. A magnitude que o composto de *Selfi*es pode gerar é surpreendente.

Para o grupo de alunos atentos à narrativa do colega, as ressonâncias produzem também um efeito reflexivo e promotor de entendimentos. Nesta dança individual e coletiva, é que o trabalho acontece e marca um poderoso encontro com o "si mesmo" de cada um.

Os relatos dos alunos acerca da atividade costumam ser reveladores:

Ao ouvir a linha da vida dos colegas, em alguns relatos, o meu corpo foi dando sinais assustadores: tremor, suador e até algumas vezes falta de ar. Hoje sei que foram as ressonâncias e várias coisas de mim começaram a fazer mais sentido. Aprendi sobre ressonância na prática. (E. R.)

Fico pensando em quanto a história do outro pode curar a minha. (C. P.)

A segunda principal atividade é o genograma do terapeuta. Solicita-se que cada aluno faça uma visita ao passado de sua família e, por meio da representação gráfica do genograma, relate para a turma e dois professores experientes a história da sua família de origem. O genograma pode ser representado da forma tradicional, conforme indicado na literatura (CARTER; MCGOLDRICK, 1994) ou de qualquer outra forma criativa que o terapeuta escolher. Alguns usam objetos, fotos, cores e texturas para representar os membros da família.

Para a construção do genograma, indica-se que o aluno visite, quando possível, pais, tios e avós, a fim de questioná-los acerca dos acontecimentos, das pessoas e das relações. Costumamos pedir que sejam inclusas até a geração dos avós, mas alguns alunos conseguem trazer dados relevantes acerca da geração dos bisavós, e esses dados são bem-vindos. Não é incomum conhecerem versões diferentes para histórias já conhecidas, descobrirem presença na história de pessoas que nunca são mencionadas e de se depararem com segredos, alguns velados, outros, em função do tempo, não mais valorizados. Apresentar a própria família tem o poder de "recriar no tempo presente, uma viagem às experiências passadas" (ANDOLFI, 2018, p.84).

Por se tratar de um poderoso mapa da família, comumente alguns direcionamentos gerais são dados para auxiliar os alunos na busca por informações: idade dos integrantes vivos família; data de nascimento e morte dos integrantes mortos da família (esse dado permite conhecer a idade que a pessoa tinha quando morreu, com que idade estaria hoje e quanto tempo transcorreu desde a sua morte); informações demográficas, como localização atual e imigrações; escolaridade dos membros familiares; profissões ou ocupações; dados médicos (saúde física e mental); relações de proximidade; rupturas; sucessos familiares; perdas; crises (econômica, relacionamento, saúde...). Outros dados que o aluno entender relevante para a compreensão do seu sistema familiar também podem ser considerados (CEBERIO, 2018).

Em relação aos alunos expectadores, é importante ressaltar o compromisso com: o interesse genuíno pela história; a evitação de julgamentos; a observação não só do que é dito, mas como é dito (entonação da voz, gestos, olhares...); e, principalmente, o respeito e o cuidado com o outro e com sua história. No dia da apresentação, dois professores são responsáveis pela facilitação do processo e todo o encontro é preparado para esta finalidade.

Nesta apresentação, os colegas sentam-se munidos de papel e caneta e são orientados a fazer anotações de todas as suas impressões. O genograma, confeccionado em papel pardo, é colado na parede, e o seu dono se prepara. Inicia contando como foi o processo de investigação e confecção do material, quem o ajudou, quais foram as dificuldades, quem ficou interessado, entre outros aspectos. Geralmente esse trabalho costuma causar um certo burburinho nas famílias e causa muitos interesses e curiosidades. Na sequência, o aluno formula uma pergunta ao genograma, a qual deve ser aberta e dizer respeito a um impasse que está sendo vivido por ele. Por exemplo, quando conseguirei me casar? Quando me sentirei mais seguro em minha profissão? Quando me tornarei mãe?

Após a definição da pergunta, segue, com um tempo predeterminado, a apresentação do genograma, iniciando pela família paterna ou materna, conforme sua preferência. Ao longo da apresentação, é permitido que perguntas de entendimento sejam feitas, mas não perguntas reflexivas, para não desfocar e prejudicar a narrativa.

Finalizada a apresentação, cada um dos colegas expõe suas percepções acerca da história familiar, norteados pela pergunta feita ao genograma. Importante que o grupo atente para algumas questões: a grafia e a estrutura do genograma; fronteiras e limites; sentimento de pertencimento; perdas concretas e simbólicas; repetições transgeracionais; questões raciais; questões de gênero; dinheiro e poder; alianças e coalizões; lealdades. Outros aspectos também podem ser observados.

Esse momento é de interesse duplo: o aluno tem a oportunidade, por meio de vários *Selfies* e olhares técnicos a um número expressivo de feedbacks; os colegas treinam seu olhar profissional e suas devolutivas, além de terem os seus *Selfies* trabalhados por meio das ressonâncias. Após as observações dos colegas, os dois professores fazem as suas observações. Neste momento do feedback, não é permitido ao apresentador falar, visto que o objetivo é que possa refletir sobre o que está sendo dito. Na sequência, os professores se retiram por alguns minutos com o intuito de discutirem sobre a resposta à pergunta e a necessidade de prescrição de alguma tarefa. Voltam e compartilham com o apresentador a discussão e, caso tenham considerado útil, prescrevem uma tarefa.

A tarefa tem como função criar um movimento de consciência dos impasses, rumo ao processo de desenvolvimento pessoal. Trata-se de uma oportunidade de manter ativada as emoções geradas por mais tempo (BEYEBACH; HERRERO DE VEJA, 2010). Por meio da tarefa, o professor auxilia o aluno na identificação e superação de um de seus bloqueios. A tarefa, de modo geral, costuma ser prática. Entre tantas outras possibilidades, destacam-se algumas: colocar uma foto, objeto, imagem, frase em um local que possa ser vista diariamente; promover um encontro; fazer um ritual de despedida sozinho com determinados membros familiares. Pode ser com o intuito de promover interações positivas ou de modificar interações negativas. Neste caso, podem ser usadas também as prescrições parodoxais, por exemplo, repetir muitas vezes algo do comportamento que é incomodativo. Cabe ao professor extrair uma necessidade e ser criativo na prescrição a ponto de causar impacto para que haja o movimento.

O poder desse momento é indescritível. Um marco extremamente importante, em que cada terapeuta pode receber os benefícios que oferece aos seus pacientes: de desvelar, refletir, repensar e reformular suas histórias (CERVENY; GALANO, 2014). Muitas dessas experiências costumam ser libertadoras e curadoras de sentimentos de não pertença, abandono, inferioridade, dentre outros. Uma atividade reparadora em muitos sentidos. Nesse sentido, alunas da formação avaliam:

> *Posso dizer que o genograma foi um divisor de águas na minha vida. Quem eu era antes do genograma e quem eu sou depois do genograma. (L. P.)*

> *O genograma foi um momento de grande impacto para mim. Os apontamentos ressoaram dentro de mim por anos, gerando consciência e comportamentos mais assertivos. (G. M.)*

A terceira atividade diz respeito à costura entre *Self* e teoria. É proposto aos alunos que confeccionem criativamente um Portfólio

Sistêmico, no qual contarão o que foram descobrindo acerca de si e de sua família e contextualizando com aspectos teóricos e autores. O Portfólio não tem orientações adicionais que não seja a liberdade de usar qualquer forma de expressão que ilustre o seu processo de autoconhecimento. Trata-se do coroamento na construção do profissional consciente de si e do arsenal teórico que respalda seu labor.

Este costuma ser um momento de desafio, em que três aspectos são necessários: autoconhecimento, conhecimento teórico e espontaneidade/criatividade. Todos são características de grande relevância a um terapeuta sistêmico de casal e família. Portfólios dos mais variados são confeccionados (poéticos, feitos a partir de colagens, *scrapbook*, histórias infantis, ilustrações...), e é lindo ver a construção de cada aluno e o prazer que sentem em compartilhar com os colegas a sua obra que é repleta de afeto. Uma das alunas da formação relata:

> *Adorei fazer esse trabalho, foi quando deixei minha criatividade solta que pude observar o quanto eu havia aprendido sobre mim e sobre a teoria que estava me propondo a aprender.* (L. M.)

A formação busca capacitar profissionais para o atendimento individual de casais e famílias, conscientes de suas responsabilidades e preparados para o enfrentamento de seus desafios práticos com flexibilidades, criatividade e recursos emocionais capazes de receber e ouvir as famílias com atenção e curiosidade genuína, assim como capaz de se autoavaliar durante o processo (LADVOCAT; RISSI, 2009). Para tanto, o diferencial entre o profissional bom tecnicamente e o profissional de grande efeito transita pelo "Eu" do terapeuta.

Vale ressaltar que, pelo fato de a formação ser um momento com período definido de finitude, o trabalho do *Self* do terapeuta, neste formato, também o é. Faz parte da responsabilidade do formador estimular a busca constante desse movimento para dentro de si nos terapeutas em formação. A formação não é e nem deve ser o fim, mas o início de uma trajetória de conhecimento teóricos e técnicos, assim como de autoconhecimento.

Como acontece o trabalho de *Self* do terapeuta ao longo da carreira

O lugar que o terapeuta ocupa, de cuidador de alguém, o leva a precisar cuidar profundamente de si. Necessita conhecer a sua vulnerabilidade para que possa se tornar atento afetivamente. É a afetividade que inaugura o humano.

O terapeuta corajoso se permite fazer uma viagem para dentro e inicia um movimento de dentro e fora no qual se amplia para se expandir a outras narrativas da sua história, a outros pontos de vista. Yalom (2006) problematiza a questão do terapeuta levar seus pacientes mais longe do que ele próprio foi. Acredita que se o terapeuta remover os obstáculos, os pacientes poderão perceber seus potenciais e amadurecer naturalmente para níveis além daquele do terapeuta. Observe que esta afirmação não quer dizer que o paciente será limitado pelo nosso desenvolvimento pessoal, mas que, para ser possível se desenvolver para além do terapeuta, este precisa estar inteiro para ele. Por inteiro, entendo que seja ciente de suas vulnerabilidades e com suas feridas transformadas em pérolas.

Adalberto Barreto, um terapeuta brasileiro muito sensível, costuma comparar a vulnerabilidade do terapeuta a uma pérola. A formação de uma pérola ocorre em razão da penetração de algo, frequentemente areia, na concha de uma ostra. Em resposta ao corpo estranho, a ostra secreta camadas de nácar ou madrepérola formando a pérola como processo de defesa do organismo. Naturalmente, esse processo confere brilho à superfície da concha e da pérola. Essa metáfora remete ao processo de oferecer brilho e competência às feridas por meio do trabalho do *Self* do terapeuta. Reconhecer e trabalhar com as próprias vulnerabilidades coloca o terapeuta em um patamar de competência pessoal e de autorreferência, aspectos necessários para permitir que os pacientes possam ir além.

Ao longo da carreira, o trabalho de *Self* do terapeuta também é um lugar de supervisão indireta. Acredito que, na maior parte das vezes, não são os casos que precisam ser revistos, mas a conexão que eles têm com o *Self* do terapeuta. Não são as questões teóricas/técnicas que empacam um atendimento (no caso de terapeutas experientes), e sim como as questões do paciente, do casal ou da família ressoam nas feridas do terapeuta. Dessa forma, o Grupo de Trabalho do *Self* do terapeuta, por meio do composto de vários *Selfies*, permite o reconhecimento disso.

Comumente, em congressos e *workshops*, alguns profissionais abrem espaço em suas apresentações para trabalhos vivenciais de *Self*. O facilitador é o único que empresta de si para o trabalho em função do tempo e do espaço. Nesses momentos, geralmente, um ou dois colegas têm a oportunidade de ser trabalhado e os demais aproveitam o momento por meio das ressonâncias. Apesar de tais incursões serem muito ricas, são situações rápidas (normalmente se destina a essa atividade cerca de 30 minutos) e de não continuidade. Entendo que é como ter um mapa do tesouro nas mãos e não saber para qual tesouro ele levará, então se deixa guardado, caso um dia descubra.

No Grupo de Trabalho do *Self* do terapeuta, o processo é contínuo. Ao longo de um ano, o grupo se reúne e é como se o portal permanecesse aberto por esse tempo. O trabalho do seu próprio *Self* e dos colegas ressoa e leva a movimentos internos intensos. A oportunidade de ter vários *Selfies* contribuindo torna a experiência exponencial, já que, além do olhar experiente do facilitador/es, há a sensibilidade de cada integrante. Além do mais, estar conectado com outras histórias tem uma força imensa, capaz de gerar transformação.

O principal objetivo do trabalho de *Self* na formação e ao longo da carreia é o processo de diferenciação do eu. O uso do termo "processo" não é à toa. Ele é usado para indicar que é contínuo, que requer movimento e ação.

A diferenciação do *Self* é um processo que favorece o sistema familiar no geral; no entanto, é desenvolvido de forma individual, singular (LOMANDO; SIGARAN, 2018). Isso significa que não é necessário que ambos os personagens de um conflito façam a diferenciação. É preciso que pelo menos uma das partes ocupe um novo lugar na relação, que automaticamente não será mais a mesma. É um conceito ao mesmo tempo intrapsíquico e relacional (MAZER, 2020).

Mony Elkaïm (2008), em sua obra intitulada *Como sobreviver à própria família*, refere que sobreviver à própria família seria na verdade sobreviver à ideia que fazemos dela. Aponta como os membros da nossa própria família, a cultura na qual crescemos, nossos relacionamentos sociais, mídias, entre outros aspectos, nos constroem e esculpem, limitando nossa capacidade de mudança ou adaptação. O autor afirma:

> Desde o meu nascimento, estou preso num contexto: a maneira como fui esperado, olhado, o nome que recebi e muitos outros elementos constituem um ambiente de regras e mitos, criado e compartilhado entre os

> membros da família, cuja coesão e permanência ela garante. Desde que cheguei ao mundo, participo desse universo cuja estrutura também manterei. À medida que vou crescendo, os mitos e as regras da minha família não poderão mais ser diferenciados da maneira como eu os percebo e como me situa em relação a eles. A partir de então, torno-me ator da peça que representamos juntos: como vou me dar o direito de ser suficientemente "desleal" em relação àqueles que me cercam, ou à imagem que tenho deles, para ver minha família de um modo diferente do que eles a veem – de um modo diferente do que eu também a vejo? Como abrir caminho fora das rotinas repetitivas e aparentemente inevitáveis nas quais nos atolamos de comum acordo? (ELKAIM, 2008, p. 20).

Andolfi (2018) nos lembra que, apesar do nascimento ser considerado, frequentemente, como um salto no escuro, ele não é. Ninguém é recebido pelo vazio do escuro, e sim por uma rede de proteção familiar. Para ele, nascer é como ser catapultado em um livro já preenchido com personagens e histórias. É o estabelecimento de contato com uma realidade cujas regras já estão parcialmente determinadas. Desse modo, nossa presença criará algumas mudanças no enredo e no final, mas nunca será possível nos separar das páginas que precedem a entrada na cena, assim como, inevitavelmente, seremos influenciados pelas páginas das quais somos filhos.

Com base nesse entendimento, temos ciência de que o processo de diferenciação é longo e constante. O primeiro autor a utilizar esse conceito foi Bowen (1978). A diferenciação do *Self* é a capacidade de equilíbrio entre os aspectos emocional, intelectual, e de intimidade e autonomia nas relações. Em seu artigo intitulado "Anonimo", Murray Bowen (1978) descreve o percurso em direção a sua família de origem como meio de diferenciação. Menciona o grau de dificuldade do ser humano em conquistar o total estado de diferenciação. Para ele, o processo de alcançar a autodiferenciação é longo e difícil, inclusive para quem tem origem em famílias consideradas funcionais e é produto, em geral, de várias gerações. Portanto, não será alterado em algumas semanas. Bowen (1978) acredita que quanto mais um terapeuta estiver consciente de seus processos de desenvolvimento e em harmonia com suas vulnerabilidades, vicissitudes e história, mais poderá ouvir e sintonizar as questões trazidas pelas famílias em atendimento formando um vínculo significativo.

São muitos os mergulhos na origem necessários no decorrer de uma vida ou de uma carreira. O olhar contínuo para dentro faz com que a visão do fora seja amplificada, pois diminui os pontos cegos. Costumo dizer que, ao aceitar a profissão cujo foco é o cuidado com o outro, o terapeuta assume a tarefa de se predispor a cuidar de si o mais profundamente possível. O trabalho do *Self* do terapeuta tem essa função.

Referências

ANDOFI, M. A *terapia familiar multigeracional*: instrumentos e recursos do terapeuta. Belo Horizonte: Artesã, 2018.

ANDOLFI, M. Il dono della verità: il percorso interiore del terapeuta. Milano: Raffaelo Cortina, 2021.

BEYEBACH, M.; HERRERO DE VEJA, M. *200 tareas em terapia breve*. Barcelona: Herder Editorial, 2010.

BOWEN, M. *De la familia ao individuo*: la diferenciación del sí mismo en el sistema familiar. Barcelona, España: Paidós, 1978.

CARTER, B.; McGODRICK, M. *As mudanças no clico de vida familiar*. Porto Alegre: Artmed, 1994.

CEBERIO, M. R. *El genograma*: um viaje por las interaciones y juegos familiares. Madrid: Morata, 2018.

CERVENY, C. M. O.; GALANO, M. H. Genograma na formação de terapeutas. In: CERVENY, C. M. O. *O livro do genograma*. São Paulo: Roca, 2014.

ELKAÏM, M. *Como sobreviver à própria família*. São Paulo: Integrare, 2008.

LADVOCAT, C.; RISSI, M. B. R. A formação do terapeuta de famílias. In: OSÓRIO, L. C.; PASCUAL DO VALLE, M. E. *Manual de Terapia Familiar*. Porto Alegre: Artmed, 2009.

LADVOCAT, C. *Genograma*: mitos e segredos sobre a origem da criança adotiva. Belo Horizonte: Artesã, 2021.

LOMANDO, E.; SIGARAN, C. *TMS – Terapia dos Movimentos Sistêmicos*. Porto Alegre: Arte em Livros, 2018.

MAZER, T. Z. *Metáforas na terapia de casal*: impasses e impactos. Belo Horizonte: Artesã, 2020.

ROSSET, S. M. *O terapeuta de família e casal*: competências teóricas, técnicas e pessoais. Belo Horizonte: Artesã, 2021.

YALOM, I. D. *Os desafios da terapia*: reflexões para pacientes e terapeutas. Rio de Janeiro: Ediouro, 2006.

MER DU
GOLFE DE MEXIQUE
Tropique du Ca
NOR
TERRE FERME
GUIANE ou GUAIANE
SUD
PAYS DES AMAZONES
Tropique du Capricorne
GUAYRA
TUCUMAN

CAPÍTULO 6

O *SELF* DO TERAPEUTA E O GENOGRAMA NA FORMAÇÃO E EM TERAPIA DE CASAL

Cynthia Ladvocat

Introdução

Neste capítulo faço uma compilação sobre os principais autores que contribuíram para o desenvolvimento do conceito do *Self* e do recurso do genograma nos formatos familiar, vincular, ecológico, simbólico e profissional, no contexto das escolhas amorosas. Como veterana e pioneira de 2ª geração no campo da terapia familiar, apresento minhas motivações para o estudo sobre o *Self* do terapeuta e sua família de origem O genograma faz parte da minha vida nos últimos 40 anos, desde os anos da formação, considerando meu trabalho como psicóloga, psicanalista e terapeuta familiar.

Nos anos 80, foi um privilégio ter sido supervisionada por Maurizio Andolfi. Recordo-me da primeira supervisão de um caso de terapia de casal, cuja esposa havia descoberto a traição do marido e o ameaçou de morte. Os dois filhos adultos presentes na cena tentaram proteger o pai e retiraram a arma das mãos da mãe. Na discussão pré-sessão, antes da participação de Andolfi como consultor, eu queria contar sobre a cena dramática, porque temia que a traição resultasse em um crime. Ele não parecia interessado na violência entre o casal, mas sim na minha fantasia e temor frente a mulher com uma arma na bolsa. Enquanto manejava um brinquedo carnavalesco, ele fazia comentários sobre a vida dos cariocas que moravam perto da praia e sobre o Rio de Janeiro, em pleno carnaval. Perguntou sobre meu consultório, sobre minha família, marido e filhos. Andolfi pouco registrou sobre o caso que iríamos atender logo a seguir, cuja equipe estaria atrás do espelho junto a supervisora. Eu estava bastante curiosa e também incomodada com a consultoria, pois era a primeira vez que atendia em inglês uma família com um consultor na sessão. Não tinha ideia sobre o meu lugar no atendimento com Andolfi, junto ao casal e também aos filhos, os quais nem conhecia. Ele se apresentou como um terapeuta italiano e nada comentou sobre o tema da traição. E mudou completamente o foco para a dinâmica da família constituída por muitos homens. E lançou a hipótese que o casal se ressentia por não ter tido uma filha, lugar esse ocupado por mim, pois percebia que eles me admiravam. E frente a esta ideia, a esposa revelou ao "professor", como os membros da família se referiam a Andolfi, que se ela tivesse uma filha, teria mais apoio pela traição do marido. Os filhos se colocaram afetivamente próximos a mãe e a sessão transcorreu, para minha surpresa, num clima de muita amorosidade. Na longa discussão pós-sessão junto à equipe, por fim ele perguntou sobre minhas impressões sobre o caso e pude então falar sobre o processo de terapia com o casal e sobre as dúvidas técnicas. Andolfi fez o genograma da minha família de origem e identificou, nas gerações passadas, o tema da traição e seu impacto entre os pais e filhos. As minhas ressonâncias revelavam uma crise na família quando eu tinha 10 anos, em uma época em que uma traição, principalmente da mulher, era considerada um escândalo na sociedade carioca dos anos 60. Os vizinhos comentavam sobre a minha mãe e o amante, um homem casado. Quando meu pai descobriu a traição, ele impôs à minha mãe como condição para o desquite consensual a perda da guarda dos filhos. Não houve um litígio jurídico, mas houve o total rompimento da relação. Passamos a morar somente com meu pai. A minha mãe foi alienada pela família paterna, a qual me cobrava e impunha o julgamento do seu comportamento como errado e cruel, e eu não podia revelar meu segredo de a amar, apesar da traição. Tempos depois, o amante não se separou da sua esposa como havia prometido, e meu pai concordou que minha mãe pudesse morar com os filhos. Entretanto, esse temido amante foi fiel ao amor que sentia por todos nós e se tornou um segundo e querido pai, durante os 30 anos que conviveu conosco até sua morte. No caso clínico da referida supervisão, Andolfi percebeu que eu me sentia identificada com os filhos que demostraram compreensão pelo sofrimento dos pais, sem julgar nem a violência da mãe e nem a traição do pai. As boas lembranças sobre o tema de pertencimento e separação de minha história não estava naquele momento de supervisão, acessível conscientemente no sentido de estar interferindo na minha eficiência como terapeuta, mas dificultavam uma leitura mais livre e diferenciada do caso. O *Self* do terapeuta, conceito que eu tinha conhecimento teórico, foi uma experiência prática fundamental na minha vida profissional.

Passei a estudar italiano para poder assistir atendimentos de famílias italianas e ter acesso a bibliografia. Em 1995, me inscrevi no curso internacional de três semanas intensivas no Practicum na Accademia di Psicoterapia della Famiglia, em Roma que tinha o objetivo de identificar o "handicap profissional", deficiências do terapeuta para o desenvolvimento dos recursos pessoais. Esse trabalho sobre o *Self*, dez anos após o período de minha formação, trouxe novamente o tema do julgamento da traição. O tema já elaborado, para minha própria surpresa, retorna nesse outro momento com à pergunta de Andolfi sobre o meu "handicap" no trabalho com casais. Eu respondi que se referia à dicotomia entre certo-errado e que demandava transferencialmente a minha função de "terapeuta-juíza". A partir do estudo do genograma e da escultura familiar construída com a participação dos colegas estrangeiros, Andolfi trabalhou sobre preconceito, confiança, segredos, separação e lealdades invisíveis. E fez a prescrição de colocar no meu consultório uma balança como objeto metafórico, para perpetuar e não perder ao longo do tempo o significado das minhas ressonâncias sobre o equilíbrio e flexibilidade nas relações familiares. A experiência do *Self* do terapeuta, propiciou uma maior reflexão sobre meus anseios, de certa forma camuflados, e resultou numa verdadeira mudança de paradigma (LADVOCAT, 2011).

A partir de 1997, como membro e conselheira da Associação Brasileira Terra dos Homens, sob a consultoria de Guy Ausloos na abordagem que reforçava o conforto do terapeuta, minha função na área da adoção, da reintegração familiar, na capacitação dos abrigos, na organização de cursos sobre o trabalho com famílias e supervisora da equipe demandava uma atenção a esses profissionais no manejo das situações com famílias vulneráveis.

Minha prática clínica e meus estudos evoluíram depois que conheci Mony Elkaim, que me indicou para membro da European Family Therapy Association no evento "A Vida e a Mente do Terapeuta" em Londres (LADVOCAT, 2014). Passei a organizar cursos sobre o trabalho do *Self* do terapeuta em grupos de supervisão salientando o genograma no estudo da família de origem. Em 1998 e 1999, em acordo com a Accademia de Roma, organizei grupos para o trabalho do *Self*. Depois de uma semana intensiva com Luigi Boscolo no Centro Milanese di Terapia della Famiglia, fui apresentada a Vanna Puviani e a convidei para ministrar cursos em vários estados do Brasil sobre o uso do desenho em terapia familiar. Em 2018, como presidente do 13º Congresso Brasileiro de Terapia Familiar, fui incentivada por Andolfi a levar novamente grupos a Roma, o que aconteceu no ano seguinte. Durante as minhas viagens a Itália, organizei debates na Scuola Romana di Psicoterapia Familiare, sobre os sentimentos do terapeuta ministrados por Carmine Saccu e Paolo Bucci. Nessa trajetória profissional, me identifico com as diferentes abordagens dos terapeutas familiares italianos, com os quais mantenho amizade e parceria na promoção de eventos ítalo-brasileiros.

Base histórica à luz de Murray Bowen e Nathan Ackerman sobre a família de origem e diferenciação de *Self*

Os pioneiros dos anos 50-60, ainda sob influência da abordagem psicanalítica, contribuíram significativamente para a terapia familiar com a inclusão do observador no campo observado. Desenvolveram estudos sobre a família de origem do terapeuta, considerando a diferenciação do *Self*, um tema de relevância para potencializar a eficiência da prática clínica com famílias.

Bowen (1979) ilustrou seu método sobre o estudo da dinâmica familiar no genograma. Estudou sua família por muitos anos e em 1967 apresentou seu próprio genograma anonimamente. Salientou o processo de autonomia individual e da massa indiferenciada do ego familiar e sobre a ansiedade sobre as triangulações. A impregnação do indivíduo com sua família pode ser avaliada de acordo com uma escala de diferenciação. A escala zero representa uma fusão de dependência máxima, com tendência a vínculos com o mesmo funcionamento. A escala 100 representa um escore hipotético de diferenciação, e a tendência hipoteticamente mais saudável do indivíduo frente a sua família. Anos depois redefiniu essa escala de forma mais flexível e com categorias menos rígidas. Partiu da hipótese de que a indiferenciação transgeracional no casamento é relativa aos modelos da família de origem de cada parceiro. Para um casal se conhecer, cada um deve antes conhecer história familiar. O ajuste demanda uma avaliação de distância e independência, fusão e simbiose, ameaça e rejeição, bem como das fronteiras. Bowen defendia que o indivíduo devia se contrapor à coesão familiar para alcançar um *Self* responsável pela sua felicidade. O conceito de pseudo-*Self* define o indivíduo extremamente diferenciado da sua família, podendo parecer não vinculado e repetir no casamento esse modelo. Na teoria de Bowen, o sistema relacional horizontal conjugal está fortemente condicionado ao sistema relacional vertical. A resolução de um problema demanda uma reconexão afetiva com a história familiar, pois a fusão emocional e as lealdades impedem o indivíduo de alcançar um *Self* diferenciado. O conflito conjugal se revela pelo nível de maturidade em relação a família de origem, cujo "contrato fraudulento é impossível no sentido do cônjuge ser responsável pela felicidade do parceiro" (BOWEN, 1979, p. 52). Os membros da família não devam se separar para se diferenciar, mas sim elaborar os processos triangulares, e "responder ao invés de reagir, usar a cabeça ao invés das vísceras para viver as emoções de maneira plena e gratificante" (ANDOLFI, 2003, p. 11). As ideias de Bowen sobre a diferenciação do *Self*, ainda hoje, são conceitos difundidos em terapia familiar.

Ackerman (apud LORIEDO, 2003) considerava que a psicanálise não discutia os aspectos mais informais e íntimos da relação terapêutica e se ressentia das limitações sobre a emotividade e reações contratransferenciais. Sentiu necessidade de liberar o terapeuta de poder ser ele mesmo. No campo da terapia familiar pode desenvolver novas posições conceituais, não somente sobre as emoções do paciente, mas principalmente sobre as emoções do terapeuta. Idealizou o atendimento a domicílio e outros recursos psicossociais. A redução da distância do terapeuta com o paciente se baseia na expressão do seu *Self* de maneira espontânea e genuína. A anamnese tradicional levanta um passado morto da família, sendo mais importante aumentar o nível de consciência e transformar os conflitos interpessoais latentes em interações manifestas. A relação terapêutica deve se basear na empatia, comunicação e compreensão recíproca, com o uso do humor e das próprias emoções. O terapeuta deve mostrar sua função parental de cuidados e oferecer a si mesmo como instrumento, utilizando-se das próprias projeções e também da família para encontrar maior objetividade. Para Ackerman (apud LORIEDO, 2003, p. 25), "a mínima atitude de passividade do terapeuta não é natural e permite a família continuar a se contorcer no seu habitual labirinto sem saída". Em um casal, a função do terapeuta é de clarificar o conflito, dissolver barreiras, defesas, confusões e incompreensões. O que um membro esconde é revelado pelo outro, aquilo que um diz de um modo distorcido é contrabalançado pelo outro. Importante o respeito pela diversidade individual para o estabelecimento de um novo equilíbrio, onde semelhanças e diferenças, união e a tendência a diferenciação possam ser toleradas. Ackerman é um autor reconhecido do final dos anos 50, fundador de um instituto, ainda hoje um importante centro de terapia familiar.

O genograma familiar ou multigeracional

A partir dos anos 70, vários pioneiros em terapia familiar seguiram os estudos sobre a família de origem, considerando sua importância para o trabalho do terapeuta sobre sua história. Porém, nesse artigo, estarei citando, preferencialmente, os autores com os quais me identifico, tive contato pessoal e experiências profissionais, de cursos, supervisão e parceria: Carmine Saccu, Guy Ausloos, Maurizio Andolfi, Monica McGoldrick, Mony Elkaim, Paolo Bucci, Russel Haber, Teresa Arcelloni e Vanna Puviani.

O uso do genograma (MCGOLDRICK, M.; GERSON, R.; PETRY, 2012) para o exercício vivencial sobre o *Self* do terapeuta faz parte do programa em terapia familiar da Associação Brasileira de Terapia Familiar e contribui para a eficiência do profissional na prática. Os formadores confirmam os resultados benéficos do genograma nos variados contextos e diferentes abordagens. Sua utilização é ampla no estudo da dinâmica familiar, na análise de dados objetivos, biográficos, históricos, pontos encobertos, conscientes ou inconscientes, segredos e fantasias das relações de parentesco, sejam vínculos biológicos ou adotivos. É um recurso gráfico para o entendimento da história familiar de um indivíduo, de um casal, de uma família e dos terapeutas. E pode ser utilizado para investigar um tema específico, como por exemplo, sobre as relações afetivas do indivíduo ou casal no presente e no passado, bem como da família ao longo das gerações.

Maurizio Andolfi (2018) desenvolve o trabalho do *Self* na busca de recursos emocionais do terapeuta que tem íntima relação com a sua posição frente ao material clínico e à sua visão de mundo. Segundo Andolfi e Mascellani (2019), um membro do casal traz elementos significativas que se cruzam com as histórias de vida do outro parceiro. O genograma identifica triângulos relacionais e propicia novas leituras dos padrões relacionais. Aumenta a autoconsciência sobre as forças transgeracionais que exercem influência sobre os relacionamentos. Para Andolfi, é importante exercitar todos os sentidos, as cenas temidas que colocam sua pessoa em risco, as quais estão relacionadas com cenas vividas em sua história de vida. O terapeuta deve usar sua pessoa para o aprendizado teórico e técnico filtrado pela sua personalidade. Sua competência é resultado da sua formação pessoal, da sua maturidade e humanidade, fatores essenciais para o manejo dos casos clínicos em um contexto de leveza, de jogo, de fantasia e humorismo. O terapeuta pouco motivado, compromete a construção de uma motivação conjunta com os pacientes. A sua percepção sobre um sentimento em relação a um paciente colabora para uma autoconsciência sobre suas respostas emocionais. Os pioneiros da abordagem simbólico experiencial definem o "*Self-disclosure*" como a revelação de parte do *Self* do terapeuta e do seu mundo interno, mas seus sentimentos somente podem ser compartilhados se ele não projetar inconscientemente seus próprios conflitos. O terapeuta pode se treinar a escutar seu supervisor interno, ouvir a si próprio ao mesmo tempo em que ouve os pacientes. A franqueza e a autenticidade são fatores necessários para o exercício profissional, porém os dramas familiares podem afetar o *Self* de tal maneira que o terapeuta "corre o risco de perder um aspecto central da terapia, sua própria ressonância" (ANDOLFI, 2018, p. 124).

Mony Elkaim (1988) aborda os impasses, crenças, preconceitos, sentimentos inconscientes ou conscientes de estranheza do terapeuta suficientemente flexível que devem ser integrados. Necessário analisar a intercessão do mapa familiar do terapeuta e o mapa da família em atendimento para identificar a ressonância, definida como uma multiplicidade e riqueza das relações empáticas e que não é um obstáculo e sim um recurso terapêutico. A empatia é uma experiência que leva à ressonância, que cumpre uma função em sua economia pessoal, mas também no sistema onde surge. Portanto "se o terapeuta se contentar em seguir os sentimentos que sente aflorar, sem analisá-los, estará se arriscando a reforçar as construções da família, bem como as suas próprias" (ELKAIM, 2000, p. 80). A pessoa do terapeuta é o seu principal e precioso instrumento, os seus sentimentos são fatores comunicativos que devem ser metodicamente explorados durante a sessão, junto a equipe ou com o supervisor. O risco do terapeuta é de tentar reforçar um tema como fundamental e ser secundário para a família, que pode mostrar-se resistente a avançar nessa linha de pensamento. Entretanto se um tema é importante tanto para o terapeuta quanto para o paciente, as construções compartilhadas podem bloquear as mudanças terapêuticas. Existem outros caminhos além do trabalho sobre as ressonâncias, porém o terapeuta deve estar consciente sobre o manejo das suas emoções para sua eficiência profissional (ELKAIM,1996).

Guy Ausloos (2011) considera que o terapeuta se revela pelas suas intervenções e deve observar o que o coloca em desconforto. O seu trabalho deve ser original, pois a subjetividade é o único elemento confiável no qual pode se apoiar. A análise de suas reações lhe permite utilizá-las para suas estratégias terapêuticas. Ao se sentir confortável, se torna mais eficiente e competente para identificar a competências das famílias. Para Ausloos (2011, p. 79), "os grandes terapeutas não fazem o que dizem, nem dizem o que fazem, não por desonestidade intelectual, mas porque tentam transmitir através de conteúdo teorizado o que era um processo inovador, criativo, espontâneo, intuitivo, atento, imprevisível, em uma palavra, genial".

Na aplicação do genograma familiar na clínica com foco nas escolhas amorosas, o terapeuta pede que o paciente apresente sua família a nível trigeracional, bem como os dados sobre a família do seu parceiro. O terapeuta analisa a história familiar, as regras, mitos e funções recebidas transgeracionalmente. A compreensão ampliada sobre a vida afetiva na análise do genograma revela o padrão dos relacionamentos, conflitos, hipóteses, expectativas e a demanda para a terapia individual ou de casal.

O genograma vincular ou Duograma

O genograma vincular pode ser enriquecido com o recurso do genograma familiar para o estudo das escolhas amorosas do indivíduo ou do casal ao longo das gerações. Privilegia a análise de uma situação no relacionamento durante uma crise conjugal dramática. Levanta questões sobre a relação amorosa, as qualidades ou defeitos, sobre o início e término da relação e sobre o que deve ser lembrado ou esquecido. A biografia da vida amorosa identifica os primeiros amores platônicos da infância, as paixões na adolescência, os namoros na juventude e as relações e casamentos na maturidade até os dias atuais. Descreve as relações sentimentais significativas durante toda a vida, incluindo as escolhas do passado que afetam o presente. Importante ampliar as características, as similaridades e diferenças de personalidade de cada parceiro, quem foi o mais afetivo, quais as regras implícitas e explicitas; momentos altos e baixos, oscilações entre a paixão e decepção e a evolução do relacionamento entre início, meio e fim. A partir do trabalho sobre os vínculos amorosos, o terapeuta faz uma reflexão sobre suas ressonâncias, relacionamentos e casamentos na sua família, para poder então analisar essa temática com os pacientes.

O recurso do Duograma (ARCELLONI; FERRERO, 2008) estuda as relações afetivas e amorosas, as quais podem ser fantasiadas, legítimas ou proibidas. Propicia uma maior consciência das crenças, estereótipos sobre o padrão do relacionamento afetivo desde a infância até a atualidade. Revela novos pontos de vista sobre o amor em diversas fases da vida, incluindo os namorados, noivos, cônjuges, amantes ou casos esporádicos. De acordo com a leitura relacional, todos os envolvimentos amorosos são experiências significativas, com pontos positivos ou negativos. O recurso desafia os mitos e preconceitos, demostra a evolução sobre como se estabelece e como se rompe o vínculo amoroso. Facilita a visualização do sistema casal no cruzamento das histórias de paixões. Propicia o prazer de escutar sobre as relações, descobrir novos modos de ser um casal. Aponta hipóteses relacionais sobre as diferenças de papéis e posições nos relacionamentos, vivências e circunstâncias recorrentes. O genograma não revela como a família é, assim o Duograma também se apresenta em um momento terapêutico e, portanto, "não é uma fotografia da realidade, é interativo e pode dar vida a uma história completamente nova" (ARCELLONI; FERRERO, 2008, p. 8). Na aplicação do genograma vincular na clínica com foco nas escolhas amorosas, o terapeuta pede que o paciente coloque seu nome no centro do quadro, idade, nome do parceiro atual e os relacionamentos anteriores. E acrescente as qualidades físicas e pessoais. O terapeuta analisa a lista dos parceiros afetivos e os sentimentos sobre cada um, como foi o tempo de vínculo, o que atraiu, como surgiu a crise atual.

Segundo Angelo (1995, p. 55), "as pessoas se separam na perspectiva de novas uniões, quando cada união e cada separação sucessiva deveriam ser mais diferenciadas em relação às anteriores". A escolha do parceiro demonstra uma atenção seletiva no comportamento de uma pessoa e uma desatenção a elementos que podem tornar uma relação contínua ou interrompida por problemas. Se houver poucos conflitos mal resolvidos com a família de origem, aumenta a chance de escolhas mais livres. O grau de diferenciação tem grande influência na autonomia e identificação e como a pessoa resolveu seus vínculos familiares, em uma série de relações em contínua evolução, com novas ligações ou divergências em relação ao significado original da história de vida. Portanto, cada parceiro torna-se o principal meio de transmissão do mito familiar, nas questões geracionais com papéis que terão de ser desempenhados na busca do seu par amoroso. Uma pessoa é na realidade responsável no momento da escolha amorosa, para viver o que imaginou na sua fantasia idealizada. Para esse autor, "sempre se tenta integrar, conciliar os elementos dissonantes, achar uma solução de compromisso que atenda às exigências ligadas ao mandato familiar, na fantasia ou na realidade" (ANGELO, 1995, p. 50). A escolha amorosa não diz respeito somente a duas pessoas, existe uma estrutura ligada ao contexto atual e do passado. Importante a leitura circular de cada relacionamento considerando a triangulação do tema principal com a história da família de origem, e não numa leitura causal somente em relação aos demais relacionamentos anteriores. Muitas vezes as escolhas amorosas estão a serviço de uma possibilidade real ou fantasiosa de informar sobre pontos importantes ou da tentativa de resolvê-los. Para o entendimento mais ampliado é importante levar em consideração o plano horizontal das relações passadas, mas considerando as relações verticais, ou seja, conectadas as relações afetivas das gerações passadas. Portanto, o genograma vincular visa o estudo de um padrão relacional e das dificuldades do indivíduo ou do casal frente a história familiar e a biografia afetiva desde a infância até os dias atuais.

Genograma ecológico ou ecomapa

O genograma ecológico refere-se a um ecomapa que visa ampliar a rede, o contexto social, os relacionamentos de interdependência entre a família, o casal e o ambiente. É um instrumento cooperativo sobre a situação vital para estabelecer hipóteses e intervenções. A qualidade da interação é indicada a partir das linhas e fronteiras, cuja qualidade deve ser avaliada em relação ao intercâmbio da família com o espaço ecológico vital circundante. É importante considerar os diversos sistemas como a rede de amigos, da escola, faculdade, trabalho, clube, igreja e a relação com a comunidade (LADVOCAT, 2002).

Na aplicação do genograma ecológico na clínica com foco nas escolhas amorosas, o terapeuta solicita que o paciente coloque seu nome no centro do papel ou quadro. E deve inserir todos os relacionamentos, incluindo o atual, da adolescência e infância, bem como as linhas de relacionamento e qualidades de cada subsistema.

O genograma simbólico ou do desenho

O genograma simbólico (Puviani, 2014) visa a apresentação de cada membro da família através dos símbolos escolhidos para tornar visível as relações familiares. O terapeuta escuta as histórias dramáticas e propõe o desenho que redefine a narrativa e transforma um drama em uma imagem. O desenho possibilita que o indivíduo ou **o casal sejam os autores da própria cura e na transformação dos sintomas em símbolos.** Na terapia de casal, o desenho leva ao reconhecimento das diferenças recíprocas para não projetar no outro as próprias faltas. Os parceiros avaliam se devem obediência a família de origem ou a si mesmos, no processo de individualização pessoal e de casal. A partir de um papel em branco e de lápis coloridos, pode ser atualizado o nascimento da paixão, e também os conflitos da relação através dos "símbolos como condutores para chegar a zonas inacessíveis à mente consciente, para ir além das palavras e poder visitar aquelas que povoam o inconsciente" (PUVIANI, 2014, p. 13).

Na aplicação do genograma simbólico na clínica com foco nas escolhas amorosas, o terapeuta pede que o paciente faça um desenho que represente a si próprio, um autorretrato com o uso dos símbolos da natureza, de animais ou de objetos. Pede também que faça um desenho que represente o parceiro. Os desenhos são autoexplicativos e não devem ser interpretados. O objetivo é que os membros do casal possam abandonar alguns sentimentos negativos sobre a família de origem. O desenho em conjunto revela a união, cada um desenha no seu papel, sem invadir o outro numa dinâmica relacional de equilíbrio, uma integração dos traços em harmonia com respeito às diferenças (PUVIANI, 2014).

O genograma profissional ou do *Self*

Na formação, o trabalho do *Self* identifica as ressonâncias do terapeuta para o desenvolvimento da sua competência. O terapeuta trabalha com questões conscientes e inconscientes na família, biológica, adotiva, substituta, real ou imaginária. As histórias revelam angústias, traumas, alegrias e realizações. No contexto das escolhas amorosas, o terapeuta em formação apresenta um relato de uma história de casamento, considerando o contexto autoreferencial, revela sua percepção e visão sobre o amor. A análise dos vínculos amorosos apresenta datas, tempos, eventos, sentimentos, emoções, papeis, regras, pesquisa das semelhanças e diferenças no presente e no passado. Emergem também etapas significativas do ciclo de vida terapeuta, bem como cenas temidas que dizem respeito a sua história pessoal. É necessário levantar os mitos e preconceitos sobre os vínculos, sobre a rejeição às crenças e padrões diferentes e identificação com os problemas da família. Pode ocorrer um forte impacto e sentimentos de estranheza, incômodo, ansiedade e exigência por respostas claras ou certas; surpresa quando uma pessoa ou um casal resolve um problema grave sem dificuldade ou quando não resolve uma questão simples.

A ressonância é um recurso que indica um caminho, uma luz e ao mesmo tempo um alerta para que o terapeuta não resolva tomar emprestado a história da família em atendimento para resolver os impasses da sua própria história. Os recursos não são externos, e sim desenvolvidos em sua própria pessoa para o desenvolvimento de novas ferramentas terapêuticas. A biografia do terapeuta sobre os ecos das emoções das relações amorosas é fundamental para sua formação, para depois aplicar no seu trabalho clínico (LADVOCAT, 2014).

O genograma simbólico ou Duograma é o uso desse recurso para o trabalho sobre a pessoa do terapeuta e diferenciação do *Self*. Considerando o indivíduo e o casal no entendimento sobre as relações amorosas, é importante que o próprio terapeuta faça um estudo sobre sua história de vida e de suas gerações passadas. E para o desenvolvimento da sua sensibilidade e competência, deve estar atento as suas ressonâncias e uma redefinição sobre o amor e o afeto. A análise do genograma vincular, é um excelente recurso para o entendimento das histórias contatas pelos indivíduos, casais e famílias. As suas impressões e ressonâncias sobre as relações de amor podem estar conectadas a um caso clínico, a uma cena familiar de um filme, a situação de uma família; uma situação vivida na sua família de origem ou atual.

Segundo Puviani (2014), a utilização do genograma simbólico revela a descoberta de um diálogo com as próprias imagens e um poder transformador no *Self* do terapeuta, do encontro consigo mesmo e com os outros. O desenho redefine o papel dos parceiros amorosos, pois os sentimentos falam através dos símbolos. O trabalho com o *Self* favorece o pensamento criativo com uma finalidade introspectiva, para entender as exigências externas que bloqueiam o pensamento. O desenho favorece a liberdade de não pensar, aprender a ter uma posição tranquila, não ativa e útil para um pensamento fluido. O terapeuta deve expandir territórios que aparentemente não tem nada em comum com a prática profissional e desenvolver a criatividade e o conhecimento de si próprio.

De acordo com o trabalho de Carmine Saccu e Paolo Bucci, esses autores apresentam um estilo de intervenção harmônica entre os aspectos emocionais e cognitivos. O trabalho sobre os sentimentos do terapeuta resulta na aprendizagem e aperfeiçoamento das potencialidades transformadoras na própria relação terapêutica. Durante a formação, os terapeutas devem estar atentos aos pacientes sintomáticos, que se tornam interlocutores para que o terapeuta possa traçar as modalidades comunicativas do sistema familiar em que está inserido. O material clínico, com seus aspectos cognitivos e emocionais, promove uma dimensão ativa e experiencial. As ressonâncias do terapeuta com o sofrimento da família devem ser analisadas para compreender os seus impasses e ampliar suas habilidades e autoconfiança.

Segundo Haber (1996), o trabalho de supervisão sofre as influências de uma tríade, considerando o genograma dos sistemas do supervisor, do supervisionando e dos pacientes, no passado e no presente. A tríade profissional explora as interações desses três sistemas e torna o supervisor mais consciente sobre seu genograma para analisar o genograma dos seus supervisionandos frente ao genograma dos seus pacientes. É interessante buscar o lugar onde o supervisor se coloca no estudo da família, ou onde o supervisionando o coloca tanto na sua história pessoal, como na família atendida. A inclusão do supervisor contribui para o relacionamento entre supervisor e supervisionando, em um modelo que considera os mapas e significados da supervisão. O trabalho com o genograma profissional pode ser enriquecido com supervisão ao vivo com o espelho unidirecional, consultoria na sessão com a família, bem como com os recursos didáticos de dramatização e esculturas. O supervisor estimula o supervisionando a cultivar a habilidade de relatar sua experiência clínica, seus postulados teóricos e a usar seu *Self* como instrumento para acessar ideias intuitivas e criativas na promoção der diferentes possibilidades. A supervisão transcende as teorias e disciplinas na formação e deve "acomodar as influências do sistema do paciente e trabalhar com o contexto tanto quanto com as escolhas específicas do supervisor" (HABER, 1996, p.14).

Na formação em terapia familiar o estudo do terapeuta sobre sua família de origem é fundamental para a diferenciação do *Self* e as conexões entre a sua família de origem e a família atendida. Essa experiência pode ser manejada de várias maneiras, mas deve seguir a criatividade de quem a aplica, e adaptada em função da demanda da formação. O supervisor e a equipe colaboram para novas hipóteses visando um trabalho mais eficiente. Importante considerar o efeito circular no grupo de formação, tanto as ressonâncias do supervisor e do terapeuta de campo, como as ressonâncias cruzadas dos demais participantes na equipe de formação (LADVOCAT, 2009).

O genograma profissional inclui o supervisor no estudo, supervisão, exercícios vivenciais e principalmente a análise pessoal, no desenvolvimento da reflexão do papel do terapeuta. A interpretação dos recursos depende da eficiência técnica e teórica do supervisor, da cooperação da equipe, da sensibilidade do terapeuta e da disponibilidade dos pacientes.

Minha experiência como formadora em terapia familiar versa sobre o desenvolvimento da competência do terapeuta no uso do genograma familiar e vincular. Na atualidade, com a necessidade do trabalho virtual, novas técnicas têm sido desenvolvidas através das plataformas digitais. Tanto na formação como no trabalho clínico, tem sido possível identificar os padrões relacionais através da tela, bem como trabalhar com tantas emoções. A formação pode resultar em experiências muito diferentes em cada um, tanto no nível prático, como teórico. O terapeuta iniciante ao ser exposto a novos pensamentos tem a possibilidade de ampliar suas reflexões que o levará as novas descobertas. Beneficia do trabalho com sua família de origem e com a visão diferente e inovadora da diversidade de visões de mundo.

Durante o período pandêmico com o trabalho virtual de supervisão, tenho incluído minha pessoa e história pessoal frente aos temas trazidos pelos supervisionandos, voluntários, terapeutas em formação ou mesmo veteranos, durante os cursos sobre o *Self* do terapeuta. Revelar minhas questões pessoais, ativadas pelos relatos dos participantes, tem sido uma experiência rica que propicia novos recursos, bem como serve de exemplo sobre a importância das ressonâncias no campo da terapia familiar. Depois de tantos anos no trabalho sobre a diferenciação do *Self* eu teria muitos exemplos clínicos para compartilhar. Porém os depoimentos e os referidos benefícios alcançados somente poderiam ser relatados mediante autorização dos profissionais, portanto esses relatos, infelizmente, não estão incluídos nesse artigo.

Caso clínico: traição e ressentimento

O caso clínico apresenta uma sessão de terapia de casal na temática da traição e ressentimento. João marca entrevista indicado pelo terapeuta de sua mulher Maria. Ambos com cerda de 70 anos, aposentados, filhos adultos independentes, casados e com filhos. Maria fala alto, agressiva, desesperada, se levanta, gesticula e chora. João fala baixo, acuado, cabisbaixo, defensivo, se mantém sentado e se desculpa. A mulher se coloca no lugar de vítima pela traição do marido com uma prostituta. O homem se coloca no lugar de sofredor, mas responsável pelo sofrimento da sua mulher pelo caso extraconjugal com uma garota de programa.

Na entrevista João diz que precisam de ajuda para este momento difícil. Está arrependido e envergonhado frente aos filhos, que estão com muita raiva por causa da traição. Ele quer recuperar seu casamento, que estava com rotina sem graça e não quer a separação. Desejou ter novas experiências. Fez seu perfil em um aplicativo, encontrou uma garota de programa, ficou sensibilizado e quis ajudá-la a mudar de vida.

Maria percebeu mudanças no marido e contratou um detetive para monitorar por onde ele andava. Diz que o marido caiu na conversa de amigos do condomínio onde moram e buscou divertimento sexual. Ele se apaixonou e se relacionou com a prostituta por mais de um ano. A traição foi a maior decepção de sua vida. Maria não quer a terapia de casal, pois precisa avaliar sozinha se deseja a separação. Ela revelou a traição para toda a família e amigos, para que soubessem quem é o verdadeiro João, que por trás de um vovô, existe um traidor da esposa e os filhos.

A terapeuta empaticamente acolhe o sofrimento de Maria e pergunta sobre sua história de vida, e faz o genograma familiar. Maria conta que quando era adolescente, seu pai traiu sua mãe, causando tanta decepção que a levou ao suicídio. Nunca o perdoou, pois após a morte da mãe, descobriram depois que ele teve um filho com uma antiga funcionária da casa. A terapeuta pergunta sobre os relacionamentos de Maria antes do João e faz o genograma vincular. Maria diz que todos os seus antigos namorados a traíram. E quando conheceu João, acreditava que ele fosse diferente dos homens que traem as esposas. Pensava que tinha um casamento feliz, sente-se deprimida e vítima do marido. A terapeuta coloca sua impressão de que as dores de Maria se conectam a traição dos namorados e do pai. O sofrimento do passado está sendo revivido na atualidade, confirmando a ideia que os homens traem. Maria se vinga ao nutrir raiva nos filhos contra o marido.

A terapeuta pergunta a João se ele percebe o sofrimento da esposa considerando sua história de vida. João olha para o genograma de Maria e diz que sabia que o pai havia traído, mas não sabia sobre a traição dos ex-namorados. Entende sua decepção, chora e pede que ela volte a confiar nele.

A terapeuta empaticamente acolhe o sofrimento de João e pergunta sobre sua história de vida e faz o genograma familiar. Ele conta sobre sua família, sua mãe era fria e controladora. Na sua casa tudo tinha que ser organizado no jeito da mãe. Não se sentia muito amado e sentia ciúmes, pois ela preferia sua irmã. Ao se tornar rapaz, descobriu que o pai tinha amantes, sofria muito pois tinha muito medo que a mãe descobrisse. No casamento, a casa é perfeita, embora não sinta o amor da esposa, que só cuida dos filhos e netos. Em busca de novas emoções, cometeu esse único erro e está sendo crucificado também por seus pais e irmã. A terapeuta pergunta a João sobre os relacionamentos anteriores a Maria e faz o genograma vincular. Ele teve somente uma antiga namorada e sofreu muito quando ela quis terminar, não acreditava que pudesse amar novamente. Quando conheceu Maria, ele estava numa fase difícil e ela o convenceu que o casamento poderia organizar sua vida. A terapeuta coloca que ele foi criado para ser um bom filho, mas não se sentia querido. Temia que o segredo destruísse o casamento dos pais. Sofreu uma decepção amorosa, até que conheceu Maria. A terapeuta coloca que João tentava ser um bom marido, mas não se sentia amado. O sofrimento do passado está sendo revivido no presente. Buscou algo fora do casamento e ao conhecer a garota de programa, criou ilusoriamente o compromisso de salvá-la da vida promíscua.

Não pensava que a mulher pudesse descobrir sobre a traição.

A terapeuta pergunta a Maria se ela percebe o sofrimento do marido considerando sua história de vida. Maria diz que se ele tinha uma família fria e distante, encontrou no casamento uma relação estável, e jogou tudo no lixo. Examinando o genograma, diz que sabia da traição do seu sogro, mas não sabia que ele tinha tanto medo que sua mãe descobrisse tudo. E se pergunta como João foi capaz de pensar que sua traição com uma prostituta de aplicativo não fosse descoberta, com tudo registrado no computador. Ela não suporta os pedidos de desculpas e perdeu a confiança.

Nessa entrevista com o casal, foi possível ampliar a crise atual considerando as histórias de vida de cada um. Foi levantada a hipótese de que João e Maria, ao se casarem, comprovaram suas teorias internas sobre os vínculos amorosos. Os conflitos intra e intersubjetivos, se conectaram a ressentimentos antigos. Ambos se emocionam com o desenho do genograma que incluiu as famílias de origem de cada um. João ficou emocionado por lembrar de sua infância e sentiu saudade de sua mãe, hoje falecida. Maria ficou sensibilizada ao pensar que por sentir tanta amargura, se afastou do seu pai, impedindo ele de estar com os netos. Nessa sessão, surgiu a questão se a decepção atual de ambos estaria ativando a história passada de cada um. Ao perceber que João e Maria se olhavam como se estivessem aliviados, a terapeuta coloca a hipótese de que esses sentimentos antigos estariam sendo projetados na crise atual. E que o trabalho da terapia poderia tratar do presente, rever a história do passado para projetar novos rumos para o casamento. Maria diz que ficou feliz pelo fato da terapeuta ter compreendido os seus traumas, mas prefere manter somente a sua terapia individual, alegando que o marido precisa se tratar. João promete que irá convencer sua mulher a não interromper a terapia de casal.

Considerações teóricas e técnicas sobre o caso clínico

Freud (1910/1980) escreveu um texto sobre as exigências e condições necessárias ao amor, regras que justificam a identificação do par perfeito, a harmonia da realidade, a fantasia na escolha amorosa e as combinações legítimas. Considerando o contexto do caso clínico na temática da traição, faço um recorte sobre o amor a prostituta como um dos tipos de escolhas de objeto amoroso de acordo com a teoria freudiana. Um homem apaixonado por mulher com vida promíscua e com tendência a trair precisa salvá-la do descontrole moral. O homem, na sua infância, tinha uma fixação pela mãe pura. O menino ao saber da sua sexualidade e que as prostituas fazem sexo, faz uma ligação entre elas, desejando a mãe, mas não a perdoa pelo privilégio dado ao pai.

O tema sobre o par amoroso ideal e perfeito sobrevive através dos tempos desde as contribuições de Freud. Na década de 60, os estudos tipológicos focavam uma classificação nosológica, a saber: parceiro dominante e parceiro submisso; o parceiro esquizóide e parceiro carente; o parceiro fraco e parceiro onipotente e ambos parceiros lutando por dominar. A partir de mudanças culturais, idealizações e expectativas sobre as escolhas amorosas, o pensamento sistêmico considera a circularidade, o equilíbrio e dinâmica complementar na dinâmica do casal. Deve ser esclarecido o contrato inerente ao casamento, as regras conscientes, pré-conscientes e inconscientes, além do jogo de projeções e introjeções. A busca ativa e virtual tem como objetivo a descoberta de tipos de escolhas amorosas para relacionamento do par perfeito, idealizado, estável, em segredo ou passageiro.

Segundo Andolfi e Mascellani (2019), é bastante comum o início de uma terapia logo a seguir a descoberta da traição. Nesses casos, é muito difícil que a pessoa traída possa avaliar outros conflitos que possam ter aberto um espaço para a traição. É mais fácil culpar quem trai ou o terceiro, cuja presença pode ser um risco quando a desilusão ocupa o espaço íntimo com uma finalidade compensatória. Quando o pacto de aliança e o nível de diferenciação estão vulneráveis, a triangulação pode balançar o equilíbrio relacional. O parceiro traidor sente-se culpado. A parceira traída perde a confiança e não mais reconhece aquele que a humilhou. A humilhação acontece quando a pessoa já tem uma baixa autoestima sobre si mesmo.

Segundo Puget e Berenstein (1993), a terapia de casal trata do vínculo interpessoal e do funcionamento consciente e inconsciente nos espaços do mundo interfantasmático. O exterior se torna interior e o interior se transforma em exterior, como uma fronteira em que os territórios subjetivos se separam e se unem. A tarefa do terapeuta consiste em diferenciar, a saber: o espaço intrasubjetivo que representa o mundo interno de cada um; o espaço intersubjetivo que representa o vínculo afetivo relacional e o espaço transubjetivo que representa o contexto social, valores, papeis e funções. O fim de um relacionamento conjugal implica em vivenciar outros términos relacionados a estrutura inconsciente familiar. Quando um dos parceiros decide se separar, sabe o que deseja fazer, mas não sabe de que ou de quem quer se separar, se a separação chegará a se completar ou se transformará em um processo interminável. O vínculo conjugal garante a transmissão psíquica, um acordo que não corresponde a soma das partes envolvidas, mas a organização do casal.

A partir de uma reavaliação posterior sobre o João e Maria, casal indicado por um colega, levanto uma questão hipotética: Maria pensou em comparecer à sessão com uma provável futura terapeuta para o marido. E João pensou em se desculpar, de maneira indireta, com a terapeuta da mulher. Talvez, de certa forma, acreditaram que estariam juntos somente nessa única sessão

Na entrevista, o casal esperava da terapeuta a posição de juíza e um veredicto sobre culpado e vítima. Maria pareceu buscar uma aliança como se a terapeuta, por ser mulher, pudesse estar do seu lado frente aos homens que traem. E João pareceu buscar uma aliança na sua função paterna, como se a terapeuta reprovasse sua mulher por tê-lo exposto frente os filhos.

Os ressentimentos de ambos levaram a lamentos infindáveis sobre quem sofria mais, quem era o oprimido ou o opressor. As acusações recíprocas de João e Maria, nas suas diferentes versões, invadiram a sessão e revelaram a dinâmica relacional em padrão litigioso em posições antagônicas.

O genograma familiar e vincular de João e Maria foi um recurso utilizado para a coleta de informações sobre a história da família de origem e relacionamentos anteriores. Algumas hipóteses foram levantadas no sentido de ampliar a queixa principal da traição e ressentimentos no presente, mas o passado estabelecia um limite com o futuro. O projeto terapêutico implicaria em um aprofundamento do cruzamento desses mapas, para que o próprio casal pudesse refletir e diferenciar os fatos passados dos fatos presentes na crise do casamento. Na evolução do processo, importante seria diferenciar os pactos inconscientes e a vida intrapsíquica de cada um.

A análise das ressonâncias do material clínico sobre a pessoa da terapeuta, tem relação com os pontos cegos da terapeuta, que desejaria seguir com o próprio ideal de terapia, contendo um ideal de casal. Na família de origem da terapeuta, o tema da traição foi identificado no cruzamento do seu mapa com o mapa do casal. A terapeuta certamente desejava dar continuidade ao atendimento, trabalhar os temas apresentados e tentar resgatar o vínculo afetivo. Frente a interrupção da terapia de casal, a terapeuta foi expulsa da relação do casal, restando a frustração pela súbita interrupção. A queixa principal do casal com a ameaça de separação depois da traição, foi um tema trabalhado exaustivamente tanto em minhas análises pessoais, supervisão, e vivências sobre o *Self* e retorna novamente, mas como recurso terapêutico na formulação de hipóteses. As ressonâncias sobre a alienação do membro do casal, revelam que os filhos envolvidos não necessariamente se tornam aliados, nem de quem foi traído nem de quem foi o traidor. Com certeza, a terapeuta desejava abordar com o casal o amor dos filhos ao "pai-traidor", redefinindo as expectativas da mãe que esperava deles apoio e lealdade.

O trabalho do terapeuta familiar apresenta dificuldades como um espaço equivocado de julgamento, como se ele devesse comprovar quem fala a verdade e quem fala a mentira. O casal pode transferir ao analista o papel de cúmplice, advogado de defesa ou de acusação na expectativa e a serviço da formulação de uma sentença (LADVOCAT, 2020). Segundo Berenstein e Puget (1993), o casal busca um ambiente de cumplicidade sobre a maldade ou inferioridade do opositor, sendo que terapeuta excluído sente um mal-estar contratransferencial. A configuração vincular e transferencial revela alianças que pode levar o terapeuta a fracassar e ser expulso da relação. Embora o terapeuta não explicite seu modelo de funcionamento ideal, o casal pode projetar a ideia de assimilá-lo para resolver o conflito. As ressonâncias revelam as respostas do casal interno do terapeuta projetado no casal paciente. O terapeuta como possuidor de conhecimento deve cuidar de seus pontos cegos atualizados na relação terapêutica.

É importante reavaliar o fenômeno da traição e do ressentimento, que na sua definição refere-se à ferida ocasionada pela sensação do indivíduo de ter sido injustamente vitimado. E designa uma constelação de afetos negativos, uma emoção secundária persistente desencadeada por insulto, injúria, decepção, raiva, amargura e ofensas vingativas. Na impossibilidade de elaborar seus sentimentos, o indivíduo ressentido repete compulsivamente queixas no lugar da vítima de um mundo hostil, injusto, buscando estratégias para sua sobrevivência. O ressentido não se implica ou se responsabiliza frente a quem atribui a culpa, nutre desejos de vingança e não pode esquecer ou aceitar desagravos. Os lamentos de João e Maria, do ponto de vista relacional e circular, voltam-se para uma grande dúvida, quem é o culpado e que é a vítima. A terapia de casal, certamente, pode representar um espaço para elaboração e superação dos conflitos relacionais que demandam uma avaliação da história de vida, do passado e do presente, de ambos parceiros amorosos.

A terapia de casal teria como objetivo analisar as dores de João e seu apaixonar-se no extraconjugal e idealizar a amante. E analisar as dores de Maria no sentir-se traída com seus lutos e perdas. E, principalmente, não esperarem da terapeuta a função de juíza da traição do marido, e sim analisar os recursos do casal de elaborar esse fato e seguir em frente, talvez buscando o que poderiam melhorar nas suas relações. Foram fatores que não puderam ser suficientemente tratados. Algum tempo depois, João marcou uma consulta, solicitando terapia individual. Seguiu por mais alguns anos em um intenso trabalho para tratar suas dores, culpas e seus sentimentos mais íntimos, buscando uma vida mais integrada com a esposa, filhos e netos.

Conclusão

O resumo das principais contribuições dos pioneiros em terapia familiar sobre o estudo da família de origem e do *Self* do terapeuta, realça sua eficácia na formação e na clínica. Esse estudo está na base da história da terapia familiar, considerando que o terapeuta para melhor conhecer a família em atendimento, deve antes trabalhar seu *Self*, conhecer sua história familiar e suas ressonâncias. O desenvolvimento da competência e criatividade do terapeuta, no trabalho com o foco nas escolhas amorosas, demanda a elaboração sobre seus relacionamentos afetivos.

A metodologia para o uso do genograma varia de acordo com a demanda e pode ser iniciado pelo genograma familiar, pelo genograma vincular, pelo genograma ecológico ou pelo genograma simbólico. Não importa qual registro eleger, pois todos revelam histórias que merecem um estudo ampliado sobre os padrões relacionais. O genograma profissional complementa o trabalho do terapeuta com seus pares, sua equipe, seu supervisor real ou interno.

O trabalho com o *Self* do terapeuta ressalta a análise das suas teorias internas para um profundo entendimento do sistema terapêutico no que se refere aos impasses e obstáculos no exercício da prática terapêutica. Esse trabalho vivencial é um recurso necessário tanto na formação como ao longo da atividade prática e clínica. E deve ser refeito em tempos diferentes, tanto com o indivíuo, um casal e até com uma família, onde todos consensualmente se beneficiam.

A análise das escolhas amorosas identifica os pontos encobertos, conscientes, inconscientes, fantasmas, segredos e fantasias sobre os parceiros afetivos reais ou idealizados. A aplicação do genograma identifica as ressonâncias, limites e possibilidades para uma maior eficiência profissional no manejo técnico e clínico. O objetivo principal do trabalho sobre o *Self* do terapeuta em relação as escolhas amorosas versa sobre uma releitura atemporal, no passado um novo olhar sobre a história, no futuro a atenção sobre a tendencia a repetição e na atualidade.

Referências

ANGELO, C. A escolha do parceiro, In: ANDOLFI, M.; ANGELO, C.; SACCU. *O casal em crise*. São Paulo: Summus Editorial, 1995.

ANDOLFI, M. La Family system theory di Murray Bowen. In: *I Pionieri della terapia familiare*. Milano: Fanco Angeli, 2003.

ANDOLFI, M. A *terapia familiar multigeracional, instrumentos e recursos do terapeuta*. Belo Horizonte: Artesã Editora, 2018.

ANDOLFI, M.; MASCELLANI, A. *Intimità di coppia e trame familiare*. Milano: Raffaelli Cortina Editore, 2019.

ARCELLONI, T.; FERRERO, G. Il duogramma nella formazione sistêmica, i terapeuti e le loro relazioni di coppia. *Terapia Familiare*, n. 87, p. 5-27, 2008.

AUSLOOS, G. A *competência da família*. Rio de Janeiro: Terra dos Homens, 2011.

BOWEN, M. La differeziazione del sé nel sistema familiare. In: ANDOLFI, M.; NICHILO, M (Org). *Dalla famiglia all'individuo*. Roma: Casa Editrice Astrolabio, 1979.

ELKAIM, M. Se tu me amas, não me ames. Campinas, Papyrus, 1988.

ELKAIM, M. Dall'autoreferenzialità alle aggregazioni, In: ANDOLFI, M.; ANGELO, C.; NICHILO, M. (Orgs.). *Sentimenti e sistema*. Milano: Raffaelli Cortina Editore, 1996.

ELKAIM, M. Terapia familiar em transformação. São Paulo: Summus Ed., 2000.

FREUD, S. Um tipo especial de escolha de objeto feita pelos homens. In: *Edição Standard das Obras Completas de Sigmund Freud*. Rio de Janeiro: Imago, Vol. XI, 1980. (Trabalho originalmente publicado em 1910)

GOLDRICK, M.; GERSON, R.; PETRY, S. Genogramas, avaliação e intervenção familiar. Porto Alegre: Artmed, 2012.

HABER, R. *Dimensions of psychotherapy supervision, maps and means*. London/New York, Norton&Company, 1996.

LADVOCAT, C. A formação do terapeuta de família. In: OSÓRIO, L. C.; VALLE, M (Orgs). *Manual de Terapia Familiar*. Porto Alegre: Artmed, 2009.

LADVOCAT, C. Ecomapa. In: *Trabalho Social com Família. Terra dos Homens*. Ed Booklink, 2002.

LADVOCAT, C. Ressonâncias e vivências na construção de um Self profissional. In: *Construção pela vivência em Terapia Familiar*. São Paulo: Ed. Roca, São Paulo, 2011.

LADVOCAT, C. O mapa do terapeuta e a diferenciação do self como recursos para a formação em terapia familiar. *Revista Brasileira de Terapia Familiar*, v. 5, p. 122-132, 2014.

LADVOCAT, C. O casal na disputa litigiosa por um filho. *Revista Psicanalítica*, 2020.

LORIEDO, C. La terapia dell l´impatto emozionale di Nathan Ackerman. In: ANDOLFI, M. (Org). *I pioneri dela Terapia Familiare*. Milano: Franco Angeli, Milano, 2003.

PUGET, J.; BERENSTEIN, I. *Psicanálise do casal*. Porto Alegre: ArtMed, 1993.

PUVIANI, V. *O casal em todas as cores, desenhando o amor que nasce, cresce e cura*. Belo Horizonte: Artesã Editora, 2014.

CAPÍTULO 7

O TRABALHO DO *SELF* DO TERAPEUTA EM GRUPO

Lúcia Vinagre
Danielle Doss Damo

Cada facilitador de um grupo de trabalho do *Self* do terapeuta tem sua maneira peculiar de o desenvolver. Esta maneira, é talhada, ao longo das experiências desse facilitador: pessoais, técnicas e experenciais. Cada grupo também tem suas particularidades que contribuem para o alcance de diferentes níveis de profundidade. Trata-se de um trabalho construído a muitas mãos: dos mestres que ofereceram as bases, do facilitador e de cada um dos membros que integram o grupo de trabalho. Neste capítulo, iremos abordar um modo de fazer o trabalho do *Self* do terapeuta com ênfase na família de origem do terapeuta (FOT) e na família atual do terapeuta (FAT). O nosso modo. Na sequência abordaremos um pouco de como fazemos o mergulho nas escolhas amorosas do terapeuta (EAT), neste caso no formato on-line.

Como fazemos?

Partimos do princípio que o trabalho realizado de forma contínua oportuniza a reverberação constante por um período de tempo capaz de gerar movimentos sistêmicos. O trabalho é realizado em um grupo fechado e homogêneo. Fechado, devido às questões de ordem pessoais que são compartilhadas. Homogêneo, pois acreditamos que profissionais de uma mesma área possam empaticamente se vincular e apoiar uns aos outros. Tais características do grupo proporcionam um sentimento de pertencimento vincular como em um sistema familiar, gerando intimidade e segurança. Consideramos que trabalhar o *Self* do terapeuta em grupo seja fundamental. Luiz Carlos Osório, organizador do livro *Grupoterapia hoje* (1986), traz Franco Filho para contribuir com a ideia que sustenta o que falamos quando diz que o grupo formado com seus pares constrói uma identidade que implica um senso de solidariedade e conjunto de valores partilhados, e ao mesmo tempo mantém o que é individual e o que é social.

Formamos grupos de 6 a 12 participantes. Menos do que seis, inviabiliza o trabalho visto que diminui as possibilidades de personagens em campo. Mais do que doze, estende muito o tempo de trabalho, causando ansiedade nos participantes. Esse tamanho também contribui para que o grupo possa trabalhar na horizontalidade compartida em unificação, e na verticalidade que é o individual, onde a história própria tem seu espaço para construir conexão ou reatualização emocional (OSÓRIO,1986).

Como base de qualquer relacionamento, um contrato é necessário. Nele consta a importância da pontualidade para o início do encontro, a relevância da presença em todos os encontros e a questão do sigilo acerca da vivência. Antes de iniciar os encontros com os integrantes do grupo, é solicitado que cada um envie para o organizador uma tarefa. Esta tarefa é criativamente singular a cada grupo. Alguns exemplos de tarefas a serem solicitadas são: desenho de uma cena familiar, genograma simbólico, fotografia de um momento familiar, um filme preferido entre outros. Esta tarefa servirá de ponto de partida para o trabalho do *Self*. A partir da solicitação da tarefa, entendemos que o terapeuta já entra em conexão com o campo de memórias, emoções, afetos, bloqueios e dificuldades.

O material produzido e enviado por ele, abriga o impasse que será desnudado no trabalho do seu *Self*.

Na primeira parte dos encontros, a facilitadora realiza o aquecimento com textos e discussões sobre as questões teóricas da pessoa do terapeuta. O objetivo deste momento é a reflexão e o diálogo acerca do tema que permitirá que se mobilizem as ansiedades e conexões necessárias para expressão e definição dos processos grupais que serão vivenciados. É uma forma de abrir a porta de acesso para que os sofrimentos das relações familiares sejam explicitados.

Na segunda parte, um integrante do grupo, capturado pela ressonância da temática discutida na primeira parte, se autoindica para ser trabalhado. A facilitadora por meio da tarefa produzida pelo terapeuta, o convida a entrar em contato com o seu material. Solicita que o terapeuta narre a história desta produção (imagem). À medida que o narrador inicia a sua viagem interna, os demais integrantes do grupo ocupam o lugar de observador. Entram em contato com a história do outro ao mesmo tempo que abrem espaço para as ressonâncias de sua própria história. Lembramos que este formato de trabalho não tem relação com a Constelação Familiar. Apresenta como base o Pensamento Sistêmico e os teóricos da terapia familiar sistêmica (MARINO; MACEDO, 2018).

O facilitador por meio de sua escuta empática, disponível e profunda integra uma dupla vincular com o terapeuta. A conexão que se forma entre eles, proporcionará um campo de perguntas e respostas que ampliarão a percepção do terapeuta para o seu nó. Aquilo que era um momento (foto, imagem, genograma) ilumina, como uma magia, a direção para tridimensionar a ação que tirará o terapeuta da paralisação.

A ação que o facilitador propõe se utilizará dos demais colegas como instrumentos vivos que representarão personagens da história do terapeuta. Os participantes que ocuparão estes papéis são escolhidos pelo terapeuta e usarão da sua ressonância para desempenhar esta função. Nesse momento, o terapeuta se concentra, escolhe os colegas que mais se pareçam com seus familiares, fisicamente ou emocionalmente, para representá-los e monta a cena pensada em escultura conforme a orientação da facilitadora. De acordo com o entendimento da facilitadora, os personagens também podem ser sentimentos, estados ou emoções (medo, depressão, alcoolismo, ousadia, entre outros).

A partir do lugar de personagem, os terapeutas constroem uma possibilidade de remontar o grupo familiar do terapeuta para um dado momento, mas diferente do original. Neste papel dado pelo terapeuta a seus colegas em sua família, os personagens ganham saberes e sabores diversos e ajudam a trazer nuances possíveis de diferenciação e transformação de reações, emoções e do lugar do terapeuta em sua família de origem. Andolfi, em *Tempo e mito em psicoterapia familiar* (1988), escreve que no grupo do *Self* pode ser construído uma história temporária e artificial na busca de novos significados dos eventos e comportamentos. Juntos, experimentam novas alternativas existenciais como em um terceiro planeta que permite que os membros, nos papéis familiares, trabalhem o pertencer e o separar-se. Um processo circular de perspectiva de uniões e separações cada vez mais diferenciadas, reconhecendo assim cada vez mais seu próprio espaço pessoal.

A cena acontece. A terapeuta auxilia os participantes em como representar a posição de seus papéis e a facilitadora movimenta a cena de acordo com seu entendimento sobre o que tem submerso no momento (DAMO et al, 2020). A cena inicia e pode se movimentar no tempo passado, presente e futuro daquele sistema familiar. Desta forma os conflitos, emoções e sentimentos vão emergindo e sinalizando o fio condutor desse *Self*.

O facilitador pode propor ao terapeuta a entrada em diferentes papéis, como por exemplo, no lugar do pai, da mãe ou de qualquer outro personagem. Esta troca de lugar proporciona ao terapeuta reconhecer as complementariedades das relações além de ser atravessado por diferentes perspectivas, visto que pode nesta posição, experienciar viver na pele do outro. Abre espaço para a resolução funcional do conflito de uma forma distinta da que têm se permitido colocar em ação até o momento.

Os personagens, ao final da ação, brindam o terapeuta com seus sentimentos, sensação de órgãos, pensamentos e emoções experimentadas da posição do personagem. Este momento amplia a consciência do terapeuta para novas possibilidades de leitura das interrelações, do lugar que ocupa na família e do movimento necessário para a transformação do seu conflito.

Ao final, a cena é desfeita. Os participantes, tendo retornado à sua posição pessoal, compartilham suas ressonâncias, pensamentos, emoções e sentimentos. Posteriormente, são propostas tarefas ao terapeuta, construídas pela facilitadora com o auxílio do grupo. Estas consistem em atividades prescritas que têm por objetivo manter por mais tempo o terapeuta conectado com o processo que vivenciou, promovendo mudanças significativas no seu impasse.

Com esse trabalho o terapeuta terá um guia e suporte para seguir seu estado de auto-observação e reflexão sobre si mesmo. A transformação, ao sair de um emaranhado relacional, será poder olhar com disponibilidade a própria família e a própria história pessoal com suficiente capacidade de análise do nó afetivo. A partir de agora, com uma postura de abertura, curiosidade, flexibilidade e capacidade que serão uteis para continuar seu processo evolutivo e de crescimento pessoal e profissional.

Este formato de trabalho é realizado nas duas primeiras etapas do trabalho do *Self* do terapeuta: Família de Origem do Terapeuta

(FOT) e Família Atual do Terapeuta (FAT). Um na sequência do outro, ou quando não na sequência imediata, temos o FOT como pré-requisito para o FAT.

Por que em grupo?

A família é um grupo específico que se inaugura com a chegada do primeiro filho para um casal. No trabalho do *Self* usamos o grupo como uma forma de poder construir um campo de representação imaginária do que se vive ou viveu o terapeuta em sua cena da família. Quando trabalhamos em grupo o *Self* do terapeuta, construímos um espaço de encontro e recíproca transformação pela observação e ativação das potencialidades das múltiplas histórias (ZIMERMAN; OSÓRIO, 1997). Continuamente, o terapeuta aprende a se auto-observar e a conhecer-se através do grupo. Por meio da relação do seu mundo interno com o mundo interno que toma emprestado dos integrantes do grupo (NICHILO, 1996).

Franco Filho (1986) por meio de Bion nos diz que os fenômenos mentais são percebidos no espaço de convivência grupal, pois o grupo é sempre maior que a soma de seus membros. O homem está mais capacitado a funcionar de forma eficiente em grupo do que sozinho. O grupo funciona como espelho, em que o olho que me olha, me faz ser visto, logo eu existo e, posso me permitir olhar e ver. Sinaliza o processo de troca significativa que ocorre como um processo de duas direções: auto enriquecimento se alternando com a descoberta de significado do que se vê.

Melo Filho (1986) cita Pichon Riviere para dizer que no grupo são recriados objetos, relações e vínculos através do exercício do como se comunicar. Este exercício conduz a processos transformadores de impasses da história. O processo de cura nasce na relação de causalidade circular e significa mudança nas experiências de medo de perda, de ataque, do desconhecido. Então nova dinâmica surge onde os papéis fixos e estereotipados se movem para uma direção funcional, intercambiável e operativa.

Em grupo, temos a riqueza das diferentes dinâmicas interpessoais num jogo de imagens e representações ativadas pelo colega em campo no trabalho do *Self*. As experiências de diferentes papéis nos *Selfies* dos colegas comunicam algo de cada um em sua história, promovendo em todos um retorno à casa-vida-corpo emocional afetiva. O grupo faz um coro amplificado, pois permite experimentar posições e papéis diversos (ONNIS; MARI, 1995). Os personagens são escolhidos aparentemente aleatórios, mas, na verdade, já diz da conexão daquele que ocupa o lugar que precisa na sua própria história das relações. Proporciona, portanto, a potente experiência de observador, ativador e ator na escultura do outro.

No primeiro momento cada um tem a sensação de que está ali para se emprestar ao outro. Entra livre e levemente desarmados de defesas. No entanto não é exatamente assim que acontece. Toda a magia do processo acontece em mão dupla para o terapeuta no campo do *Self* e para os colegas que pensam estarem ali só para contribuir com o outro. Todos que entram no trabalho se transformam em alguma medida.

A escultura, que é uma forma do recontar verbal da história, corresponde a representações do genograma vivo do terapeuta e são momentos intensos e fortes de consciência e crescimento, não somente do terapeuta no campo do *Self*, mas de todo o grupo (NICHILO, 1996). No genograma vivo volta-se para casa e experimenta-se abrir portas e janelas de passagem entre o mundo interno e externo, o familiar e desconhecido, o privado e o público.

No trabalho em grupo o terapeuta está atento e capaz de

coligar significado e conexão afinados não só ao que observa e pensa, mas da emoção que sente de seu próprio "si" e de sua própria história. Associado a isso há as emoções e o que pensam os colegas que atuam no seu trabalho. A oportunidade de utilizar diversas subjetividades presentes e diversas capacidades de significação e narração ampliada e complexa dos mesmos pontos contribuem para a intensidade dos reflexos do trabalho. Como em uma música, as entradas em relação e ressonâncias são múltiplas, produzindo uma coreografia maestral empenhada na criação de novas versões da música. O terapeuta facilitador do trabalho do *Self* permite que uma nova melodia seja criada pelo grupo a serviço do afinamento ou refinamento das percepções do terapeuta em sua música (NICHILO, 1996).

No grupo, cada um dos membros experimenta posições e papéis diversos, para fazer observações, ativações e, sucessivamente, atuar na escultura do outro. Isso promove de maneira ampla uma possibilidade de trabalhar pontos de seu próprio *Self* enquanto atua no do colega. Este caminho não é conhecido previamente. Será construído à medida que avança na caminhada. Este caminho dependerá da capacidade de imergir- se e deixar-se guiar no processo no ato da experiência. No grupo, é possível explorar níveis emocionais mais profundos e inconscientes à verbalização.

E este trabalho on-line, é possível?

Quando a pandemia se instalou no Brasil, havíamos recentemente iniciado um novo Grupo do Trabalho do *Self* do terapeuta. Primeiramente decidimos pausar as atividades até a autorização governamental para a retomada dos encontros. Com a extensão do período de isolamento social, optamos por arriscar a construção de um novo formato de trabalho, desta vez, on-line.

Nossa experiência nos diz que é possível. Claro que, com uma configuração diferenciada, visto que a presença e as trocas corpo a corpo deixam de integrar o processo. No entanto, descobrimos que o grupo consegue suprir estas faltas e criar novas formas de relação afetiva e efetiva. Percebemos uma grande vantagem deste formato: a expansão territorial possível. Por ser on-line, nossos grupos puderam abranger pessoas de diferentes regiões brasileira, favorecendo uma riqueza de diálogos interculturais.

Nos detemos em alguns pontos importantes de um novo contrato para o conforto do grupo. É necessário que os participantes estejam em um local privado, sem interferências do ambiente externo e que permita o respeito ao sigilo. Solicitamos que a participação seja sempre de um *laptop* ou computador e não de um *smartphone*. Além disso, o participante deve se comprometer com a qualidade da imagem e do som do seu equipamento. Os encontros não são gravados, independentemente das solicitações por motivos de ausências. O contrato também prevê que os observadores que estiverem com as câmeras e microfones fechados no momento do trabalho se mantenham conectados e presentes apesar de estarem "no escuro".

Para o formato on-line, elegemos o aplicativo *Zoom* para os encontros. Ele nos proporciona ferramentas importantes como *pinar* para todos os participantes as pessoas que atuarão como personagens na cena. Permite colocar o terapeuta em evidência no momento da sua narração, ao lado da produção da sua imagem, entre outras ações que entendemos serem relevantes para o momento.

Neste novo formato, as cenas/esculturas dão lugar a jogos de posição das imagens dos participantes no Zoom, criando uma cena imaginária "como se". Optamos por dar ênfase às posições dos papéis, aos gestos e aos diálogos. Serão estes os recursos para fazer com que a ação reflexiva gere a ação transformativa do trabalho do *Self*.

Tentamos criar uma realidade virtual entre as posições que os personagens ocupam que conduza ao processo da diferenciação do *Self*. Mantivemos a mesma sequência do trabalho presencial: tarefa prévia no início da formação do grupo e nos encontros, textos e reflexões, cena/escultura, compartilhamentos e encerramento.

Para iniciar o trabalho, todos os observadores fecham suas câmeras e microfones e o terapeuta ganha o destaque total na tela. Sua imagem perde tamanho para a imagem trazida como tarefa pré-requisitada. A imagem toma conta da tela, enquanto o terapeuta fica diminuído perante ela, na tela.

O "triágulo" (diálogo de três pontos) entre a imagem, o terapeuta e o facilitador se conectam dando início ao caminho e a direção ao trabalho. A imagem é retirada e o grupo volta a preencher a tela. Por meio da solicitação do facilitador, o terapeuta escolherá colegas que irão ocupar o lugar de personagens, sejam pessoas, estados emocionais ou externalizações de problemas (depressão, alcoolismo, medo, tristeza, entre outros).

Os personagens vão ganhando lugar ao lado, acima, ou abaixo do terapeuta conforme a condução do facilitador por meio do recurso "*pin*" do *Zoom*. Os demais participantes, no papel de observadores permanecerão de telas e microfones fechados. As telas fechadas representam as presenças ausências possíveis na história narrada.

Quando o trabalho se mostra suficiente, o facilitador pede que os personagens expressem seus sentimentos, emoções e pensamentos ainda deste lugar para contribuir com a tomada de consciência do terapeuta. Na sequência, todos voltam à tela e os observadores são chamados a compartilhar suas percepções, ressonâncias e sentimentos. Quem ocupou o lugar de algum personagem falará, neste momento, suas impressões contribuições enquanto pessoa.

A facilitadora coliga o que foi vivido na prática com as questões teóricas que norteia o trabalho. Tarefas podem ser dadas da mesma forma como acontece nos encontros presenciais. O encontro é encerrado.

Apesar do encerramento, percebemos que o grupo tende a permanecer conectado por algumas horas por meio das conversas de WhatsApp, demonstrando a intensidade da profundidade do vínculo e da capacidade de acolhimento do grupo, mesmo que de forma virtual.

Como ampliar o olhar para as duplas amorosas?

A terceira etapa do Grupo de Trabalho do *Self* do terapeuta estreitamos o foco e damos um zoom (no sentido de ampliação da visão) nas relações horizontais do terapeuta. Olhamos agora para os laços de amor a partir dos casais que existem no seu genograma. Neste momento do trabalho do *Self* privilegiamos "o tango" que dançam os casais de sua história, inclusive o seu próprio. Como se movem? Como se afastam, sem se desconectarem? Quando mudam de ciclo vital, evoluem juntos? Quais tipos de vínculos identifica? Como lidam com seus conflitos? Que tipo de triangulação vivem? Como são as separações? E as rupturas? Um pouco mais de diferenciação é possível nesse tempo. Mais luz de consciência, saber e sabor sobre as escolhas amorosas do terapeuta é oferecida. Desde os amores platônicos até os dias atuais. A finalidade é conhecer a construção desse caminho.

Como instrumento de acesso, usamos neste momento do trabalho o duograma. Este instrumento foi cunhado pela italiana Teresa Arcelloni (coautora deste livro) e tem por objetivo, assim como no genograma, a representação gráfica de laços. Neste caso, de laços de amor, e não sanguíneos, estabelecidos ao longo da vida (ARCELLONI, FERRERO, 2009).

Pedimos que o terapeuta traga mapeado a recordação mais antiga, ainda na fase infantil de primeiras experiências de estar apaixonado, correspondido ou não. E, na sequência todas as outras relações de enamoramento até os dias atuais. Em todas, pedimos que descreva características da pessoa, onde a conheceu, como viveu essa situação, quanto tempo esteve envolvido e como terminou. Segundo Teresa Arcelloni e Gloria Ferrero (2009) as paixões infantis e histórias de amor imaginadas podem, assim como questões mais dramáticas como infidelidades ou traições, ter o mesmo peso nas "experiências de relacionamento" em uma leitura sistêmica e relacional. Acreditam que a memória de uma rejeição amorosa ainda na infância, possam carregar consigo uma "série de emoções, significados e experiências que contribuirão ao longo do tempo para a definição de ideias e preconceitos sobre o amor e sobre o casal" (ARCELLONI, FERRERO, 2009, p. 196).

O trabalho com o duograma contribuirá para conduzir o terapeuta a algum significado e leitura das relações relatadas. Um processo de poder autoavaliar-se nas escolhas amorosas, identificar modelos, mitos em sua forma de amor e de amar. E, mais uma vez escanear o quão diferenciado está para escolher e fazer vínculos que conectem intimidade e espaço individual.

Ao final deste mapeamento, o terapeuta terá muitas histórias contadas e escutadas de si próprio. Poderá destacar semelhanças, repetições, alianças, resistências e diferenças de construir laços de amor que integrará ao seu processo de autoconhecimento de si. Também o grupo conhecerá diferentes processos de narrativas das escolhas. Constroem um repertório de possibilidades de caminhos que histórias amorosas contam sobre nós e os recursos que podem aprender a usar dos laços que fazem na vida e na clínica.

Este é um trabalho mais reflexivo do que os anteriores. O facilitador é menos ativo e conduz o terapeuta a chegar às suas próprias conclusões. Nesse ponto do trabalho, espera-se que o terapeuta esteja mais maduro e mais diferenciado de sua família para conseguir ampliar sua compreensão acerca das suas escolhas amorosas de forma um pouco mais autônoma.

E o futuro?

Acreditamos na profundidade do trabalho do *Self* do terapeuta independentemente do formato que ele tome. O que faz um trabalho promover movimentos é a capacidade vincular do facilitador e do grupo. O grupo é a grande estrela do encontro, com sua capacidade de sentir, perceber, transformar em palavras e acolher. O facilitador é quem captura a necessidade, oferece o caminho e conduz aos encontros. Juntos tornam potente o momento do aqui agora para que o hoje e o amanhã possam surgir com mais tons.

Esperamos que os terapeutas olhem para a importância de trabalhar continuamente seu *Self*, assim como olha para o aprofundamento teórico. Não temos dúvidas de que seja presencial, on-line ou em outro formato que poderá surgir, que ele é essencial para a integração do *Self* profissional com o *Self* pessoal do terapeuta.

Referências

ARCELLONI, T.; FERRERO, G. El duograma em la formación sistémica. Los terapeutas y suas relaciones de pareja. *Psicoperspectivas*, v. 8, n. 1, 2009

DAMO, D. D. Relato de experiência: grupo de trabalho de *Self* para terapeutas. In: DAMIÃO, D. B. *Psicologia*: um olhar na família. São Paulo: Editora Científica, 2020.

MARINO, S.; MACEDO, R.M. A Constelação Familiar é Sistêmica? Nova Perspectiva Sistêmica, n.62, p.24-33, 2018.

NICHILO, M. Il genogramma vivente. *Rivista Terapia Familiare*, v. 52, p. 79-91, 1996.

ZIMERMAN, D.; OSÓRIO, L. C. *Como trabalhamos em grupos*. Porto Alegre: Editora Artmed, 1997.

FRANCO FILHO, O. de M. Identidade do psicoterapeuta de grupo. In: OSÓRIO, L. C. *Grupoterapia hoje*. São Paulo: Artmed, 1986. p. 21-30.

MELLO FILHO, J. Contribuições da Escola de Winnicott à psicoterapia de grupo. In: OSÓRIO, L. C. *Grupoterapia hoje*. São Paulo: Artmed, 1986. p. 64-97.

ONNIS, L.; MARI P. L'importanza del lavoro sulla persona del terapeuta nel processo formativo. *Rivista Terapia Familiare*, v. 49, p. 53-63, 1995.

OSÓRIO, L. C. *Grupoterapia hoje*. São Paulo: Artmed, 1986.

CAPÍTULO 8

O DUOGRAMA
O TERAPEUTA NOS CASAIS DA SUA VIDA

Teresa Arcelloni
Gloria Ferrero

O Duograma é uma técnica de Terapia Sistêmica que concebemos e tornamos parte integrante da formação do terapeuta sistêmico. Tivemos que criar um neologismo para descrever este trabalho de grupo que se baseia na representação e narração que o educando faz das histórias do casal a partir da sua própria vida.

A Terapia Sistêmica na Itália nasceu como Terapia Familiar nos anos 70, uma época em que o sistema familiar a que se referia era bastante estereotipado e tradicional: na maioria dos casos, dois pais heterossexuais coabitavam com um número variável de filhos, por vezes com alguns avós amorosos ou incômodos. De acordo com esta estrutura familiar, já no início dos anos 90 foi oferecida ao futuro terapeuta sistêmico que iria trabalhar com as famílias um trabalho de formação no seu genograma.

No período inicial da Escola de Milão, a pessoa e a personalidade do terapeuta não eram explicitamente levadas em conta; cada terapeuta tinha o seu estilo pessoal que colocava em ação no aqui e agora do encontro terapêutico. A abordagem estratégica centrou-se mais na capacidade de manobrar intervenções do que nas premissas do terapeuta. Com o passar do tempo, surgiu uma nova epistemologia da ação terapêutica e assim a segunda cibernética, a narrativa e o construcionismo colocaram o terapeuta e sua forma de entrar na conversa terapêutica sob observação. As suas características pessoais eram vistas como parte integrante do processo terapêutico: não era apenas o conteúdo das intervenções que era importante, ou seja, *o que era dito* na terapia, mas também a forma *como* o terapeuta se expressava, se movimentava e mostrava emoções. O terapeuta já não era apenas um técnico de terapia com competência profissional, mas construía a conversa terapêutica trazendo sua bagagem de experiências, seus preconceitos e a sua fisicalidade para a relação. Começamos a falar do terapeuta como uma pessoa que inevitavelmente trazia suas características pessoais para o mundo da terapia (FORMENTI, 1995). Nascia a ideia de que ao viver a própria vida se construíam ideias pessoais sobre a realidade, e que o bom terapeuta deve estar pronto a questionar estes preconceitos, mantendo ao mesmo tempo a consciência de que não se pode sequer existir sem ter ideias e impressões sobre a realidade que se experimenta (BOSCOLO; BERTRANDO, 1993; BERTRANDO; ARCELLONI, 2006).

A terapia ocorre, portanto, no espaço relacional construído em conjunto pelo cliente e pelo terapeuta: "o espaço de confronto entre meus preconceitos e os preconceitos do cliente" (CECCHIN; LANE; RAY, 1997).

O Duograma é filho de uma era de mudanças sociais e costumes: nasceu no final da primeira década dos anos 2000, quando, como treinadores, nos parecia anacrônico focar apenas na família de origem, deixando de fora a dinâmica da vida de casal do terapeuta (BARBAGLI; DALLA ZUANNA; GARELLI, 2010). A demanda por terapia de casais naquela época havia ultrapassado em muito a demanda por terapia familiar, e queríamos criar uma ferramenta que fosse útil para o terapeuta no encontro de casais. Ao mesmo tempo, os alunos tinham cada vez mais habilidades teóricas e práticas, mas muitas vezes pareciam perdidos quando os clientes na terapia faziam alusões às suas vidas particulares perguntando se tinham filhos, por exemplo, talvez acenando com frases do tipo "talvez você tenha um marido exemplar e não consiga entender...". Tivemos o privilégio de observar as terapias de nossos alunos junto com o grupo atrás do espelho unidirecional, e era evidente como alguns terapeutas, quando confrontados com referências pessoais, se endureciam em um silêncio ressentido, enquanto outros descarrilavam em uma conversa amigável, contando alguns detalhes pessoais. Ficou claro para nós que nossos alunos estavam conscientes de que faziam parte da terapia com sua história pessoal que tinha construído o mundo de preconceitos deles, mas entendemos que quando eles entravam na terapia como terapeutas, experimentavam um conflito entre o que sentiam e o que sentiam que podiam expressar. Para ajudá-los a sair deste impasse, estávamos procurando maneiras de ensiná-los a usar suas histórias pessoais como um recurso em terapia e decidimos trabalhar com um envolvimento mais direto dos alunos em relação ao genograma. Éramos ambos Professores da Escola de Especialização de Boscolo e Cecchin e tínhamos trabalhado com genogramas de alunos durante anos. Foi um momento muito esperado do curso de treinamento, fizemos experiências em grupos com trabalho de hipóteses, habilidades de escuta, como fazer observações e fazer perguntas, mas foi também o momento em que cada estudante teve um espaço para contar sua história. Cada um escolheu mais ou menos conscientemente a forma de apresentar a história de três gerações de sua família; foi um momento de autorreflexão e partilha. Muito frequentemente, quando o estudante se posicionava desenhando seu próprio símbolo na folha de genograma, ele quase timidamente adicionava seu marido ou namorada ao lado: "e este é o Carlo... meu marido, se eu puder colocá-lo aqui...". Pareceu-nos que havia chegado o momento de dar espaço àquela parte das relações que não era considerada, mas que tinha desempenhado tal papel no crescimento pessoal do terapeuta: em conversas amigáveis ou em terapia, muitos jovens terapeutas falavam de sua vida de casal com participação, o casal parecia ser o campo das expectativas, decepções, alegrias e tristezas. Pareceu-nos que também havia chegado a hora de falar de si mesmo na primeira pessoa e não foi um passo arriscado, na verdade, em muitos anos de prática com o Duograma também vimos as chamadas emoções negativas incluindo hesitação, espanto, raramente frieza..., mas nunca encontramos constrangimento.

Nosso trabalho sempre foi recebido favoravelmente pelos grupos em que o propusemos, enquanto inicialmente nossos colegas professores que haviam sido treinados pelo instituto observavam com alguma suspeita como se fosse algum tipo de entrevista leve de *talk show*, com pouca sintonia com a seriedade da formação. Tínhamos orgulho de nosso trabalho e também a mais importante revista de Terapia Familiar da Itália havia publicado nossa contribuição na qual ilustramos a técnica (ARCELLONI; FERRERO, 2008), experimentamos o Duograma com satisfação em grupos de pessoas que não compartilhavam um caminho de formação em comum, mas que tinham se inscrito em um seminário específico e que, portanto, não se conheciam, e tínhamos iniciado o uso do Duograma em terapia, mas todo esse sucesso foi acompanhado pela perplexidade de outros professores sistêmicos que não entendiam o significado do uso dessa técnica (CIRILLO; SELVINI; SORRENTINO, 2011).

Tentamos entender essas perplexidades e a primeira impressão foi que as questões relativas ao casal foram julgadas como secundárias no campo da formação e da terapia. Não é coincidência que no início da terapia familiar, a terapia de casal era considerada como um corpo estranho, uma questão marginal confiada aos assistentes sociais que tinham o papel de conselheiros matrimoniais. Esse legado permaneceu na ideia de alguns terapeutas que veem a Terapia de Casais como "o correio do coração" no qual só as mulheres (e as terapeutas femininas) estão interessadas; no entanto, as distorções e mal-entendidos da relação de casal transformam o casal e mesmo a família em pequenos infernos domésticos com relevância pessoal e social.

Ao longo dos anos, vários professores têm usado o Duograma em treinamento após terem lido cuidadosamente nossos artigos descrevendo como realizá-lo. Alguns o transformaram em uma ferramenta de avaliação do terapeuta, distorcendo completamente nossa proposta e nossas premissas: através do Duograma não se consegue promover ou reprovar um terapeuta, não existem Duogramas bons e maus... acreditamos que o trabalho pessoal na própria vida como casal serve ao próprio terapeuta e não a um avaliador.

É evidente que se um professor propõe um Duograma para julgar se uma pessoa é ou não adequada para a profissão, terá uma participação relutante e não muito aberta do aluno... (CANEVARO et al, 2008; SORRENTINO, 2008).

Todas as técnicas só fazem sentido quando o treinador deixar claro a teoria por trás delas e deverá optar por utilizá-las de uma maneira consistente com estas premissas. Para alcançar essa maestria, é indispensável o treinamento direto das técnicas por terapeutas que são especialistas nelas. Nada é mais prejudicial na terapia do que propor uma tarefa, técnica ou ritual sem deixar claro por que fazê-lo ou como fazê-lo. Não queremos desencorajar o uso do Duograma que vamos ilustrar aqui, mas como o consideramos uma ferramenta muito poderosa e complexa, sentimos que é importante que não seja desperdiçado. Como em todos os outros aspectos do treinamento do terapeuta, também para esta técnica é importante que o terapeuta "suje suas mãos" pessoalmente, colocando-se em um processo de aprendizagem pessoal que não pode ser o de apenas ler um texto.

A técnica: como fazer um Duograma?

O Duograma é a narração e representação gráfica das histórias de relacionamento de casais de uma pessoa e inclui as relações sentimentais que foram significativas para o sujeito ao longo de sua vida, desde aquelas quando ele ou ela era criança e tem lembranças delas, até aquelas vividas na adolescência e como adulto, incluindo as histórias desejadas e imaginadas que nunca se aconteceram na realidade porque não houve correspondência do sentimento ou porque este permaneceu em segredo.

As histórias de amor da infância e imaginário muitas vezes marcam a vida de uma pessoa de forma menos dramática do que um divórcio ou uma traição, mas, em uma leitura sistêmica e relacional, todos os eventos têm o mesmo peso e devem ser de interesse como "experiências de relacionamento", quer sejam fantasiosas ou vividas. Mesmo a memória de uma rejeição sofrida quando criança traz consigo uma série de emoções, significados e experiências que contribuirão ao longo do tempo para a definição de ideias e preconceitos sobre o amor e o casal.

A reflexão que fazemos com o Duograma está atenta não apenas ao conteúdo, mas também aos processos pelos quais as histórias são vivenciadas. Ao se referir ao conteúdo, o aluno nota que não há perguntas que sejam per se "não sistêmicas": perguntar como o dinheiro é administrado no casal não é menos sistêmico do que perguntar se há conflito com os sogros, ao invés disso é a leitura da resposta que se pode atribuir um valor mais ou menos relacional. Focalizando nossa atenção nos processos, pareceu-nos muito útil dar peso também àquelas relações que muitas vezes são descartadas apressadamente na narrativa da própria vida como "sem importância". Não existe informação "sem importância" em si mesma: a curiosidade dirigida ao processo faz com que a fugacidade de uma relação seja um fato significativo. Da mesma forma, não estamos interessados na sinceridade, "na verdade real": contar tudo não é importante para o sucesso deste trabalho, não é a história como ela é, mas como ela é contada que importa. Com o Duograma, o aluno e o grupo experimentam o prazer de contar e escutar, que são peculiaridades básicas para um psicoterapeuta.

Da narração das relações sentimentais, emergem informações registradas, datas, horários, eventos, sentimentos, emoções, papéis, regras, significados: tudo é lido de uma perspectiva relacional, procurando semelhanças e diferenças, dentro de uma mesma relação e entre relações diferentes. Emergem estilos e padrões relativos, modelos comunicativos, redundâncias, eventos e estágios significativos do ciclo de vida que acompanham as escolhas sentimentais do indivíduo (BYNG-HALL, 1985).

É útil para cada aluno ter a oportunidade de trabalhar em grupo sobre suas próprias relações amorosas, razão pela qual reservamos um espaço não-ocasional no treinamento para este exercício, mas deixamos os alunos livres para decidir se e quando fazer isso. A natureza voluntária do exercício não limitou sua execução: a maioria dos alunos nos perguntou se eles poderiam "fazer o Duograma". Através do compartilhamento, o Duograma se tornou uma espécie de ritual de integração com o grupo do qual ninguém sentiu que poderia renunciar. De nossa parte, não queríamos "impor" este trabalho a fim de fomentar a responsabilidade do aluno por sua própria formação: todos sabem quando é hora de confiar no grupo e confiar suas experiências a ele.

Podemos esquematicamente (e de certa forma artificialmente) dividir a execução de um Duograma em quatro momentos:

1. Um aluno conta seus relacionamentos de casal e os indica graficamente em uma lousa visível para todo o grupo. Especifica-se que a lousa representa simbolicamente o espaço relacional no qual as histórias ganham vida; o simbolismo é o mesmo que o conhecido para o genograma: para representar o casal heterossexual, utiliza-se um círculo, indicando a mulher, e um quadrado, indicando o homem, unidos por uma linha contínua. As relações mantidas em segredo ou desejadas são retratadas com uma linha pontilhada. Para cada relacionamento, solicita-se que você indique a duração e a idade dos dois parceiros. O aluno poderá escolher quais relações narrar, todas ou apenas algumas delas, sem ter que especificar isso. Se a ordem cronológica das histórias não estiver clara na narrativa, as datas podem ser solicitadas para ordená-las cronologicamente.

Para cada relacionamento, o aluno conta os elementos descritivos que caracterizam o parceiro (nome, aparência física, traços de caráter, idade, ocupação, etc.), a evolução da história (quem deu o primeiro passo, o que tocou um ao outro, como a relação mudou, como terminou, etc.), quais regras implícitas e explícitas a caracterizaram (quem decidiu o que fazer e como, regras sobre fidelidade, sexualidade, administração do dinheiro, relações com as famílias de origem, relações com os colegas, etc.), a experiência emocional que lembram hoje, a relação da relação com o parceiro, a relação com o parceiro, etc.), a relação da relação com o parceiro, a relação com os parceiros, etc.), a experiência emocional de hoje lembra aqueles eventos (FERREIRA, 1963).

O grupo ouve e observa o processo pelo qual as histórias são contadas e desenhadas e é convidado a prestar atenção aos aspectos não-verbais da história, bem como à forma como a parte gráfica é estruturada. Se o grupo não tem experiência neste exercício, são os professores que primeiro formulam as perguntas e depois o grupo poderá intervir, fazendo perguntas para explorar os aspectos que consideram significativos. É necessária uma atitude de respeito, que consiste em evitar fazer julgamentos, por exemplo, sobre a adequação ou não da escolha daquele parceiro em particular, sobre o comportamento e os valores do casal, etc. Temos o cuidado de recolher feedback do narrador: se tivermos dúvidas de que o aluno prefira não abordar certos tópicos, simplesmente perguntamos se este é o caso (como é que é), por que as informações que obtemos desta metacomunicação são às vezes mais sugestivas do que o conteúdo das histórias em si.

2. Uma vez terminada a narrativa das histórias e respondidas as perguntas, a pessoa que contou sua história senta no fundo da sala, permanecendo em silêncio para ouvir a discussão e praticamente se torna um observador da equipe de reflexão. Hipóteses relacionais são então feitas sobre relacionamentos individuais e entre diferentes relacionamentos ao longo do tempo, sobre regras explícitas e aquelas que não são ditas... As hipóteses relacionam redundâncias e diferenças de papéis e posições em casais, experiências das pessoas envolvidas e circunstâncias recorrentes: através deste processo, emerge uma possível descrição de preconceitos e suposições sobre o amor e os casais.

Os professores solicitam uma reflexão sobre quais poderiam ser os pontos fortes e quais poderiam ser os riscos para um terapeuta com esta história de amor por trás. As conexões com essa pessoa como terapeuta precisam ter sempre em mente que não estamos em uma terapia, mas em um momento formativo. O grupo é convidado a refletir sobre o que surgiu da história com atenção também ao modo de representação gráfica, que deverá ser levado em consideração como se fosse parte do "não-verbal" do Duograma. Para isso, aspectos como a ordem em que as histórias são contadas, esquecimentos, omissões, esclarecimentos, uso do espaço gráfico, tempo, tom emocional... são destacados.

3. Ao final das etapas anteriores, é útil dar um passo além: conectar o Duograma do aluno com seu genograma feito em um ponto anterior do curso de treinamento. A análise das características dos "casais" da própria família de origem (a dos pais em primeiro lugar, mas também dos irmãos, tias, tios, avós...), comparando-os com suas experiências pessoais como casal, poderá estimular hipóteses e experiências importantes, nova consciência ou confirmação de aspectos relativos a si mesmo que já foram experimentados, mas que agora podem assumir uma nova luz à medida que são observados de um novo ponto de vista.

Procuramos destacar afinidades e diferenças entre o genograma e o Duograma com questões relacionais de conexão e de comparação, experimentando como esse momento de trabalho pode ser útil para reler o próprio genograma, em um processo circular de complexidade ainda maior.

4. "A última palavra" pertence à pessoa que propôs sua história. O aluno comenta as reflexões do grupo quando todas as intervenções terminaram; se desejar, poderá afirmar que deixou de fora uma ou mais relações e dizer o motivo. Ele não tem necessariamente que aceitar todas as sugestões feitas pelo grupo, mas comentar o que achou significativo. Os professores então lhe perguntam como ele se sentiu durante esse trabalho e que perguntas ou observações foram úteis ou o deixaram irritado. Essa pergunta é muito importante, de fato, através da narração dos sentimentos vividos o aluno tem oportunidade de metacomunicar sobre o processo que o viu como protagonista e assim poderá voltar a trabalhar como de costume no grupo em uma dimensão emocional diferente da do Duograma. Durante esta fase, o grupo é convidado a não intervir para evitar cair em conselhos ou julgamentos e também para deixar que a pessoa que propôs seu Duograma tenha "a última palavra", restituindo-lhe assim um papel ativo como protagonista. É importante evitar que a pessoa que contou sua história de vida e ouviu pacientemente as hipóteses e observações feitas "sobre suas ideias" tenha um espaço final privilegiado no qual possa afirmar sua posição pessoal, na prática deverá reconquistar o papel de protagonista de sua vida. Acontece que o grupo faz algumas tentativas para explicar melhor o que observou, nesse caso o treinador deverá ter uma atitude firme de proteção do aluno que apresentou seu Duograma, bloqueando as intervenções dos outros, obviamente explicando a razão de sua firmeza.

No Duograma apenas uma geração, a do narrador, é levada em consideração e o desenvolvimento evolutivo de sua história de vida é seguido, e consequentemente a representação gráfica é muito diferente da árvore genealógica comumente usada para o genograma, que simboliza a ligação das relações do passado com a multiplicidade do presente. No Duograma, cada relação poderá ser graficamente sem relação com as outras, durante a narração a pessoa poderá seguir livremente o fluxo da memória, sem ter que se ater à cronologia dos eventos, poderá contar suas relações na ordem que preferir, mesmo optando por contá-las todas ou deixar de fora uma ou mais.

Existem semelhanças teóricas e metodológicas entre o genograma e o Duograma: ambas as modalidades não são apenas um campo de treinamento para aprender "como" trabalhar com a família, mas são ferramentas que ajudam a enfatizar o viés do aprendiz na descrição das relações familiares. Assim como o genograma não revela como é a família (MCGOLDRICK; ANDERSON; WALSH,

1985, 1989), também o Duograma é uma análise dos processos em evolução, não um instantâneo da realidade: é interativo e pode dar origem a uma história completamente nova se for apresentado em um momento diferente da vida ou em um contexto diferente.

Acontece frequentemente que aqueles que contaram as histórias de suas vidas, no final de seu trabalho, se sintam insatisfeitos com o que contaram: ouvir o grupo trouxe à tona lembranças, impressões e questões que foram deixadas de lado. Sempre bloqueamos estas tentativas de "recontar" as histórias, enfatizando que cada narrativa é o resultado de uma escolha de dados e é justamente essa escolha que nos interessa como material vivo do treinamento, em analogia com o que acontece na terapia.

O Duograma pode ser importante para ajudar o aluno a tornar explícitas suas suposições e se tornar mais consciente de seus preconceitos sobre as relações no casal. No limiar de uma profissão tão envolvente como a do psicoterapeuta, é apropriado que uma pessoa possa enfrentar criticamente sua própria história composta também pelas adversidades do casal (JONES, 1996).

É também vivendo histórias afetivas, com toda a bagagem emocional e os significados que as acompanham, que cada um de nós cria ideias sobre relacionamentos, sobre homens e mulheres, sobre como devemos nos comportar, sobre o que é permitido ou não em uma história de amor, sobre o que realmente conta e o que deverá permanecer em segundo plano... (HILDEBRAND, 1998).

Essas ideias não permanecem inalteradas com o tempo, mas em um caminho recursivo complexo, elas influenciam a experiência e são, por sua vez, alteradas por novos eventos que irrompem em nossa vida emocional de uma forma às vezes inesperada.

Com o Duograma queremos explorar as ideias que o aluno tem de suas experiências como casal a fim de conectá-las com seus sistemas de significado: é óbvio que a escolha de um parceiro ocorre devido a um entrelaçamento de motivações complexas em uma alquimia de elementos heterogêneos, mas no Duograma estamos interessados na leitura que o aluno faz de sua escolha. Preferimos o tema do relacionamento do casal porque nos pareceu um campo interessante e crucial para nossos jovens alunos na fase de ligação, uma fase do ciclo de vida na qual novas formas de "fazer família" são experimentadas dentro do casal, talvez diferentes das premissas que foram construídas na família de origem.

Contar sobre nós é como inventar uma história sobre quem e o que somos, o que aconteceu e por que estamos fazendo o que estamos fazendo (KRAUS, 2000; ROSENTHAL, 1995). Nossas histórias se acumulam com o tempo, dividem-se em gêneros, envelhecem, adaptam-se a novas situações, as próprias lembranças se tornam "vítimas" de nossas histórias (BRUNER, 2002). Por exemplo, a aluna que fala sobre o menino do jardim de infância que ela beijou no banheiro não conta a história "verdadeira, original" da emoção que sentiu na época, mas narra o que ela, com 31 anos de idade, sente hoje, lembrando-se dessa experiência também à luz de suas experiências posteriores como um casal.

O conto de sua própria existência não se baseia em um armazém de memórias amontoadas e sempre disponíveis da mesma maneira, mas cada conto é o conto que aquela pessoa em particular está contando hoje, neste momento, e, portanto, fala de suas emoções atuais, de seus significados atuais.

Esse aspecto nos parece muito útil para a formação do terapeuta: muitas vezes terapeutas inexperientes "esperam" histórias que estejam em sintonia com sua situação atual e assim acham terapia com casais mais maduros ou mais velhos muito difícil (ONNIS, 2011). Vermos novamente os próprios relacionamentos ao longo da vida dá uma medida de como os sistemas de significado mudam com o tempo e aumenta a curiosidade sobre histórias de outras gerações, em vez de estimular a aprovação ou julgamentos críticos.

O Duograma representa um momento crucial para o grupo em treinamento, é uma maneira de se experimentar como observadores que ouvem, fazem perguntas, traduzem suas ideias em observações relacionais. Utilizamos isso com muito sucesso e participação ativa mesmo em grupos de pessoas que não se conheciam, em seminários ou treinamentos específicos de um dia.

Os terapeutas que propuseram seu Duograma sempre demonstraram grande vontade de contar suas histórias, às vezes acontecia que a narração era rica em dados e emoções, em outras circunstâncias o protagonista parecia mais relutante em se expor, mas essas modalidades eram observadas e comentadas pelo grupo, o que dava ao terapeuta narrador sugestões preciosas sobre seu estilo e potencial.

Contar ou não contar os detalhes das relações nem sempre é uma indicação de disponibilidade para reler a própria vida de casal em termos relacionais: para ilustrar esse aspecto, relataremos aqui uma situação muito interessante que ocorreu quando, durante um dia de treinamento de pós-graduação, propusemos um trabalho com o Duograma Sexual, uma evolução do nosso trabalho com referência explícita às relações íntimas (ARCELLONI, 2012). Uma terapeuta, a quem chamarei aqui de Dra. Laretti, se voluntariou entusiasticamente dizendo que não tinha nenhum problema em falar de sua sexualidade a seus colegas, nem aos presentes que a conheciam de treinamentos anteriores nem aos que ela conheceu naquela manhã pela primeira vez. A doutora era uma garota muito bonita, bem vestida e bem maquiada que imediatamente disse que preferia ser chamada de Sofia, que era seu nome. Ela relatou as relações sexuais ricas em detalhes físicos, descrevendo a sensação de sua vagina sendo penetrada, o pênis de seu primeiro parceiro como algo de mármore que ela havia confundido com uma fivela de cinto, a consistência do sêmen na relação oral... O grupo inteiro a olhava como se estivessem hipnotizados e quando todos foram convidados a fazer perguntas sobre as várias relações descritas, ninguém fez nenhuma pergunta, muitos agradeceram abertamente a colega por sua grande franqueza. Eram terapeutas que já haviam consolidado uma experiência pessoal e lidado com a terapia sistêmica com habilidade e perícia. O que tinha acontecido? Parecia que o imediatismo das imagens com conteúdo sexual havia anestesiado a curiosidade relacional de todos, como se a mecânica do sexo, por si só, tivesse esgotado o tema (CLEMENT, 2004). Esse aspecto foi trabalhado. Pedi à psicóloga que havia contado suas histórias para ouvir a conversa sem intervir e criei um espaço de conversação com o grupo.

O que havia emergido da descrição? Quais foram as diferenças entre as várias histórias contadas? Quais eram os mitos do terapeuta? Seus preconceitos? Os colegas estavam admirados com sua capacidade de falar sobre sexo sem insinuações ou meias palavras, certamente ela teria se sentido à vontade na terapia de casais quando se falava sobre sexo e talvez ela tivesse que ser solidária com quaisquer dificuldades, pudores e vergonhas de seus clientes. Mas que sistemas de significados essa "conversa direta" implicava? Ninguém conseguia especular sobre a relação de sua colega com a sexualidade, ninguém tinha ideia das emoções que haviam acompanhado a mecânica dos encontros sexuais.

Como ela se sentiu com os diferentes parceiros? Sua primeira relação sexual completa tinha sido aos 17 anos de idade: por que com este parceiro e não com o anterior? Ela tinha agora 28 anos... Seu conceito de sexo mudou com o passar dos anos? Como? Logo percebemos que não tínhamos absolutamente nenhuma ideia do que o sexo significava para nossa colega, nem do peso que ele tinha tido em suas relações de casal... na prática, o grupo tinha sido hipnotizado pela franqueza com que ela tinha falado explicitamente sobre os detalhes físicos da relação e isso tinha sido suficiente para entorpecer a curiosidade relacional. No final da discussão perguntei a Sofia se ela tinha algo a acrescentar. Ela disse que se sentia um pouco emocionada e confusa: "Eu não tinha pensado nisso, mas se você tivesse me perguntado como eu me sentia ou como eu me sentia com meus parceiros, eu teria que pensar sobre isso... uma pergunta incômoda. Venho de um ambiente muito carola e só agora reflito sobre o que significa poder falar tão abertamente sobre sexo... Meu pai certamente não aprovaria...Bem, se você tivesse me perguntado sobre meu pai e minha educação *não sexual* talvez tivesse que mentir sobre algo...".

Nesses trabalhos em grupo envolvendo o terapeuta de forma tão explícita, a última palavra cabe à pessoa interessada... Ninguém tem o direito de dar conselhos ou julgar a vida pessoal de uma pessoa que se expõe com sua história, o objetivo é refletir sobre fazer terapia e as diferentes maneiras pessoais de fazê-lo. Trouxe então a reflexão de volta ao que havia acontecido: tínhamos perdido a oportunidade de dar sentido relacional ao conteúdo que nossa colega nos havia trazido.

O Duograma na formação do terapeuta na modalidade on-line

Em muitos anos de trabalho como professor no Centro Milanese di Terapia della Famiglia (Centro Milanês de Terapia da Família) em grupos de psicólogos e médicos em treinamento em terapia sistêmico-relacional, tivemos a oportunidade de experimentar muitas vezes o uso do Duograma como uma ferramenta de treinamento para aqueles que se preparam para uma profissão tão exigente como a do psicoterapeuta.

Os alunos estão sempre muito dispostos e curiosos sobre essa ferramenta que lhes permite se aprofundarem de uma nova maneira nas próprias histórias através de relações amorosas. Geralmente isso é proposto a partir do terceiro ano de treinamento, pois consideramos importante que o grupo tenha adquirido uma boa capacidade de trabalhar de maneira respeitosa, de usar adequadamente hipóteses e a capacidade de conectar ideias, emoções e comportamentos em diferentes contextos.

Além disso, é importante que o educando já tenha trabalhado em seu próprio genograma para que possa enriquecer ainda mais a autorreflexão também comparando com a história familiar, modelos de origem relativos às dimensões de um casal, preconceitos familiares e mitos relativos ao amor, sexo, fidelidade, traição, paternidade e todos aqueles significados muitas vezes implícitos que cada pessoa atribui ao fato de estar em uma relação de casal.

No treinamento, o uso do Duograma se torna ainda mais poderoso pela presença e pelo papel que o grupo desempenha ao refletir sobre a pessoa que o narra. Na verdade, é precisamente a possibilidade de ouvir múltiplos pontos de vista sobre a própria história que torna possível abrir novos e múltiplos cenários, sair de descrições rígidas e estereotipadas de si mesmo, do outro, da própria ideia de uma relação de casal, e que permite experimentar em primeira mão o poder que novas narrativas e novos significados podem ter sobre o próprio bem-estar pessoal. É claro que também pode acontecer que se passe por muito sofrimento neste processo, pela mesma razão: de fato, também acontece que as referências do grupo abrem possibilidades inexploradas que geram dúvidas e dor. É por isso que também é essencial que o uso do Duograma, tanto no treinamento como na terapia, seja reservado para terapeutas treinados e experientes.

Entre 2020 e 2021, devido à emergência sanitária causada pela pandemia de Covid-19, as aulas de treinamento do curso de especialização em psicoterapia ocorreram, durante alguns meses, online. Isto resultou na necessidade de repensar e adaptar as metodologias de ensino ao novo cenário. (WALLACE, 2017; WEINBERG, H.; ROLNICK, 2019). Não é um desafio fácil, especialmente no início, mas também é uma oportunidade estimulante para experimentar as técnicas normalmente utilizadas em treinamentos à distância. Decidimos, portanto, nesse período específico, tentar utilizar o Duograma em treinamento, adaptando-o a uma situação completamente nova para todos. Graças às tecnologias disponíveis e ao uso das ferramentas gráficas acessíveis nas diversas plataformas de trabalho, agora tão difundidas e utilizadas por todos nós, foi possível para uma estudante do terceiro ano contar ao grupo e desenhar seu próprio Duograma no quadro branco virtual.

Na situação de ensino à distância, é possível utilizar a ferramenta do Duograma mantendo o modo de operação previsto para sua realização presencialmente e como descrito acima. A pessoa conta suas histórias de relacionamento e as representa graficamente no quadro branco compartilhado visível a todos, e o grupo ouve em silêncio. Segue-se um tempo dedicado às perguntas e à exploração dos aspectos que cada pessoa sente que é importante retomar e esclarecer e, em seguida, vem a fase do grupo de levantar hipóteses e compartilhar ideias e reflexões, enquanto a pessoa que contou a história ouve. O último momento é deixado aos que fizeram o Duograma para comentar as reflexões do grupo.

A modalidade de execução on-line requer, além da habitual atenção necessária na gestão dos aspectos relacionais, emocionais e de processo, cuidados especiais na gestão dos tempos e dos giros de palavras, como na situação remota de sobreposição de pessoas e atrasos de áudio são frequentes, de modo que a conversa pode se tornar confusa e difícil de acompanhar. Além disso, a atenção e a concentração são geralmente menores neste modo, portanto, a gestão do tempo para cada etapa do processo planejado é crucial. O uso das ferramentas gráficas disponíveis nas plataformas é certamente útil, facilita o compartilhamento entre os participantes e é de fácil acesso para todos.

A seguir resumimos uma experiência de realizar um Duograma na modalidade on-line, realizado dentro de um grupo de treinamento do curso de Psicoterapia de Relacionamento Sistêmico do Centro de Terapia Familiar de Milão.

Em seu Duograma, a aluna M. representou cada relacionamento, voltando em sua memória aos 5 anos de idade até a última história atual em curso. No desenho da evolução da história, ela indicou a idade que tinha na época de cada história e informou o nome de cada parceiro.

5
8
10
12
15
17
18
24
Andrea
Alex
Enrico
Gianni
Marco
Jacopo
Lory
Manu

O conto das relações de casal

Andrea tinha seis anos de idade e os dois frequentavam a mesma turma do jardim de infância. M. lembra-se bem das emoções que sentiu com aquele companheiro "Belíssimo" com quem sempre brincava, inseparável na escola como nos parques infantis, e da dor que sentiu quando ele foi para a primeira série: "*Foi como um abandono, lembro-me daquela dor quando voltei à escola no último ano, e ele não estava mais lá*".

Aos oito anos de idade, Alex é "*Uma paixonite louca*". Ele era o namorado de sua melhor amiga por isso ele nunca soube de seus sentimentos e da vergonha que M. sentia por esse segredo entre as duas. Era impensável trair a confiança de sua amiga e o sentimento de lealdade prevalecia acima de tudo. Durou alguns meses e foi uma sensação muito intensa, uma mistura de emoções complicadas pela necessidade de manter isso escondido.

Aos dez anos, "*o primeiro compromisso oficial*" com Enrico, que tinha 12 anos: "*Foi a primeira vez que eu disse que estávamos juntos*". Foi ele quem se apresentou, ele era bonito e simpático, mas ela não gostava tanto dele quanto de Alex. O caso durou um mês, depois eles terminaram sem rancores, como bons amigos.

Depois veio Gianni, 12 anos de idade, seu colega. Uma história de apenas três meses, mas muito intensa. "*Ele me cortejava muito, ele era lindo*". Emoções muito fortes estão ligadas a ele: alegria, agitação, ciúme, decepção, vergonha. Ele foi o garoto do primeiro beijo em uma festa. "*Eu nunca tinha beijado ninguém, ele já... eu estava muito envergonhado com isso*". Logo M. notou que ele se tornou menos assíduo em procurá-la, pela primeira vez ela sentiu um ciúme que a fez sofrer muito. A história termina quando ele a deixou por uma garota mais velha: "*Foi uma decepção terrível, eu me senti enganada*".

Marco, com 17 anos foi o primeiro compromisso real. M. tinha 15 anos. *"Fomos ao cinema e depois tomamos um sorvete no centro da cidade"*. Um ótimo garoto, educado, simpático e todos gostavam dele. *"Foi amor à primeira vista!... Durou quase dois anos, foi lindo"*. Nessa relação, M. experimentou pela primeira vez a atração física por um garoto. Após alguns meses, eles têm suas primeiras relações sexuais, a primeira para ambos. M. lembra-se disso como um belo momento, eles gostavam muito um do outro. O caso deles era composto de muitas mensagens no celular e passeios com amigos: os amigos os consideravam um belo casal. *"Eu ainda não consigo entender até hoje como pude traí-lo! Foi só uma vez... nós nem fizemos sexo, o outro era um cara do meu bairro por quem me apaixonei por um tempo, mas sabia que ele não era confiável... ele era encantador, mas ia atrás de todas"*. Marco nunca soube daquela relação clandestina pela qual M. teve um grande sentimento de culpa, embora não conseguisse interrompê-la. O caso com Marco morreu pouco a pouco, ela o deixou, mas ele concordou que estava acabado, eles permaneceram com um bom relacionamento. *"Pensando nisso, ele era muito possessivo, muitas vezes discutimos sobre seus ataques de ciúmes, eu não tinha pensado nisso até hoje, quando estava contando. Discutimos muito, especialmente no final, porque eu queria minha liberdade"*.

Durante alguns meses, aos 17 anos, M. namorou com Jacopo, que ela conhecera nas férias. Ela estava muito apaixonada, mas era uma relação *"platônica"* porque ele, por lealdade a um amigo de quem gostava, nunca quis ficar junto de verdade. *"Ele dizia que me amava, ninguém jamais havia feito isso e eu pensei que estávamos secretamente noivos... depois descobri que ele voltou para casa e teve outros casos enquanto eu fantasiava sobre nós e imaginava beijá-lo"*. A infidelidade desencadeou em M. uma amarga decepção e a constatação de que ela não podia ter controle sobre o outro. *"Ele voltou para me ver meses depois implorando para que eu tentasse novamente, mas eu estava com medo ou bastante aterrorizado com a traição e não confiava nele, então mesmo gostando dele, eu disse que não"*.

Aos 18 anos de idade, M. foi cortejado por muitos meses por Lory. *"Fui perseguida por muito tempo"*, ele não desistia e finalmente ela se apaixonou. Começa um relacionamento que vai durar quase cinco anos. Ele tinha 21 anos. Foi uma história importante, na qual as famílias também estão envolvidas. Ele era um cara decente, muito sério e com a intenção de "casar". Desde o início, falava-se de planos a longo prazo. O sexo funcionava bem, diz M. *"Ele era apaixonado e sabia como se fazer desejado"*. Com o tempo, porém, os conflitos tornaram-se mais frequentes em temas como compromissos de trabalho, a margem de liberdade de cada um e as prioridades estabelecidas. M. lembra-se dele gritando e tomando partido pela primeira vez em uma história, sem medo. *"Começamos a parar de falar, ele decidiu pedir transferência sem me dizer, partindo do princípio de que eu o seguiria"*. Após alguns meses, o relacionamento terminou.

Desde a idade de 25 anos M. está com Manuele, dois anos mais velho que ela. Eles estão vivendo juntos há cerca de um ano. Educado, com formação em física, alto e muito tranquilizador, é assim que ela o descreve ao grupo. A confiança é um elemento chave nesta relação, que começou com muito medo de que aconteceria como com Lory: *"Fui muito cautelosa, levei muito tempo para me soltar, fiquei muito assustada depois do que tinha passado"*. Ele ganhou sua confiança ao longo do tempo e ao contar sobre seus hábitos, o que fazem juntos e como passam suas férias e feriados, M. enfatiza como ele está se esforçando arduamente para fazer essa história funcionar. *"Falamos muito e cada um faz as coisas que ama mesmo sem o outro... compartilhamos tudo, as despesas, as tarefas de casa. Quase nunca brigamos, é estranho agora pensando no Lory e no quanto eu tive que brigar. Na cama não é o melhor que eu gostaria, mas me faz sentir bem".* A paixão não é um elemento forte do casal, diz ela, ela sente que eles são muito próximos, mesmo que isso não a ilumine com desejo. Em seus planos há a ideia de viver uma experiência no exterior, talvez juntos, mas também em lugares diferentes, se a oportunidade surgir. Perguntada sobre o que ela imagina que poderia colocar a relação em crise, ela respondeu: *"Nada, nunca deixaremos um ao outro, mesmo que às vezes seja cansativo, estamos muito comprometidos".*

Perguntas de aprofundamento e discussão em grupo

Uma vez terminada a história (contada aqui de forma muito concisa) sem interrupção, o grupo faz algumas perguntas para investigação e esclarecimento adicionais. Cada pessoa pode explorar os aspectos que mais lhe impressionaram, verificar informações (datas, nomes, eventos). Essa fase é muito importante porque nos permite focar em todos os alunos e destacar o que mais lhes toca, o que mais lhes interessa, que tipo de perguntas eles fazem e por quê. Esses elementos tornam-se parte integrante, em uma análise posterior, do treinamento de todos, mesmo daqueles que não estavam envolvidos no Duograma. É realmente possível destacar nesta parte do processo os preconceitos, ideias e crenças sobre a ideia de amor e de casal que cada pessoa carrega consigo. É por isso que nós professores sempre anotamos cuidadosamente cada intervenção e usamos as informações posteriormente. Além disso, nessa fase todos experimentam e treinam aquelas habilidades fundamentais do futuro terapeuta, que são as de manter sempre uma atitude respeitosa e neutra ao fazer perguntas e refletir sobre as escolhas da outra pessoa. Voltando à história de M., as perguntas do grupo focaram os temas do segredo, lealdade, as diferenças físicas e de caráter dos diferentes homens, a dinâmica do conflito, emoções como vergonha, medo, raiva. Além disso, M. foi solicitada a discorrer sobre as mudanças ao longo do tempo em sua visão da importância da sexualidade nos relacionamentos, do valor dado ao compromisso e à lealdade ao parceiro, mas também aos amigos. Alguns se concentraram em questões de gênero e papéis no casal, poder, direitos. Muitas questões diziam respeito à influência da confiança no casal e ao papel das famílias de origem na experiência do relacionamento.

Uma vez terminadas as perguntas, o grupo propôs algumas reflexões para destacar possíveis conexões, padrões relacionais, preconceitos e premissas daqueles que contaram suas histórias, para estimular a reflexão sobre si mesmos e sua posição nas diversas relações contadas, os papéis desempenhados, medos, recursos, pontos de fragilidade em vista da profissão futura. Algumas das hipóteses trazidas pelo grupo se concentraram em: a conexão com a história do casal dos pais da aluna, o papel frequente de um terceiro nas relações e a importância do senso de exclusividade que emergiu da história, a sensibilidade de M. às questões de direitos da mulher, autonomia pessoal e independência através do trabalho e da liberdade de escolha, a diferença entre as várias figuras femininas, modernas ou mais tradicionais, em propor o papel da companheira no casal, a importância de nunca estar sozinha fora de um relacionamento, a ressonância do tema da traição, o papel desempenhado pelo senso de responsabilidade pessoal no cumprimento de seus compromissos, o valor da distância e da proximidade na definição da relação, a tendência de manter vivos os contatos e relacionamentos, mesmo que tenham terminado.

Comentários finais

Em conclusão, cabe ao contador das histórias fazer o último comentário sobre todo o processo. M. relata que achou o Duograma muito útil para refletir sobre sua história e sobre si mesma como terapeuta. Ela enfatiza como a lembrança de pessoas e eventos muito antigos foi poderosa para conectar escolhas passadas e presentes. As perguntas do grupo permitiram refletir sobre aspectos que haviam sido considerados como garantidos por muito tempo e abrir novas explicações possíveis. Em particular, M. diz que esclareceu mais sua própria definição do que é um casal, o que significa estar em uma relação para ela hoje e, portanto, que ela pode ter mais compreensão e aceitação das posições de outras pessoas também. Ela achou um pouco cansativo e embaraçoso falar sobre os detalhes dos aspectos sexuais no grupo, mas isso lhe permitiu experimentar o que significa estar do outro lado e ser questionada sobre tais temas e a importância de fazer isso quando úteis. Ela também sentiu que muitos tópicos podem ser difíceis de tratar, não apenas os sexuais, como muitas vezes se acredita: mesmo falar sobre dinheiro e escolhas de trabalho pode ser difícil na frente de uma terceira pessoa, porque todos atribuem significados diferentes a essas dimensões. Ela relata que só conseguiu abordar alguns tópicos graças à atitude respeitosa do grupo e que isso influenciará sua futura forma de estar em sessão.

Com relação ao modo online no qual o Duograma foi conduzido, M. comenta que no início foi um pouco difícil porque ela não podia ver o grupo na tela ao abrir o quadro branco para desenhar e, portanto, perdeu o feedback dos ouvintes, mas na parte relativa às perguntas e comentários esse aspecto foi muito menor. Além disso, diz ela, o fato de estar em casa em frente ao PC, com outras pessoas nas salas vizinhas, Manuele especificamente, afetou a narrativa inicialmente, então ela manteve seu tom de voz muito baixo e tinha um pouco de medo de que alguém pudesse ouvir o que ela estava dizendo. Uma vez que ela se familiarizou com o cenário, no entanto, esqueceu disso e sentiu que falava muito livremente.

As experiências que tivemos na utilização do Duograma no treinamento on-line nos levam a acreditar que é possível utilizar a ferramenta também nessa modalidade e que ela é tão eficaz quanto na situação presencial, embora seja necessário prestar atenção na gestão do tempo e no cuidado dos aspectos de gestão do grupo virtual.

Concluímos essa contribuição enfatizando um aspecto que nos é muito caro e que muitas vezes tem sido objeto de mal-entendidos quando outros treinadores utilizaram o Duograma: através do trabalho de hipóteses, no Duograma descrições inequívocas e rígidas são relativizadas e ligadas ao tempo e à cultura. Um terapeuta com uma vida amorosa "desastrosa", portanto, pode ser um bom terapeuta de família e de casais, sua leitura do que experimentou na esfera do amor ainda será útil à sua maneira de fazer terapia, se for colocado em relação às circunstâncias, eventos e sua cultura de origem. As histórias que uma pessoa experimenta, sejam boas ou más, são uma riqueza quando o terapeuta percebe que elas são apenas uma de muitas possibilidades, elas se transformam em uma gaiola quando se tornam a medida pela qual se atribui significado às histórias dos outros.

Com o Duograma queremos enfatizar a beleza e o valor da escolha e responsabilidade individual: um escolhe um companheiro e também escolhe uma maneira de se relacionar com o outro.

Referências

ARCELLONI, T. Terapia sessuale sistemica. La sfida della sessualità. *Connessioni – Rivista di consulenza e ricerca sui sistemi umani*, n. 27, 2012.

ARCELLONI, T.; FERRERO, G. El duograma en la formación sistémica. Los terapeutas y sus relaciones de pareja. *Psicoperpectivas*. Cl. 8, n. 1, 2009.

ARCELLONI, T.; FERRERO, G. Il duogramma nella formazione sistemica. I terapeuti e le loro relazioni di coppia. *Terapia familiare – Rivista interdisciplinare di ricerca e intervento relazionale*. n. 87, p. 5-27, 2012.

BARBAGLI, M.; DALLA ZUANNA, F.; GARELLI, F. *La sessualità degli italiani*. Il Mulino, 2010.

BERTRANDO, P.; ARCELLONI, T. Hypotheses are dialogues: sharing hypotheses with clients. *Journal of Family Therapy*, v. 28, 2006.

BYNG-HALL, J., The family script: a usefull bridge between theory and practice. *Journal of Family Therapy*, v. 7, 1985.

BOSCOLO L.; BERTRANDO P. *I tempi del tempo. Una nuova prospettiva per la consulenza e la terapia* sistémica. Torino: Bollati Boringhieri, 1993.

BRUNER, J. *La fabbrica delle storie*. Roma: Laterza, 2002.

CANEVARO, A. et al. *La terapia individuale sistêmica com il coinvolgimento dei familiari significativi*. Milano: Psicobiettivo, 2008.

CECCHIN, G., LANE, G., RAY, W. L. *Verità e pregiudizi*. Milano: Raffaello Cortina. 1997.

CIRILLO, S.; MATTEO, S.; SORRENTINO, A. M. *Il coinvolgimento delle famiglie di origine nel percorso di formazione alla psicoterapia della Scuola Mara Selvini*. 2011. Disponível em: <http://www.scuolamaraselvini.it/files/articoli/il_coinvolgimento_fam_luglio_20110.pdf.> Acesso em: 15 jan. 2023.

CLEMENT, U. *Terapia sessuale sistemica*. Milano: Cortina Rafaello, 2010.

FERREIRA, A. J. Family Myths and Homeostasis. *Archs Gen Psychiat.*, v. 9, 1963.

FORMENTI, L., La formazione del terapeuta: conversazioni con Boscolo e Cecchin. *Connessioni*, v. 10, 1995.

HILDEBRAND, J., *Bridging the gap*: a training module in personal and professional development. London: Karnac Books, 1998.

JONES, E., Il sesso del terapeuta e il suo contributo alla costruzione del significato nella supervisione di una terapia. In: Andolfi, M.; Angelo, C.; de Nichilo, M. (Orgs.). *Sentimenti e sistemi*. Milano: Raffaello Cortina Editore, 1996.

KRAUS, W. *Das erzaehlte Selbst*. Herbolzheim: Centaurus, 2000.

MCGOLDRICK, M.; GERSON, R. *Genograms in Family Assessment*. New York: Norton, 1985.

MCGOLDRICK, M.; ANDERSON, C. M.; WALSH, F. *Women in Families-A Framework for Family Therapy*. New York/London: Norton & C, 1989.

ONNIS, L. (Org.). *La formazione personale del terapeuta sistemico in una prospettiva europea*. Milano: Franco Angeli, 2011.

ROSENTHAL, G. *Erlebte und erzaehlte Lebensgeschichte*. Frankfurt/New York: Campus Verlag, 1995.

SORRENTINO A. Il genogramma come strumento grafico per ipotizzare il funzionamento mentale del paziente. *Terapia familiare*, n. 88, 2008.

WALLACE, P. *La psicologia di Internet*. Milano: Franco Angeli, 2017.

WEINBERG, H.; ROLNICK, A. *Theory and Practice of Online Therapy*. Routledge, 2019.

CAPÍTULO 9

O TRABALHO SOBRE OS IMPASSES COMO HANDICAP PROFISSIONAL

Lúcia Vinagre

O termo *handicap* foi apresentado a mim por Maurizio Andolfi quando, ainda na formação de terapeuta de família, fui fazer o Practiccum na Accademia Della Famiglia, em Roma, nos anos 1998 e 1999. No meu trabalho de *Self* de minha família de origem e na supervisão de um casal a que eu atendia, vivi o processo do impasse como *handicap* profissional.

Aprendi na minha experiência que a competência surge da transformação do que me paralisa como impasse em recurso. Quanto mais conheço as marcas sobrepostas em mim das minhas relações na evolução da minha vida, e mergulho para sentir as dores da minha história, mais cresço e evoluo como terapeuta e descubro os tesouros que poderei usar como ferramentas no meu trabalho. A cada dificuldade/impasse na clínica posso ligar pontos obscuros de minha história para dar luz. O resultado da experiência é poder seguir evoluindo e desenvolvendo minha competência como terapeuta.

Após as experiências dos Practicuns, comecei a aprofundar na leitura e estudo das revistas da *Academia de Famiglia* e do livro *Sentiment e Sistemi* que ganhei de Andolfi para buscar conhecer o que era o trabalho com o handicap. Foi como se eu navegasse num oceano riquíssimo de conteúdo. Precisei garimpar por muitos territórios porque os diamantes não estavam fáceis de encontrar. Cada autor descrevia de seu lugar a importância do trabalho sobre a pessoa do terapeuta na formação da identidade profissional.

No primeiro diamante que encontrei no texto da Revista de Terapia Familiare, foi de Gritt e Canevaro (1996) vi todo processo. Os autores falavam de diversos sistemas em interação que contribuíam para formar um mapa complexo e fazer o terapeuta conhecer a harmonia deles era a parte fundamental. Eles representaram isso numa figura com dois círculos interligados: o do *Self* pessoal – contendo dentro e interligados entre si o sistema FO, o sistema FA, outros sistemas – e o outro, do *Self* profissional – contendo a rede de pacientes e a rede profissional. Os círculos se ligavam e o resultado desta interseção era a identidade profissional do terapeuta. Uma representação da complexidade que existe dentro das interconexões que envolvem essa identidade.

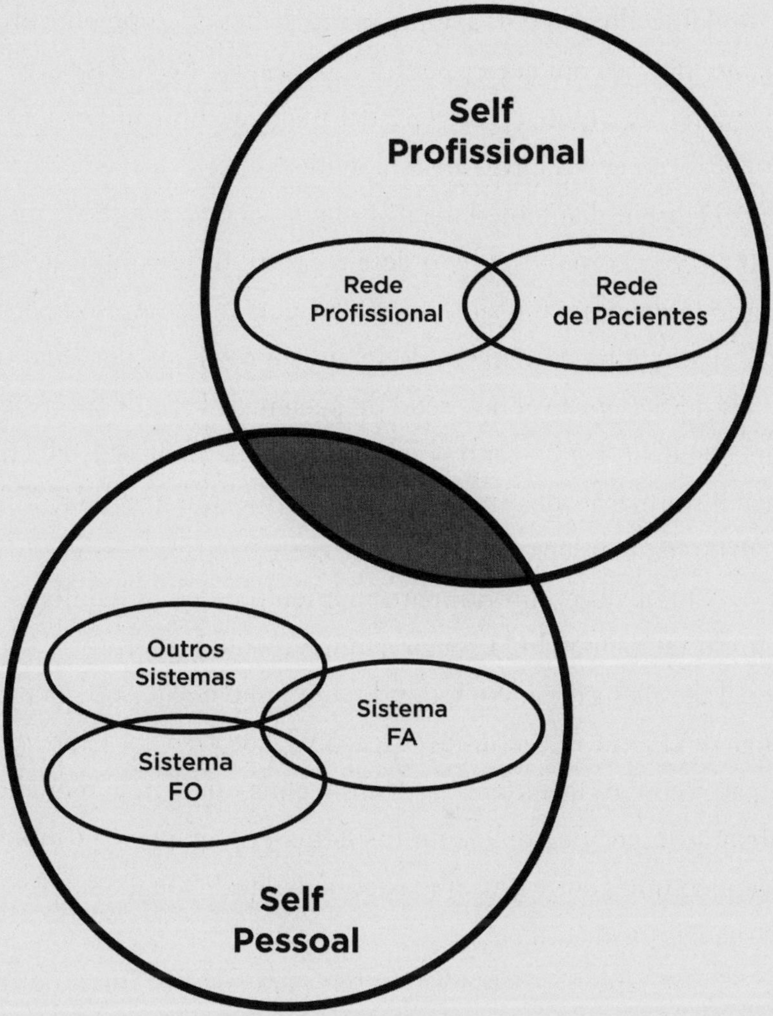

Fonte: GRITT, P.; CANEVARO, 1996, p. 11 (Adaptação e tradução nossa)

Pensei: Eu vivi essa conexão. Foi desenrolado um nó cego entre o meu *Self* pessoal e o profissional naqueles trabalhos com ajuda de Andolfi e do grupo de terapeutas presentes. Compreendi ali que quanto mais se conhece os pontos obscuros e difíceis das partes que integram cada elemento dos círculos mais equilíbrio o terapeuta vai ter para exercer sua atividade terapêutica.

Dali em diante dediquei minha atenção a construir um trabalho, sobre o qual este livro deseja contribuir e contar, de como levar o terapeuta a transitar nas fontes que compõem seu *Self* pessoal: sua Família de Origem do terapeuta e sua família atual e nas fontes do *Self* profissional: rede de pacientes/ rede de profissionais conectando-as para fazer o percurso individual e subjetivo e chegar na transformação dos impasses, que permeiam suas relações, em recursos terapêuticos.

O trabalho num primeiro momento é com a família de origem do terapeuta (FOT) para caminhar sobre o território trigeracional de sua história. No segundo momento é feito sobre a família atual (FAT) em que usamos a reação emocional do terapeuta no impacto com os jogos familiares em terapia ou de uma modalidade interativa especifica dele com o sistema em terapia. O caminho é fazendo pontes entre seus impasses no contexto atual e sua vivência na sua família de origem.

O terapeuta é guiado a olhar para sua história a partir do que o paralisa na vida ou na clínica até poder perceber o que está interligado e que se defende através do controle, distanciamento ou de não conseguir se posicionar diante do seu impasse. O trabalho se baseia no objetivo progressivo e contínuo de conectar o terapeuta com sua competência via a aquisição de uma autonomia de alto nível de diferenciação sobre seu próprio modo de ser (ONNIS; MARI, 1995).

Trabalhar com *handicap/impasse* do terapeuta não é sobre o que lhe falta na terapia ou nas relações, mas sim sobre "o que ele é e não está usando", ou só está usando uma parte de si, deixando fora aspectos humanos muito importantes de seu modo de ser (ANDOLFI, 2018a).

Não é sobre conhecer o que paralisa, mas usar isso para ir além e conseguir mover-se no que sente sem se deixar ficar na confusão das emoções. É promover que a relação leve ao movimento rítmico das "pernas" em direção a um comportamento coerente que una a gramática da comunicação verbal e corporal numa lógica funcional e saudável nas relações (BERNART; DOBROWOLSKI,1996).

Quando trabalha sobre seus impasses terapêuticos, o terapeuta recupera e utiliza melhor a parte rejeitada e escondida dentro dele (BERNART; DOBROWOLSKI,1996).

Trabalhar sobre o *handicap* profissional, consonante a Andolfi (2018b) significa respeitar seu tempo, seu espaço, sua ideia do problema/dificuldade/impasse. Ainda conforme o autor é solicitar um novo e mais completo uso de sua dificuldade, para que esta surja como recurso, ou seja, como resultado de uma reconciliação interna de partes importantes de si mesmo. Sua humanidade e respeito ao que sabe sobre si e ao que necessita saber sobre si são ferramentas muito potentes. Isso permite que o terapeuta seja catalizador da sua energia que está fora de uso (ANDOLFI, 2018a).

O impasse como *handicap* toca a esfera emotiva e comportamental da relação terapêutica e tem início sobretudo na pessoa do terapeuta. Como efeito, esse profissional permite-se escutar a si mesmo, sentir-se sem medo de se autoconhecer. Dito de outro modo, ele permite-se experimentar humildemente diferentes formas de si em relação com o outro (ANDOLFI, 2018a).

Para Loriedo (1995), a dinâmica da terapia não reside na técnica, nem no processo, nem na compreensão, mas na dinâmica do terapeuta. De acordo com o autor, o terapeuta se torna a chave do processo terapêutico, e a possibilidade de mudança na família passa necessariamente pelo quanto ele se trabalha pessoalmente para utilizar a própria resposta emocional para observar-se e mudar a si mesmo.

Como o terapeuta pode trabalhar com as emoções? Como se apresenta e entra em relação? Qual emoção ou sequência de emoções reconhece? A qual história e qual imagem de si pode se reconectar? Essas questões são formuladas para trazer o mundo interior estritamente individual do terapeuta que se exprime com significado, emoção e linguagem corporal própria (ANGELO, 1995). O "como" das perguntas faz pensar sobre a relação do terapeuta com seus aspectos emotivos e a importância desses para a consciência do que é seu impasse, onde, com que, e/ou com quem ele se paralisa (BERNART; DOBROWOLSKI,1996).

A resposta a essas perguntas não é sobre a técnica, tampouco sobre a teoria, mas antes sobre o terapeuta e como ele lida com seus impasses na clínica. Por impasse, definimos a situação (violência, abuso, depressão, ausência paterna, proteção de crianças, perdas repentinas, etc.) para a qual o terapeuta tem dificuldade de encontrar solução interpessoal relacionada ao conflito intrapsíquico (ANDOLFI, 2018b). Ele se sente paralisado, bloqueado, impotente de agir diante de situações específicas. Evita? Controla? Passa rápido? Sustenta longamente?

O terapeuta revela seu impasse no comportamento não verbal e na linguagem corporal a partir de um estímulo externo que evoca emoção e sentimento de uma experiência passada (ANGELO, 1996). O impasse abre espaço maior para ele conhecer seu modo de pensar, sentir e agir no contexto profissional e pessoal diante de temas, emoções, ações. Traz a situação para percepção do que realmente limita seu potencial: o lugar de sua história que não se move, ou se move do mesmo modo sempre e emotiva e cognitivamente fica parado (BERNART; DOBROWOLSKI, 1996).

Olhar o que o paralisa como sendo o que o fará andar é uma oportunidade de aprendizagem no *handicap*, uma chance de dar respostas com finalidades e modalidades de significados diferentes às ações, às relações e aos eventos que vive como obstáculo.

É mover-se do relacional ao individual para refazer pontos de vista, mudar seu sentir e, consequentemente, sua posição com relação ao impasse. O impasse relacional é sobre algo que não pode se manifestar e vem com emoção controlada ou embaraçada. Reproduz uma situação análoga do sujeito com sua família de origem/ atual e tende a perpetuar seu problema e obstaculizar o recurso.

O *handicap* introduz na perspectiva relacional um componente novo para ajudar o terapeuta a exercitar uma ação e modular expressões diferentes nas suas respostas. São colocados em evidência aqueles aspectos de nós, não somente aceitos, mas sobretudo visto como parte bela e boa, e, como tal, são considerados chave para a aceitação para uma compensação no *handicap* (BERARDI, 1996). Como consequência, esse aspecto vem hipertrofiado para esconder a parte faltosa ou não aceita de nós mesmos no atendimento de uma família e que bloqueia a possibilidade de emergir nossa riqueza terapêutica. Desse modo, o impasse e o *handicap* profissional estão intimamente relacionados e, portanto, o trabalho sobre um mobiliza o outro simultaneamente.

O terapeuta está diante de um impasse terapêutico quando não consegue individuar o motivo de seu impasse da esfera emocional que foi tocado. Pontes e conexões são feitas do impasse à família interna que está difusa devido a questões não resolvidas ou a projeções dos conflitos familiares ativos e dolorosos. Ele para de ser receptivo à mensagem que vem da família e se mistura num jogo com o trio: a família atendida, sua família interna e sua família de origem. Ele para de ter escuta interna. Seu observador interno não é capaz de ajudar a diferenciar partes diferentes de si, ou seja, fazer com que as identifique e com que elas se separarem. Então entra em suspensão a ação.

Agora, é o momento de mostrar o trabalho do impasse como *handicap profissional* no FAT (família atual do terapeuta). Para o terapeuta se encontrar e não fugir do tema crítico que o capturou.

Como fazemos?

Primeiro, criamos um contexto protetivo e respeitoso no grupo, que garanta a exposição da pessoa. Damos atenção focada no genograma simbólico da família atual que contém as representações simbolizados em objetos ou imagens dos membros das famílias do terapeuta e seu cônjuge.

Ao longo do relato surge o impasse ligada ao jogo de imagem e representação de si que se refere aos outros membros. Podemos identificar que se reflete alguma confusão na família interna do terapeuta naquela relação específica. O terapeuta chega no emergencial de um episódio – uma cena do ciclo vital essencial dele – que necessita reestruturar a relação com aquela figura significativa de referência (ONNIS; MARI, 1995).

No trabalho com o handicap profissional o terapeuta coloca em ação operacional como compreende o que compreende (BERNART; TELFENER: ANIFANTAKIS, 1995). Olhamos a situação clínica e o terapeuta no sistema terapêutico a partir de seu impasse.

O objetivo é explorar as repercussões emocionais diante da situação específica para mover o terapeuta empaticamente na cena do impasse e liberar sua ação e compreensão do que se passa com ele internamente (ANDOLFI, 2018b).

Perguntas do que vê, sente e pensa das correspondências da família interna com a representações criadas pelos símbolos se revelam muito produtivas. A emoção é o caminho e o ponto crucial para o processo de escuta interna (BERNART; DOBROWOLSKI, 1995).

A emoção sinaliza alguma dificuldade de experienciar um tipo de dependência intergeracional na balança dos afetos entre os sentimentos de pertencimento e separação na construção de sua autonomia. Ela será o catalizador de energia para mover o crescimento emocional interrompido que bloqueia o dialogar com sua história e seu processo de individualizar-se na dinâmica familiar.

No impasse, o terapeuta fica aprisionado e revive sua luta existencial referente à sua família de origem (BERNART; DOBROWOLSKI, 1995). É importante separar as duas visões sobrepostas de dor: a da sua família de origem e da família atual, que está emergindo na forma que representou os sistemas. É preciso, além disso, separar a sua dor para poder reapropriar-se dela, revisitar, reexperimentar e finalizar de algum modo para se libertar de guardar a dor de sua família.

Nesse percurso, o profissional terapeuta precisa permitir aparecer, sem escutar o medo, partes desconhecidas ou inadequadas de si mesmo, o julgamento que faz de si e de suas projeções, sem precisar esconder suas marcas, para poder mudar. Ele deve ser como é e deve compreender que a dor é que permite que se aprenda o caminho do crescimento e que se torne livre de modelos relacionais e defensivos para usar a própria criatividade e intensidade (BERNART; DOBROWOLSKI, 1995).

Como trabalhar com o handicap no grupo?

Existem muitas possibilidades de portas de acesso para esse trabalho. Particularmente, gosto de iniciar conversando com o terapeuta sobre a foto do genograma construído com os elementos representados por objetos simbólicos. Chamo de genograma fotográfico/ simbólico, pois a partir dele é possível que o profissional nos conte a história das famílias muito além da imagem – mas sem que se perca a ideia que ela está trazendo – e que descreva o que o bloqueia em seu sistema.

Essa imagem o afeta simplesmente por ter sido escolhida para mostrar um tempo ou momento de sua memória. Reconecta-o em experiências passadas, ligando a experiência atual às partes da história sem relação aparente, como peças de um quebra-cabeça (ONNIS, 1996). Ao escolher essa imagem, o terapeuta começa a criar um retrato de si mesmo, condensando em uma representação um conjunto de emoções e sentimentos profundos (ANDOLFI, 2018c).

Todos do grupo participam desse momento de "olhar junto" para a mesma imagem. Todos viajam juntos, porém, o terapeuta reedita memórias e imagens vividas na narrativa familiar em uma dimensão multigeracional enquanto descreve sua família, a de seu cônjuge e seu problema (ANDOLFI, 2018a).

Esse mergulho do terapeuta é o que se busca farejar instintivamente, como facilitador, porque isso diz que há algo no ar, ao que se chama de "intuição terapêutica" (ANDOLFI, 2018a). Aqui, é feita a pergunta que vai colocá-lo dentro de seu trabalho: "o que deseja do trabalho"? A maioria dos terapeutas quer, diante de suas dificuldades em situações específicas, ter suas respostas emocionais mais funcionais.

O propósito dessa pergunta é fazer o terapeuta "ser no jogo", ou seja, o intuito é que o questionamento o conduza por onde a emoção se torna instrumento de consciência e se traduza em recurso transformativo de seu impasse (ONNIS, 1996).

Assim, o *handicap* poderá oferecer nova moldura, novo significado e redefinição de relações, contextos e impasse na sua vida pessoal e profissional, e oportunizará que sejam trabalhados seus recursos pessoais e profissionais a partir da descrição de suas dificuldades (ANDOLFI, 2018c).

Usamos a escultura para trazer do genograma simbólico um episódio específico de sua história ao foco tridimensional, para ligar com a dificuldade, ou nó emotivo ou ponto cego que o terapeuta vivencia. Isso acontece numa relação colaborativa entre terapeuta e grupo, para espelhar a relação terapeuta-família do momento em que há o impasse (ONNIS; MARI, 1995). Esse cenário privilegia o uso do corpo e do espaço como registro expressivo e comunicativo, o que introduz outros aspectos imprevisíveis e elementos desestabilizantes sobre o recontar verbal (ONNIS; MARI, 1995). Além disso, essa relação favorece uma regressão positiva e um salto temporal a um tempo diferente do vivido, abre espaço de reconciliação nas relações afetivas, repara feridas e dá carga de coragem para enfrentar a realidade vivida (ANDOLFI, 2018c).

O terapeuta escolhe no grupo a quem atribuirá cada papel na cena, a partir do que conta da história da família sobre sua dificuldade. Esse é um trabalho de individuar-se no próprio grupo de terapeutas, dando importância ao seu sentimento nesse momento significativo da escultura. Aqui é possível conhecer o indivíduo e sua capacidade de exposição pessoal diante do grupo.

Esse tipo de exposição expressa uma capacidade muito mais elevada de apresentar sua própria família de origem através de sua compensação de *handicap* (tom de voz, sorriso estereotipado, timidez, medo de violência, medo do confronto, medo de reprovação...) que aponta seu crescimento interrompido (BERARDI, 1996). Recria-se em um contexto protegido, as tensões e o sofrimento familiar profundos para descarregar o peso emocional e permitir uma mudança nos padrões familiares e reconciliação intergeracional (ANDOLFI,2018a).

O terapeuta é posto frente a frente com uma imagem de si que não conhece e que pede alguma mudança no que refere à compreensão do significado da dor a ela relacionado. Com isso, trabalha o sentimento que representa uma velha ferida e o medo de que ela seja tocada ou reaberta, e olha de um modo diferente para essa dor que o petrifica. Nessa ocasião, ele é convidado a observar a si mesmo e aos personagens da cena a partir de seu observador interno, para que emerja a ideia da confusão ou do ponto cego do impasse. Em vez de ficar preso na dor, ele é incentivado a provocá-la, a amplificá-la, dar-lhe significado evolutivo, pois essa é a mola que permite uma mudança significativa e duradoura (BERARDI, 1996).

Como um processo especular, faz apresentar qual o momento do impasse que não foi superado dos processos de pertencimento e separação no desenvolvimento do terapeuta com sua vida pessoal/profissional explicitado na posição em que se coloca ou na qual coloca seus membros familiares (BERARDI, 1996).

É um momento de espera, suspensão da ação, para que não aja no lugar do outro e possa entrar no lugar de sua impotência, de "não fazer a qualquer custo qualquer coisa". Para isso, é importante suportar a dor da confusão e do não saber, para, assim, entrar no verdadeiro lugar do impasse e evitar a passividade de sua família e permitir a si mesmo sentir sua própria paralisação e a possibilidade de compreender e ser compreendido.

Quando a cena é criada, surge emoção dentro dele, do facilitador e dos membros do grupo que estão dando vida ao momento. Os membros do grupo interpretam os vários papéis, o que o ajuda a visualizar, em sua história, bloqueios, cortes, separações dolorosas, dificuldades de cuidado e perdas. Aparece o paralelo entre dificuldades reais e questões e projeções dos conflitos familiares ainda ativos.

Acontece um processo de identificação quase inconsciente que comunica entre eles qual é o real problema do impasse que o terapeuta não consegue comunicar verbalmente, não é claro ou não falou na descrição do problema. Isso vem através do interpessoal do grupo, que não se paralisa e sugere uma resposta à questão que paralisa o terapeuta, à emoção surgida. Essa não é corpo estranho, pertence à experimentação e é reflexo do que está ali. Algo que não visitou de sua história que está sendo ampliado naquele momento ou verbalizado.

O lugar de paralisação se confirma quando é perguntado ao terapeuta como ele se sente naquela posição, contexto que favorece a disponibilidade de uma escuta de si pela re-sintonização emocional. Isso acontece a partir de um pensamento autônomo que o move na situação, num tempo rápido e numa atitude executada para passar a mensagem que não conseguia na situação (um gesto representativo da história, um olhar, um estado de uma figura da família, mudança de tom de pele, choro, ou uma respiração suspirada...) (ANGELO, 1995).

Nesse momento, o terapeuta divide sua dificuldade, o que possibilita a realização de ajustes e de modificação na cena, de um fazer diferente. Possibilita, ainda, que a cena seja vestida com outra roupagem, colocando-a em ato, e, com isso, transformando-se o padrão. A ligação com o tempo do momento representativo restitui ao terapeuta o movimento que evitava ou desconhecia a possibilidade de fazê-lo porque dentro de seu repertório não havia essa experiência.

Essa ação traz na gramática da comunicação não verbal o significado do pedido e implícito de mudança do terapeuta no trabalho. É o que abre espaço para o facilitador pensar: por que intervir naquele momento? Qual objetivo? Principalmente, de quem é esse objetivo? Para que serve? Quem o está fazendo?

O facilitador propõe a oportunidade de observação livre de um outro ponto de vista no sistema terapêutico criado pelo grupo para a vivência de sua experiência inédita de estar com sua família a partir do que se comunica e como se comunica (ANGELO, 1995). Esse "como" contém elementos não verbalizados de incoerência, incompreensão e desorganização, o que gera atividade baixa ou difusa ou rígida e a impossibilidade de dar significado.

Para mover esses elementos, são usadas provocações conversacionais, dialéticas-dialógicas nesse espaço-tempo, na dramatização, para ativação emocional, quase hipotética, para criar indução e psicodinamicamente trazer consciência através da elaboração de nova ideia ou leitura que tem possibilidade de emergir (BERNART; DOBROWOLSKI, 1996).

O facilitador movimenta-se ao redor do terapeuta, criando relações comunicacionais (diálogos, gestos) e de posição entre os personagens da família de origem, para dar continente à emoção na qual ele não sabe que pode mexer. Ao terapeuta pode ser dada a possibilidade de escolher fazer algo para ver como se sente. O facilitador, assim, conquista confiança e mostra a autenticidade de seu interesse e experiência, indo direto ao coração do problema (ANDOLFI, 2018c).

O objetivo é favorecer experiências de mudança e transformação no processo de fusão, separação, idealização, diferenciação, individuação. É voltar a atenção ao tipo de relação que construiu com sua família, às idealizações perfeccionistas, aos aspectos colusivos e evolutivos da relação e à percepção sobre a relação trazer – ou não – benefício para a fase de seu ciclo vital. Ativa-se aqui a capacidade de coerência de fazer aquilo que ele diz que quer fazer usando toda sua pessoa e não só uma parte, para que permita a criatividade na solução com seu estilo (BERNART; DOBROWOLSKI,1995).

O trabalho é vivido por um *role-playing* de seu genograma vivo do momento do impasse para que possa ouvir a si mesmo e interpretar um papel desconhecido e descobrir novas ideias e sentimentos diferentes a partir de sua capacidade autorreflexiva (ANDOLFI, 2018a).

Nesse *role-playing*, o grupo de atores também é ativo e reflexivo no processo. São trazidos aspectos diferenciados na experimentação da cena. O grupo funciona como continente no processo e traz contribuições, com informação e conteúdo da observação do comportamento não verbal do terapeuta e da variedade de emoções e pensamentos solicitados pelo papel desempenhado e incorporado por eles. Ao coligarem a própria sensação e emoção àquilo que veem na comunicação não verbal do terapeuta, revelam uma compreensão precisa da evolução deste, para que ele, aos poucos, vá na direção de mover-se do paralisado (ANGELO, 1995). O trabalho é introduzir no espaço mental do terapeuta conteúdos de desenvolvimento saudável de aprendizagem nas relações. Isso se efetiva em razão de que, no trabalho, a aprendizagem é possível porque lida com o personagem e não com a pessoa de sua história (BERNART; DOBROWOLSKI, 1995).

Para tanto, é necessário que a comunicação seja feita no momento em que o terapeuta possa recebê-la. Além disso, ela tem de ser não intrusiva, mas deve tocar a esfera emotiva sem deixar de respeitar o espaço de intimidade dele com sua família.

O final é um espaço de devoluções, reflexões e ativações importantes, que inclui todos os membros do grupo que trabalharam no seu impasse: o grupo de atores e os observadores, em um contexto no qual são construídas racionalizações e mentalizações dos sentimentos de suas experiências como atores e observadores. É feito um brainstorming de ideias e hipóteses do impasse e da vivência como também poderem ser dadas prescrições, metáforas e/ou rituais ao terapeuta para ajudar todos a saírem do que incorporaram da simulação, para, ao final, ser fechado o tratamento simbólico da família de origem.

O entrar e sair da experiência é um novo adolescer para o terapeuta, num sistema diferente. O que foi vivido marca o tempo antes e o tempo depois do trabalho e construiu e criou ligação emotiva e significativa no grupo, para pertencer e individuar-se no processo de vínculo. Simula-se, então, a possibilidade de sentir-se como um membro, depois separar-se e reentrar no subsistema de cura com o *handicap* (BERNART; DOBROWOLSKI, 1995).

Quando o terapeuta faz de fato o trabalho com sua dor, transforma em recurso e competência o que antes era dificuldade. Será possível mover-se tranquilamente com qualquer família que a ele se apresente. Será respeitoso na dor do outro sem se esconder, negá-la ou cobri-la de resignação que não serve. Será capaz de reviver a dor dando novo significado e nova perspectiva a ela (BERARDI, 1996).

A maior aprendizagem nesse trabalho se consolida pela libertação do terapeuta no que refere à modalidade relacional repetitiva e defensiva de sua família de origem, para, com isso, poder usar livremente sua criatividade e intensidade na sua família atual e na sua clínica.

Essa é a verdadeira liberdade de ser como se é. De ser curioso de si mesmo, de experimentar um papel funcional livre do medo da dor. E de aprender que esse processo abre novos caminhos de crescimento.

Referências

ANDOLFI, M. Modalidade de observação da família. In: *A terapia familiar multigeracional: instrumentos e recursos do terapeuta*. (Tradução de Juliana Seger Sanvicente). Belo Horizonte: Artesã, 2018a. p. 75-99.

ANDOLFI, M. A construção da história terapêutica. In: *A terapia familiar multigeracional: instrumentos e recursos do terapeuta*. (Tradução de Juliana Seger Sanvicente). Belo Horizonte: Artesã, 2018b. p.117-137.

ANDOLFI, M. A linguagem do encontro terapêutico. In: *A terapia familiar multigeracional: instrumentos e recursos do terapeuta*. (Tradução de Juliana Seger Sanvicente). Belo Horizonte: Artesã, 2018c. p. 139-158.

ANGELO, C. Linguagio del corpo, terapia familiare e rapporto terapêutico. *Rivista Terapia Familiare*, n. 49, p. 57-68, 1995.

BERARDI, M.A. Lo specchio nello specchio: la ricerca del peccato originale. *Rivista Terapia Familiare*, n. 52, p. 67-73, 1996.

BERNART, R.; DOBROWOLSKI, C. La supervisione clinica nel training. *Rivista Terapia Familiare*, n. 52, p. 96-106, 1996.

BERNART, R.; TELFENER, U.; ANIFANTAKIS, I. Uma ricerca sulla formazione. *Rivista Terapia Familiare*, n. 49, p. 107-116, 1995.

GRITT, P.; CANEVARO, A. Scelta vocazionale e identità del terapeuta dela famiglia Ipotesi ed evidenze a partire dalla ricerca e dalla esperienza. *Rivista Terapia Familiare*, n. 52, p. 9-24, 1996.

LORIEDO, C. L'uso del coinvolgimento personale del terapeuta nella formazione: come capire e cabiare la famiglia attraverso il terapeuta. *Rivista Terapia Familiare*, n. 49, p. 41-51, 1995.

ONNIS, L. Emozione e relazione terapêutica, uma prospettiva di complessità. In: ANDOLFI, M.; ANGELO, C.; NICHILO, M. Sentimenti e sistemi. Milano: Raffaello Cortina, 1996. p. 73-82

ONNIS, L.; MARI, P. L'importanza del lavoro sulla persona del terapeuta nel processo formativo. *Rivista Terapia Familiare*, n. 49, p. 53-65, 1995.

CAPÍTULO 10

O TRABALHO COM A PESSOA DO TERAPEUTA NO CONTEXTO DA SUPERVISÃO

Leda Rúbia Maurina Coelho

O papel do supervisor
transcende incentivar os terapeutas
a seguir os caminhos que ele
trilharia em determinadas situações.
Mais que isso, ele tem a função de
ajudar os terapeutas
a descobrir a melhor forma de utilizarem
suas próprias singularidades
para atuarem como terapeutas.
(ELKAIM, 1998).

Para início de conversa, quero dizer que, quando recebi o convite para produzir este capítulo sobre o Trabalho do *Self* do terapeuta nos processos de supervisão clínica, fiquei extasiada. Tive a sensação de que as organizadoras deste livro tinham lido meus pensamentos e reconhecido meu desejo de escrever sobre este tema. E o melhor: o formato de capítulo, tendo a liberdade para usar uma linguagem mais fluida, podendo escrever em primeira pessoa e me sentir, de alguma maneira, mais próxima da pessoa que me lê. Eu tinha acabado de apresentar os resultados do primeiro estudo do projeto de pesquisa intitulado "*O trabalho do Self do terapeuta nos cursos de Terapia Familiar Sistêmica*" (COELHO; CENCI, 2022), que investigou a concepção e as experiências com o trabalho da pessoa do terapeuta (também chamado trabalho de *Self* do terapeuta), de formadores dos cursos de Terapia de Familiar. Além disso, o tema supervisão já era foco das minhas leituras, e o conteúdo das falas dos participantes que foram entrevistados na pesquisa que acabei de mencionar também me instigava a pensar sobre o olhar do supervisor voltado para o *Self* do terapeuta e seus impasses no trabalho.

Quero revelar que passei várias semanas rascunhando tópicos, revisitando leituras para compartilhar com os leitores desta obra o modo como fui construindo a minha forma de compreender o Trabalho com a Pessoa do Terapeuta no contexto da supervisão. Ao revisitar tantos textos, me dei conta de que muitos conceitos relacionados ao *Self* do terapeuta já seriam contemplados em outros capítulos; assim, optei por enfatizar conteúdos sobre supervisão. Creio que é impossível falar sobre a Pessoa do Terapeuta[2] supervisionando sem falar também sobre a pessoa do supervisor, então, senti a necessidade de apresentar alguns trechos da minha caminhada como supervisora de Psicologia.

De supervisionanda à supervisora

A minha experiência como estagiária curricular, interagindo com supervisoras, iniciou no quinto semestre e seguiu até o término da graduação. Apesar de ter vivenciado boas relações com

---

2 Você pode estar se perguntando: se fui convidada para escrever sobre o Trabalho do *Self* do terapeuta em Supervisão, por que no título aparece "Trabalho com a Pessoa do Terapeuta"? Porque, durante o processo de coleta de informações desta primeira investigação, passei a usar a expressão Trabalho com a Pessoa do Terapeuta ao invés de Trabalho do Self do terapeuta, considerando que na literatura existente, não há um conceito consensual para *Self*.

as supervisoras de todos os estágios que fiz, a do estágio de Psicologia Clínica foi e, sem dúvidas, é a pessoa mais importante da minha trajetória profissional. Foi esta supervisora, esta pessoa, que também acompanhou meus primeiros passos como paciente, me apresentando a minha primeira terapeuta. Como tantos outros acadêmicos de Psicologia, apesar do interesse anterior em fazer psicoterapia, o início deste processo coincidiu com o décimo e último semestre da faculdade, como já mencionei antes, por indicação da minha supervisora (KICHLER; SERRALTA, 2014). Segui o que Herranz (2017) aponta como tradição na história da psicoterapia: que o psicólogo experiencie sua própria terapia como paciente, antes de ser terapeuta. Já na supervisão em Psicologia, mais que uma "tradição", faz parte do processo de formação ser supervisionando antes de supervisionar.

Atualmente, a supervisão clínica tem ganhado caráter de especialidade, possibilitando estudar sobre o assunto para sustentar teoricamente a tarefa de supervisionar, bem como trabalhar impasses pessoais para ser um supervisor, pois, assim como na psicoterapia, a pessoa do supervisor é fundamental na sua atuação. Se por um lado, alguns escolhem serem supervisores como uma fase de desenvolvimento profissional, outros, mesmo sem tanta experiência, são designados para esta tarefa em contextos institucionais onde não há profissionais mais experientes disponíveis para ocuparem esta função. Como a pessoa se torna um supervisor, sua história profissional, suas experiências como supervisionando, aspectos relacionados a figuras de autoridade e poder e o prazer em ensinar são alguns dos aspectos importantes a serem contemplados em trabalhos sobre a pessoa do supervisor (MINUCHIN, 2016).

Depois de concluída minha graduação, segui trabalhando junto com minha supervisora clínica por mais quatro anos, compondo uma equipe de terapeutas de família vinculada em projetos de pesquisa e extensão, durante o período que fiz a primeira especialização e o mestrado. Logo no segundo ano após a formatura, iniciei como docente substituta na graduação em Psicologia. Por mais que tenha desejado muito trabalhar no ensino superior, não imaginava que aconteceria tudo tão rápido. Já no meu quinto ano de atuação profissional, recebi a tarefa de supervisionar estágios profissionalizantes em Psicologia. Nesta época, já acumulava vivências tanto como clínica, quanto como docente e pesquisadora. Stilita (2021) refere que as competências requeridas para atuar com pesquisa, com ensino e com psicoterapia, apesar de valiosas e úteis, são, ao mesmo tempo, incompletas, pois serão utilizadas de maneira diferente no processo de supervisão. A mesma autora ainda refere que a estrutura acadêmica cheia de regras institucionais influencia as práticas e os comportamentos dos estudantes e dos supervisores, bem como as avaliações periódicas (o que é muito diferente do processo de supervisão com terapeutas com a graduação concluída, onde não há a necessidade de tantas formalidades acadêmicas). Como até o momento em que iniciei como supervisora acadêmica a maior parte das minhas experiências como supervisionanda também eram no contexto universitário, é impossível não continuar referindo meu genograma formativo.

Se nos Trabalhos com a Pessoa do Terapeuta a família de origem é sempre contemplada, entendo que, para pensarmos a Pessoa do Supervisor, também vamos incluir a "família de formação" deste profissional. Casas (2021) fala da importância de considerarmos o peso do nosso grupo de formação e a sua influência nas nossas formas de ver e fazer em psicologia. E, nesta parte da nossa conversa, posso enfatizar como minha "mãe acadêmica" influenciou minha atuação também como supervisora. A forma como se relacionava comigo e com meus "irmãos supervisionandos", mais tarde, entendi como aliança terapêutica na supervisão. Assim como, na relação paciente e terapeuta, uma boa aliança terapêutica pode ser considerada como objetivo fundamental, também é no trabalho entre supervisor e supervisionando para que se tenham resultados positivos. A relação a ser construída na supervisão deve ser empática, respeitosa, valorizando o conhecimento que cada um traz em sua bagagem (MINUCHIM, 2016). No decorrer dos anos, fui sendo supervisionada por outras pessoas, conhecendo outros colegas supervisores nas instituições nas quais trabalhei que foram ampliando minha "família profissional" e reafirmando a importância deste tipo de aliança no processo de supervisão.

O setting da supervisão acaba sendo um laboratório de conversação transformador: supervisor e supervisionandos não permanecem os mesmos depois de participarem deste processo que, a cada encontro, fornece novas perspectivas de conversar e se relacionar (FONSECA, 2020). Durante o doutorado em Psicologia Clínica, fui tendo encontros com novos supervisores, colegas e alunos, interagindo com outras abordagens e estilos terapêuticos que foram me transformando. Nestes encontros transformadores, proporcionados pela supervisão, também passei a ter um olhar mais atento às variáveis pessoais de cada terapeuta, ao estilo dos meus supervisionandos e minhas supervisoras, bem como fui me observando como supervisora. Ainda neste setting transformador, conforme Rojas (2020), existem interações entre os estilos do supervisor e de cada supervisionando que geram novas narrativas, importantes para a autorreflexão e para os processos autorreferenciais, permitindo colocar a pessoa do terapeuta em foco também neste contexto.

Possibilidades do trabalho com a pessoa do(s) terapeuta(s) em supervisão

Durante vários anos, trabalhei como supervisora acadêmica e supervisora clínica de terapeutas, mas somente depois de quinze anos atuando na graduação como formadora de psicólogas (os), deixei de dividir meu tempo entre a docência e a psicologia clínica. Foi neste momento que me voltei novamente aos estudos sistêmicos e passei a ter dedicação integral ao consultório e à supervisão de profissionais. Passei a ter como foco a pessoa do terapeuta de maneira sistemática, por meio do projeto de pesquisa já mencionado; participei de vários workshops e do grupo de trabalho do *Self* do terapeuta coordenado pelas organizadoras deste livro. Também foi neste período que iniciei o processo com a minha atual psicóloga – e também supervisora em alguns momentos – solicitando que a ênfase da terapia fosse, na medida do possível, no trabalho do *Self* do terapeuta.

A escolha da minha terapeuta atual se deu justamente pela experiência dela coordenando trabalhos voltados para pessoa do terapeuta em cursos de formação de terapia familiar. Entre tantas outras trocas que fomos tendo, acabamos ampliando a biblioteca uma da outra continuamente, com cada descoberta de uma publicação interessante que vamos compartilhando. Entre tantos textos compartilhados, é citando cinco destes textos, recentes e de autores contemporâneos, que tentarei descrever para vocês a minha compreensão sobre as possibilidades do trabalho com a pessoa do(s) terapeuta(s) em supervisão.

Tanto na supervisão acadêmica, quanto na supervisão clínica de colegas psicólogos, sempre tive o hábito de perguntar se a (o) supervisionanda (o) já fez ou está fazendo psicoterapia. E este tema é um dos vários abordados no livro "La Persona del Terapeuta", de Ana María Daskal Minuchin (2016). Neste texto, a autora afirma que o fato de o supervisionado estar em terapia pessoal deixa o supervisor mais tranquilo, devido a todo o aporte que uma terapia pessoal fornece e porque a forma como a supervisão reverbera na pessoa pode ser trabalhada no contexto da sua terapia. Nos casos em que os terapeutas sofrem influência disfuncional de alguma questão pessoal, é de bom senso que o supervisor seja notificado e que o terapeuta busque ajuda para solucionar essa demanda. Nessas situações, os supervisores precisam reforçar que o foco deve ser direcionado ao vínculo e aos principais envolvidos. Caso o supervisor perceber que o terapeuta está sendo influenciado por tal questão, comprometendo o seu fazer profissional, é necessário que ele sugira terapia pessoal ao seu supervisionado. À vista disso, embora possam estar ligadas, enfatiza-se que a supervisão não é substituta da terapia pessoal. Enquanto existe a prática profissional, devem se manter ativos os espaços de supervisão, pois o *setting* terapêutico é um ambiente de questões não percebidas, armadilhas, circunstâncias clínicas estáticas necessitando de uma outra forma de olhar e avaliar esse cenário (MINUCHIN, 2016).

Entendo que a ampliação das perspectivas de olhar sobre o fazer profissional e os impasses pessoais que acontecem neste contexto durante o processo de supervisão é fundamental. Na minha experiência como supervisora e também como terapeuta de outros psicólogos de diversas abordagens teóricas, é perceptível a diferença da postura profissional e o impacto das ressonâncias daqueles que vivenciaram atividades voltadas para o trabalho com a pessoa do terapeuta durante seus cursos de formação e/ou especialização e os que apenas cursaram uma pós-graduação mais teórica. Pensando nesta demanda, passei a pensar em adaptações de exercícios e técnicas, geralmente utilizadas em cursos de formação de terapia de família, para serem vivenciadas em espaços de supervisão. Assim, costumo utilizar algumas perguntas voltadas para a pessoa do terapeuta, em muitas sessões de supervisão o impasse terapêutico relatado não está relacionado ao aporte teórico ou no repertório de técnicas, mas em dilemas humanos do supervisionando. Algumas das perguntas que costumo fazer são: O que te fez trazer este caso hoje? O que te deixa mais desconfortável nele? O que você sente em seu corpo durante o atendimento? O que você sente em seu corpo agora enquanto relata o caso? O que tudo isso pode nos dizer sobre você? Também costumo propor, como tarefa de casa das sessões de supervisão, que responda o Questionário do Estilo Pessoal do Terapeuta (OLIVEIRA, 2006) e o Questionário de Esquemas do Terapeuta (LEAHY, 2016) para que possamos comentar não o resultado destes instrumentos, mas o que cada frase despertou no terapeuta. Em outros momentos também envio previamente uma lista de perguntas adaptadas por Minuchim (2016) que serão apresentadas a seguir. Assim como ocorre com os questionários citados anteriormente, o conteúdo das questões e das respostas é refletido em supervisão.

A obra "La Persona de Terapeuta" (MINUCHIM 2016) dedica um extenso e bem detalhado capítulo com ferramentas que foram adaptadas de outros autores e também podem ser utilizadas com supervisionandos. Aqui destacarei apenas algumas questões de duas destas ferramentas que podem ser utilizadas tanto na supervisão individual, quanto na coletiva.

TABELA 1 - Questões autorreferenciais utilizadas em supervisão

Pesquisa nº 5 Auto-exploração	
Adaptada de Keeney, B. (1992). "Evaluación de los recursos del terapeuta", pp. 121-123. La improvisación en Psicoterapia. Buenos Aires: Paidós	
1.	O que você acha que seus pacientes/clientes gostam/gostariam mais em você? E o que você acha que eles não gostam/não gostariam? Como saber?
2.	Com quais tópicos você acha que encontra dificuldade ou seria difícil trabalhar? Por quê?
3.	Você acha que seria impossível trabalhar com determinados tipos de pessoas? Com quais? Por que você acha isso?
4.	O que acontece ou acha que aconteceria com você, se tivesse que trabalhar com alguém que tem um sistema de valores diferente do seu?
Pesquisa nº12 Estimulando a autorreflexão	
Adaptada de Baringoltz, S. (2005). "Aportes cognitivos a la visión del terapeuta y vínculo terapéutico", pp. 11-12. Trabajo presentado en el IV Congreso Mundial de psicoterapias. Buenos Aires	
1.	Você reconhece seus próprios padrões básicos de crenças que são ativados em seus relacionamentos terapêuticos?
2.	Você acha que são seus vieses cognitivos que o levam a perceber determinada informação/situação e não outra?
3.	Você considera que certas mudanças nos seus pacientes são influenciadas pelo que você acha que é melhor?
4.	Como você acha que o fato de ser mulher/homem interfere nas interações com seu paciente mulher/homem?
5.	Você pode perceber quando a psicoterapia está travada porque os estilos cognitivos são muito semelhantes?
6.	Você acha que outros terapeutas teriam resultados diferentes com os mesmos pacientes? A que você atribuiria?
7.	Você percebe que diferentes emoções, comportamentos e pensamentos; são despertamos em você por seus pacientes?
8.	A que você atribui o fato de alguns pacientes permanecerem em seu mundo interior após uma sessão e outros não?
9.	Você reconhece se tenta evitar que alguns pacientes tenham as experiências ruins que você teve?

10.	Você acha que precisa ter experiências de vida semelhantes às de seus pacientes para entendê-los melhor?
11.	Quais você acha que são seus fatores pessoais que influenciam na continuidade, interrupção ou encerramento do projeto/tratamento?
12.	Por que você acha que seus colegas encaminham pacientes para você?
13.	Que tipo de pacientes você acha que eles te encaminham e porquê?
14.	Quais são as três qualidades valiosas que reconhece em você como terapeuta?
15.	Quais são as três fraquezas que você acha que tem como terapeuta? A que você as atribui? Você acha que eles são modificáveis? Como?
16.	Que tipo de pacientes despertam em você motivação para o reencontro e quais causam ansiedade, rejeição, sentimento de grande esforço, desejo de não os ver? Focando em você e não no paciente, procure identificar qual é o problema.
17.	Que pacientes o preocupam muito intensamente - ao ponto de sonhar com eles, não conseguir dormir pensando em seus problemas ou outras formas de intrusão - na sua vida privada? Tente identificar quais variáveis pessoais estão se cruzando com os problemas desses pacientes.
18.	Quais pacientes estão atolados em seu caminho terapêutico? O que você acha que pode estar influenciando para que isso aconteça?
19.	Quais temas você se preocupa com seu trabalho: pressões, falta de pacientes, horas excessivas dedicadas ao trabalho, tensões organizacionais, cabo de guerra entre seu trabalho e sua vida privada, outros?

Fonte: Traduzida de Minuchim (2016).

Outra obra que também apresenta um amplo repertório destas ferramentas foi intitulada “La familia de origen del terapeuta em sesión: Moviéndonos entre familias”, de autoria de Maria Carmem Casas García (2021). Além de vários exercícios que podem ser utilizados no contexto da supervisão, visando ao trabalho com a pessoa do terapeuta, Casas García (2021) também fala sobre o supervisor. Explica que o papel deste profissional é desafiador, porque ele precisa cumprir o papel de supervisor enquanto se coloca no lugar do terapeuta, precisa estar atento ao que é correto e indispensável, estar próximo ao terapeuta, mas sem ser invasivo. Além disso, inúmeras outras coisas são necessárias, porém, acima de qualquer coisa, é necessário que o supervisor sinta prazer em desempenhar esse papel, na acepção mais completa e profissional da palavra (GARCÍA, 2021). Impossível não reforçar aqui o quanto eu sinto prazer em desempenhar, ler e escrever sobre este papel.

Pelo prazer em supervisionar, conheci o texto "Guía integral de supervisión en psicoterapia" de autoria de Esteban Laso Ortiz (2020), estudioso sobre o tema. Entre tanto conteúdo sobre supervisão contido neste livro, destaca-se que a supervisão é necessária quando o terapeuta percebe dificuldades no decorrer do seu trabalho, as quais podem estar ligadas, obviamente, as suas especificidades como pessoa, mas que o limitam no campo profissional e não no campo pessoal. Percebe-se aqui que a supervisão ocorre dentro do fazer profissional, em que o terapeuta entende não estar dando conta de determinada demanda ligada aos seus clientes e, nesse espaço, correm em sigilo as questões pessoais do terapeuta, sem desconsiderar o poder que essas questões podem ter sobre a eficácia da prática profissional. É válido assinalar novamente a principal distinção entre a terapia pessoal e a supervisão: a busca por terapia está ancorada em sofrimentos pessoais que podem ser revertidos mediante diálogo, reflexão e esforço, algo que é apontado inicialmente nos processos terapêuticos. Para além do exercício da subjetividade, a supervisão é também um espaço prático, no qual são requeridos encontros frequentes para que todas as potencialidades possam ser aprimoradas. A repetição que ocorre no decorrer desses encontros possibilita o estabelecimento de uma conexão emocional para que os envolvidos possam compreender os pontos de vista uns dos outros. Trata-se de uma aprendizagem experiencial, uma ponte entre teoria e prática que permite sustentar a atividade profissional em um crescimento contínuo. Assim, o processo supervisório está ligado de forma íntima às urgências e aos desafios relacionados ao supervisor em cada fase da sua evolução profissional (LASO ORTIZ, 2020). Neste processo de aprendizagem, tenho me alimentado também de relatos de experiências de outros supervisores, e uma obra que reúne vários é "Experiencias y retos en supervisión clínica sistémica", organizada por Luz Marina Moncada Torres (2020), da qual destaco dois capítulos nos parágrafos a seguir.

O capítulo "Movilización emocional y procesos autorreferenciales en el proceso de supervisión", de Mariana Andrea Pinillos Guzmán (2020), destaca que supervisionar é mais do que ter formação teórica adequada e experiência profissional. Trata-se, sobretudo, de um processo transformador ativo que envolve seus atores em uma interação específica, diferente de um espaço terapêutico e um ensino tradicional. E, nesse contexto, é necessário que cada terapeuta, espelhando-se na postura e nas intervenções do seu supervisor, possa construir uma forma de trabalhar, e que esta forma possa ser expressa, para que se eternize o processo de ensino-aprendizagem. O processo de supervisão constrói-se numa dupla função: a primeira tem como propósito reforçar potencialidades da prática clínica no contexto de vicissitudes humanas e da técnica utilizada nesse contexto; a segunda, por sua vez, coloca em cena a subjetividade do terapeuta. Dessa forma, quando o lado humano encontra espaço para aflorar nesse cenário supervisório, concebem-se conexões com os terapeutas, evidenciando que suas histórias podem ilustrar dilemas humanos. Haja vista, observa-se que o sucesso da díade supervisor e terapeutas depende de uma conexão emocional assertiva. Nesse cenário de conexão assertiva, pode ser utilizado um importante aliado, o humor. O humor viabiliza perceber o papel da horizontalidade nas relações, seja terapêutica ou na supervisão. Utilizar o humor como forma de comunicação é abrir espaço para que todos os envolvidos possam demonstrar as suas fragilidades e os seus anseios, seu riso, seus erros, estabelecendo, com isso, uma forma de desconstruir o arquétipo de "sabedoria" tanto do terapeuta como do supervisor. Assim sendo, o campo de supervisão precisa configurar-se como uma comunidade emocional colaborativa, ou, em outras palavras, o espaço construído deve facilitar a expressão emocional mediante diálogos legítimos. A relação supervisão e supervisionados não se pauta no arbítrio do conhecimento, mas no aporte que a maneira de dialogar e de ser oportuniza. É inerente à existência de uma conexão emocional assertiva a aprazibilidade de se engendrar mudanças em equipe na supervisão em grupo (GUZMÁN, 2020). Esta autora reforça a minha percepção sobre a supervisão ser um espaço de encontro transformador, de conexão de humanidades, de trocas mútuas, em que as vicissitudes e a subjetividade do terapeuta e também do supervisor tornam cada díade única. Transforma as pessoas envolvidas quando se permitem estas trocas no contexto da supervisão. Percebo que nas supervisões individuais este processo parece fluir com mais naturalidade; já na supervisão em grupo, supervisor e terapeutas supervisionandos têm outros desafios, entre eles, transpor a lógica competitiva da nossa cultura neoliberal.

Cárdenas (2020) destaca no capítulo "El proceso autorreferencial y sus diferentes niveles en el escenario de supervisión clínica sistémica" que, como forma de defesa diante de um modelo competitivo, inúmeras vezes o terapeuta em treinamento oculta os respectivos medos, algo que pode ser encontrado com frequência em sistemas de consultoria, principalmente no início. Expressar conflitos, angústias e dificuldades na prática clínica pode aflorar no terapeuta uma sensação de vulnerabilidade. Por conseguinte, evidencia-se a importância de o supervisor reunir-se com sua turma de terapeutas em supervisão. Nesse encontro, podem ser criados espaços harmoniosos, nos quais todos se sintam confortáveis para expor suas fragilidades, certos de sua validação. Residem nisso ricas possibilidades de mudança. É olhar para os terapeutas e para o supervisor vislumbrando neles o ser humano que busca coexistir da forma mais equilibrada possível com o lado profissional. É mister a criação de espaços de confiança, espaços em que todos os atores possam legitimar sua voz e seus anseios. A partir da construção desses espaços é que o supervisor e seus terapeutas poderão discutir casos de forma honesta, sem que conceitos preconcebidos possam interferir na qualidade do trabalho e na qualidade da relação. Inegável que todo esse processo é desafiador tanto para o supervisor clínico quanto para os terapeutas em formação, porque exige o exercício de humildade e compaixão consigo mesmo e com o outro que participa do mesmo espaço (CARDENAS, 2020). É um constante avaliar e reavaliar-se. Este avaliar e reavaliar-se me faz pensar além da necessidade de me manter estudando, mas seguir tendo novos encontros, com tantas pessoas, olhando para nossa humanidade juntos, refletindo sobre nossas dificuldades e possibilidades. Tudo o que foi pautado neste último parágrafo e também em todo este capítulo me instiga a seguir construindo possibilidades para o campo da supervisão com ênfase na pessoa do terapeuta. E, por isso, assim como iniciei, agora finalizo este texto falando do meu prazer em compartilhar leituras e reflexões sobre este tema.

Referências

CÁRDENAS, A. P. R. El proceso autorreferencial y sus diferentes niveles en el escenario de supervisión clínica sistémica. In: TORRES, L. M. M. *Experiencias y retos en supervisión clínica sistémica*. Bogotá: Ediciones USTA, 2020. p. 143-168.

CASAS, M. C. *La familia de origen del terapeuta em sesión: moviéndonos entre* famílias. Madri: Ediciones Morata, 2021.

COELHO, L. R. M; CENCI, C. M. B. *Relatório de pesquisa*: O trabalho do Self do terapeuta nos cursos de Terapia Familiar Sistêmica. 2022.

ELKAIM, M. *Panorama das terapias familiares*. São Paulo: Summus, 1998.

FONSECA, J. C. F. Del estudiante al psicólogo: transformaciones identitarias em procesos de supervisión. In: TORRES, L. M. M. *Experiencias y retos en supervisión clínica sistémica*. Bogotá: Ediciones USTA, 2020. p. 39-62.

GUZMÁN, M. A. P. Movilización emocional y procesos autorreferenciales en el proceso de supervisión. In: TORRES, L. M. M. *Experiencias y retos en supervisión clínica sistémica*. Bogotá: Ediciones USTA, 2020. p. 63-76

HERRANZ, T. *Manual de trabajo personal para terapeutas de familia*. Madrid: Prismática, 2017.

KICHLER, G. F.; SERRALTA, F. B. As implicações da psicoterapia pessoal na formação em psicologia. *Psico*, v. 45, n. 1, p. 55-64, 2014.

LASO, E. *Guía integral de supervisión en psicoterapia*. Madri: Ediciones Morata, 2020.

LEAHY, R. L. *Terapia do esquema emocional*: manual para o terapeuta. Porto Alegre: Artmed Editora, 2016.

MINUCHIN, A. M. D. *La persona del terapeuta*. Santiago Ediciones/Universidad Católica de Chile, 2016.

OLIVEIRA, M. S. Estilo pessoal do terapeuta: dados preliminares da versão brasileira do EPT-Q. *Psico*, v. 37, n. 3, p. 8, 2006.

TORRES, L. M. M. *Experiencias y retos en supervisión clínica sistémica*. Bogotá: Ediciones USTA, 2020.

ROJAS, J. A. N. La supervisión como contexto de consultoria en la formación de psicólogos clínicos y terapeutas sistémicos. In: TORRES, L. M. M. *Experiencias y retos en supervisión clínica sistémica*. Bogotá: Ediciones USTA, 2020. p. 169-194.

STILITA, G. *Fundamentos da supervisão em Psicologia*. Novo Hamburgo: Sinopsys, 2021.

NOUVELLE GRENADE OU
LES CALIFORNIES OU CAROLINES
GRAND TEGUAIO
GRAND QUIVIRA
NOUVEAU MEXIQUE
MOQUI
NUEVO
APACHERIA
SOBAIPORIS
HOJOMES
Illinois
VIEUX MEXIQUE
GOLFE DE M
SUD
Cancer
MER PACIFIQUE
LIGNE EQUINOCTIAL
DU
S
Les Isles de Salomon
Tropique

PORTRAIT
Americans
POETS

PARTE 2

MER DU
GOLFE DE MEXIQUE
Tropique du Ca
ISLES ANTILLES
NORD
TERRE FERME
NOUVELLE GRENADE
GUIANE ou GUAIANE
SUD
PAYS DES AMAZONES
COSTES DU
BRES
Tropique du Capricorne
GUAYRA
TUCUMAN

CAPÍTULO 11

ENTRE A FUSÃO E A RUPTURA: O CAMINHO DO PERTENCIMENTO

Guilherme Marafon

Famílias nos constituem e tornam nossa vida possível. Estão ali do nosso nascimento até nossa morte. Elas são presença física no nosso espaço relacional, além de ocupar nossa interioridade. Temos pais, irmãos, filhos, avós, entre outros atores, dentro dos nossos pensamentos, vivos nas nossas lembranças. São participantes que contracenam nas nossas cenas temidas, compartilham mitos e crenças familiares e nos constituem como seres individualizados singulares. Se eles constituem nosso eu cotidiano, como poderíamos, de alguma forma, separar nossas vivências individuais de nossos atendimentos e trabalho como terapeutas? Existe a possibilidade de produzir uma separação entre o eu vivido e o eu percebido na relação com o paciente? Temo que não, por isso há necessidade de mediar nossas próprias experiências familiares com as vividas dentro do consultório.

Existem muitas particularidades dentro de um encontro terapêutico. Algumas são completamente conscientes e vivas dentro da nossa percepção; outras, porém, são completamente alheias aos terapeutas. Ter consciência de quem somos influencia nossas escolhas, nossas intervenções, nosso pensamento e moldam até mesmo nosso preconceito. Nossa família nos conta uma história e desenvolve um enredo que organiza os personagens, qualifica ou desqualifica determinadas versões, disponibiliza espaços de ocupação, descreve aquilo que vivenciou como sorte, azar, vitória, define aquilo que foi positivo e ou negativo, ajuda a desenvolver nossa potencialidade ou nossa fraqueza. Daí a necessidade de olhar para a nossa história e compreender que estamos o tempo todo atualizando a nossa própria versão do mundo e da nossa família.

Meus trabalhos de *Self*

Há algum tempo, realizo atualizações na formação sistêmica nas minhas práticas como terapeuta. Envolver-se com o autodesenvolvimento profissional requer trabalhar o próprio "eu". Nesse caminho, já vivenciei e fui espectador de muitos trabalhos com o *Self* do terapeuta, formulei inúmeros genogramas para espiar minhas gerações anteriores, participei de atividades projetivas na minha formação, assim como fui espectador de colegas que tiveram seu *Self* trabalhado. Estar presente nestes momentos sempre foi fonte de muita reflexão e resgate de muitos acontecimentos da minha vida familiar. Foi na observação e nas inúmeras vivências que lapidei, refleti e reconstruí fatos e episódios que me influenciaram como terapeuta e pessoa. Acredito que somos o resultado de uma história que nos precede e foi desenvolvida pelos nossos pais e avós e todos que vieram antes de nós.

Sempre que penso na construção do meu *Self*, recruto, nas minhas memórias, as respostas emocionais influenciadas pelas minhas vivências paterna e materna. Peço permissão, leitor (a) para dividir contigo a minha história familiar e poder contribuir com a expansão da importância do trabalho com o meu próprio "eu" em contextos de terapia.

Minha família paterna

Meu avô e minha avó, a quem chamávamos de nono e nona, são descendentes de italianos nascidos no Rio Grande do Sul. Migraram para o Oeste Catarinense em busca de melhores terras para o cultivo da agricultura. Sempre ouvi histórias sobre a vida difícil na exploração da mata virgem, a derrubada das árvores para o cultivo das roças e a criação de animais para a subsistência. Meus avós tiveram seis filhos: dois homens e cinco mulheres. Todos desde muito cedo ajudaram no cultivo da lavoura. Meu avô era uma figura muito humilde que trabalhou muito para a subsistência da família. Era bem-humorado, um homem sensível. Minha avó era uma pessoa afetiva, mas extremamente dominadora, muito direta com as palavras e responsável pela organização da casa. Era quem mais tinha contato com os filhos, sempre presente na educação e orientação sobre as decisões da família. Desbravar uma nova região para o cultivo da agricultura é um desafio de subsistência. Os recursos são escassos, e as maiores preocupações são com a alimentação e o abrigo. O trabalho é duro e contínuo. Existe pouca ou nenhuma mobilidade e há escassez de muitos materiais: roupas, ferramentas, calçados, materiais escolares, brinquedos. Foi uma atmosfera de poucos recursos que sempre acompanhou o meu pai. Ele e sua família eram pobres materialmente, mas sobravam formas e modelos de relação cultivadas no apoio entre os irmãos, na afetividade, no bom humor e nas brincadeiras desenvolvidas para enfrentar a falta de recursos. O cultivo da terra sempre foi uma questão importante para minha família paterna, assim como a proteção dos filhos. Esta família estreitava vínculos. Meus avós eram pessoas centralizadoras, funciona-

mento este que garantia maior segurança, mas impedia a diferenciação de seus membros. Tudo era conduzido com a família como referência de tudo.

Minha família paterna sempre foi o meu vínculo mais forte. Desde meu nascimento, fiquei próximo desta família Marafon. Lembro até hoje dos períodos de férias na casa de meus avós. Uma casa grande e espaçosa feita de madeira, com muitos quartos. Neste ambiente afetivo, vivi minha infância. A vida no campo é vagarosa, e tudo tem seu tempo. As coisas podem ser feitas com calma, pois existe uma rotina que muda quando chove ou o sol está muito forte, e o corpo está em maior conexão com a natureza. É preciso acordar cedo para aproveitar o dia e, quando a noite se aproxima, todos se recolhem para tomar banho, jantar e depois irem para a cama.

Sempre acompanhei meu avô até a roça para capinar ou fazer algum roçado. As crianças, neste sistema rural, sempre são inseridas no trabalho desde cedo, são parte da rotina e não tem um espaço individualizado para serem apenas crianças. São tratadas como pequenos adultos e fazem parte do cotidiano nos afazeres. O trabalho é algo natural. Lembro de ganhar uma foice menor, do meu tamanho, para ajudar meu avô na roça. Não compreendia essa tarefa como algo insalubre, mas como a minha forma de contribuir com a rotina. Nesta família, o trabalho era algo muito importante e necessário. Tudo deveria ser realizado com capricho, bem-feito, com absoluta boa vontade, organizado, e as coisas deveriam estar limpas. Existia muito zelo com a propriedade e a terra, assim como em relação à casa, que também era muito limpa e organizada. Esta família era muito unida e fusionada, sempre protetiva e cautelosa, principalmente com os filhos. Meu pai descreve que meus avós eram pessoas muito exigentes e rígidas e que a família representava, acima de tudo, uma unidade que exigia respeito e obediência. Sempre foi um mistério saber mais sobre como meu pai se sentia no papel de filho ou como foi a sua adolescência. Ficou claro que, apesar de a família ter um núcleo que oferecia proteção, desencorajava comportamentos mais livres e individualizados, permanecendo sempre um estado de manutenção da autoridade e obediência por parte dos filhos.

Quando adulto, meu pai optou de uma forma despretensiosa por contatos esporádicos, manteve a comunicação, mas com certa distância dos meus avós. Nunca fazia muita questão de visitar, embora tenha passado todos os natais na casa dos meus avós. As visitas eram somente em datas específicas.

Minha família materna

A família do meu avô e da minha avó maternos também residiu no campo. Cultivavam a terra, tiravam sua subsistência do cultivo de culturas como o milho. Meu avô era descendente de russos fugidos da guerra. Foram morar em Santa Catarina, indo do Rio Grande do Sul. Ele era um homem alto e magro, sempre lembrado como um inteligente e sábio. Produziu sozinho uma fábrica de vassouras e um alambique de cachaça. Apesar de contar com tantas habilidades, apresentou uma grande dificuldade em vida, era alcoolista e perdeu grandes quantias de dinheiro nos bares que frequentava. Colocou inúmeras vezes a família em situações de vulnerabilidade, esbanjando dinheiro e fazendo negócios que deram prejuízos. Minha avó passou por um problema físico ainda muito jovem. Sofreu um Acidente Vascular Cerebral (AVC) que comprometeu o seu funcionamento durante toda vida. Sempre foi uma mãe que atendia às questões práticas da vida doméstica e familiar. Cuidava da casa, fazia comida, lavava roupa, mas dispunha de poucos recursos emocionais; era incapaz de oferecer orientação e apoio para os filhos. Nesse ambiente de muita dificuldade, nasceu minha mãe, que, com pouco apoio familiar, foi aos poucos desenvolvendo recursos pessoais próprios. Apoiada por algumas tias distantes e vizinhos, desenvolveu a capacidade individual de organização e apoio, transformando-se no que costumamos chamar de uma filha parentalizada. Acaba sendo o suporte emocional dos irmãos mais novos, assumindo papel central na família. Seus irmãos mais velhos foram crescendo e saindo de casa cedo, para morar em outras cidades, deixando-a responsável pelo cuidado dos outros irmãos e também do pai alcoolista e da mãe dependente de cuidados.

Com esta família tive menos contato. Sempre ouvi falar das histórias sobre a família Zaboenco, mas eram mais distantes. Lembro de minhas tias me mandarem presentes, algo muito bem recebido já que o início do casamento de meus pais foi de escassez de recursos. Aqui, muito diferente da minha família paterna, os filhos saíam de casa com facilidade. As muitas dificuldades que todos enfrentavam na infância exigiam que eles fossem autossuficientes desde muito cedo. Morar com os pais era muito difícil e logo os filhos apreendiam a se virar sozinhos. Trabalhando, eles conquistavam a sua independência financeira e constituíam suas próprias famílias, dando continuidade a suas vidas longe dos pais.

A princípio, existiam, na minha percepção, diferenças expressivas e significativas entre as famílias, mas é justamente de estilos familiares muito distintos que a maioria dos casais é constituída. São das diferentes orientações que a união entre os casais ganha contornos e brilho. É desta matriz familiar que meu *Self* se nutriu na minha infância e se desenvolveu na adolescência até se constituir na vida adulta.

A história de um casamento: é possível se diferenciar e continuar pertencendo?

Até se casarem, meus pais pertenciam a seu próprio enredo familiar. Seguiam e se orientavam através dos valores de suas próprias famílias, o que mudou muito depois do seu encontro e posterior casamento. O relacionamento deles começou em um jogo de futebol. Meu pai foi à comunidade onde minha mãe morava, algo comum nos finais de semana para diversão depois de uma semana de trabalho. Neste dia, meu pai, que sempre foi um homem muito tímido, convidou minha mãe para tomar um refrigerante e, depois de iniciar uma conversa despretensiosa, se encontraram mais algumas vezes e iniciaram um namoro, que durou alguns anos até o casamento.

Tanto para minha família paterna como para minha família materna, meu pai e minha mãe cumpriam obrigações importantes no seio familiar de origem. Casar é um movimento de diferenciação e, então, era um desafio muito grande para ambos. Meus avós maternos precisavam da supervisão da minha mãe, assim como meus avós paternos, principalmente minha avó, tinha em meu pai um membro importante no trabalho cotidiano.

Diante deste impedimento importante que retratava a impossibilidade e inflexibilidade dos membros, restou um caminho usual para a formação de uma nova família. Minha mãe acabou engravidando de seu primeiro filho: "eu". Talvez de uma forma indireta, esta fosse a única forma de viabilizar uma união entre os dois. Depois da descoberta da gravidez, foi providenciado o casamento de ambos que ocorreu quando minha mãe já estava com uma barriga bem visível. Passaram a morar com a família do meu pai. Talvez tenha sido um período muito difícil para minha mãe habitar uma casa com hábitos e costumes muito diferentes dos seus. Sofrer com o comportamento da minha avó, que era alguém difícil de conviver. Somado a isso, as irmãs do meu pai formaram uma coalizão do feminino que dificultou a tomada de espaço de uma outra mulher na família. O fato de minha mãe não ser de origem italiana também era algo difícil de ser aceito, pois era costume que os italianos sempre se casassem com outros italianos, como uma forma de manter as características e costumes imutáveis de um povo.

Meu nascimento foi importante para o casamento dos meus pais. A família paterna foi aos poucos recebendo melhor minha mãe que pôde ocupar o seu espaço. Após meu nascimento, eles mudaram da casa dos meus avós e passaram a morar sozinhos.

Minha história familiar revista e trabalhada me fez perceber e compreender melhor a importância da vinculação e da autonomia. Para Rodrigues-Gonzáles e Berlanga (2015), cada membro do sistema familiar possui certa quantidade de energia para pensar, sentir e atuar que pode ser transferida ou não para outros membros da família. Este fenômeno denomina-se *força de vinculação*; por outro lado, seguramos certa quantidade de energia para nós mesmos, que se denomina *força de autonomia*. Desenvolvemos, assim, um complexo jogo de diferenciação e pertencimento em relação a nossos familiares.

A família é um sistema complexo que está em constante desenvolvimento influenciada tanto pelo tempo como pelo ambiente que a circunda. O objetivo primordial das famílias em um nível mais elementar é desenvolver e equilibrar movimentos interno de "continuidade" e "crescimento". São duas funções que possuem um padrão homeostático. Por um lado, a *retroalimentação negativa* orientada para a manutenção do funcionamento e, por outro, a *retroalimentação positiva* que nos orienta para a mudança e o desenvolvimento (ANDOLFI, 1991).

As tensões que se originam dentro da família – nascimentos, mortes, divórcios, crescimento – ou, ainda, as mudanças oriundas do exterior – migração, alterações nas condições de trabalho e mudanças econômicas – vão requerer uma adaptação, uma transformação nas interações familiares. A família será, então, desafiada a estabelecer a continuidade da antiga organização ao mesmo tempo que permitir o crescimento e a diferenciação de seus membros (ANDOLFI, 1991).

Casar e formar uma nova família é um forte indício de mudanças na composição familiar, uma vez que novos membros serão adicionados e as relações serão remodeladas. Unir-se no corpo e no afeto com outro ser é um desafio individual, mas também familiar. Nesse sentido, percebo que foi um desafio tanto para a família paterna, que possuía fortes e rígidos vínculos, como também foi para a minha mãe e sua família perder a filha protetiva e o cuidado que ela destinava a todos.

As mudanças do ciclo vital sempre são fonte de muita angústia para todos os membros da família, uma vez que a família é um sistema complexo que se movimenta no tempo, exigindo novos padrões de organização de seus membros Carter e McGoldrick (2011). O mais notável a ser considerado no ciclo de vida familiar é que três ou quatro gerações precisam acomodar simultaneamente as transições geracionais. Enquanto alguns membros estão saindo de casa e iniciando relacionamentos adultos, seus pais estão em outro estágio, elaborando a saída dos filhos de casa ao mesmo tempo em que estão lidando com o próprio envelhecimento e de seus pais.

A fase do jovem adulto descrita por Carter e McGoldrick (2011) apresenta a tarefa de estabelecer uma relação menos hierárquica entre pais e filhos, em que todos se encontram na fase adulta. Neste processo de reorganização, antigos papéis e funções de cuidado e proteção por parte dos pais são renegociados, cabendo ao jovem sua própria independência emocional e financeira. Foi neste estágio de saída dos filhos de casa, que ocorreu o período mais difícil para meus avós paternos e maternos, por ter sido uma fase de tensão e ansiedade, na qual a aceitação foi complexa e precisou de alguns anos para se estabelecer. Como a vida familiar não é feita de coincidências, mas de repetições e mudanças entre uma geração e outra, foi justamente neste período que enfrentei os maiores desafios e as maiores dificuldades.

O trabalho de *Self*: algumas considerações pessoais

Ser terapeuta familiar sempre foi um desafio. Não me recordo exatamente quando, dentro da psicologia, escolhi pela terapia familiar como minha linha de trabalho. Mas não tenho dúvidas de que minha própria família teve influência na minha escolha. Procurei muitas vezes refúgio na sabedoria dos mestres da terapia familiar e em publicações teóricas, mas a prática me fez perceber que um bom trabalho terapêutico não poderia ter suas bases fixadas somente nas nossas aprendizagens teóricas. E, portanto, me dei conta da necessidade de olhar para mim mesmo e minhas histórias para evoluir nos meus atendimentos.

As experiências são muito amplas quando nos defrontamos com casais e famílias e sua complexidade de interações. No trabalho com esse público, utilizamos a nós mesmos como instrumentos de trabalho. Nossa percepção, nossos pensamentos, sentimentos e demais elementos do nosso *Self* estão o tempo todo entrando em contato com as experiências ali presentes. Trata-se de trocas que possibilitam a construção de novos sentidos e significados. A subjetividade do terapeuta está integrada ao processo terapêutico, do qual não pode ser separada (MAESIMA; BARRETO; BEIRAS, 2019). Como não se inquietar com situações da vida de nossos clientes que já nos ocorreram? Como não acabar ocupando espaços de complementariedade nas mais diferentes situações do ciclo vital? Como podemos utilizar nossos recursos pessoais de uma forma construtiva evitando ser engolfado pelos poderosos circuitos recursivos dentro das famílias? Todas estas são questões pelas quais me senti desafiado dentro da clínica. Questões que não puderam ser mais adequadamente conduzidas se não pelo contínuo trabalho individual de busca pela minha diferenciação, que envolve a mim e a minha história familiar.

Trabalhar com famílias requer que o terapeuta compreenda a importância de valorizar suas próprias ressonâncias que decorrem do processo. A ressonância é derivada da física e utilizada pela teoria sistêmica como um conceito de transferência de energia entre dois sistemas. No caso da terapia entre o terapeuta e o cliente, apesar de serem pessoas distintas, a transmissão de energia é possível porque dividem semelhanças e partem de um lugar comum (MAESIMA; BARRETO; BEIRAS; 2019). Nossas ressonâncias partem do pressuposto de que dividimos questões individuais e singulares, mas que contam em maior ou menor medida com a presença de uma herança familiar rica em acontecimentos e fatos que nos marcaram no passado até os dias de hoje. No livro *Cartas a um Jovem Terapeuta*,

Moisés Groisman (2010, p. 16) faz uma pergunta à pessoa do terapeuta que nos leva a refletir sobre nosso papel junto das famílias que atendemos: "Quais foram suas marcas do passado – na sua vivência com a sua família – que se refletem, hoje, no seu atendimento?". Para ele, nossa atuação tanto como indivíduo como terapeutas é influenciada por nossa herança familiar.

Olhar para o nosso passado familiar é uma forma de autocuidado tanto com nós mesmos como com nossos clientes. Para Ladvocat (2014), o trabalho com a família do terapeuta desnuda um material muito rico que contempla angústias, traumas, alegrias e realizações, as quais necessitam ser trabalhadas e refletirão em melhores condições de compreensão das ressonâncias em curso durante os atendimentos. O autor acredita que algumas dificuldades terapêuticas ou impasses estão vinculados com as próprias vivências do profissional, e não necessariamente sejam questões somente da família. Trabalhar o *Self* do terapeuta com foco sobre a sua família de origem é desenvolver maior competência profissional e buscar uma maior diferenciação de *Self*. O encontro com nossos personagens e figuras familiares é uma forma de nos diferenciarmos e expandirmos nossa visão. São modos de treinar a utilização de recursos, tanto emocionais como intelectuais, no trabalho com famílias. Olhar para nosso legado geracional, amplo e multifacetado e reorganizar nossas questões proporciona a redescoberta de potencialidades. É um movimento de desnudamento que também pode ser utilizado com as famílias que atendemos. Quando mudamos nossa relação e posição com nossos próprios laços geracionais, podemos ajudar outras pessoas a fazer o mesmo com suas próprias famílias (LADVOCAT, 2014). Somente com um maior grau de diferenciação em relação à própria família, o terapeuta poderá se conectar com recursos intelectuais e emocionais no trabalho com a família que está atendendo (LADVOCAT, 2014).

O objetivo principal do trabalho com o *Self* do terapeuta sobre a família de origem e atual é exatamente o desenvolvimento da competência na busca da diferenciação do seu *Self*. Com essa competência, o terapeuta poderá analisar suas ressonâncias e utilizar seus próprios recursos intelectuais e emocionais no trabalho terapêutico, descobrindo uma competência similar na família em atendimento.

Trabalho de *Self*: vivência e desenvolvimento

Aceitar participar de um grupo que se propõe o olhar para si, como é o caso do Grupo de Trabalho do *Self* do terapeuta, é um desafio. A experiência da qual participei teve como foco olhar para questões da família de origem e refletir como elas interferem na vida profissional do terapeuta. O trabalho aconteceu com um número pré-determinado de profissionais e um número preestabelecido de encontros uma vez ao mês. Uma história foi trabalhada a cada encontro, e o grupo todo se engajava em um processo de profundo envolvimento emocional e empático com a história do outro.

A primeira experiência que me marcou nestes encontros foi atuando no papel de personagem na história de uma colega: indivíduos que participam ativamente visualizando os desdobramentos da história ou mesmo disponibilizando seu próprio corpo se inserindo nas tramas familiares como partes de uma escultura ou cena por exemplo. O trabalho que, a princípio, parece individual por ser a história de alguém, passa a ter caráter coletivo de conexão. Permite, tanto a quem é protagonista e compartilha a história como a todos aqueles que participam como personagens e aos que observam, um olhar renovado e remodelado de situações do outro que vão encontrar ressonâncias no próprio "eu".

Em um destes encontros trabalhando o *Self* de uma colega, meu *Self* foi movimentado. Sua história familiar retratava um pai alcoolista que perdeu sua legitimidade como figura masculina na família por abusar do álcool. A mãe era descrita como uma pessoa que permanecia frágil neste relacionamento e buscava cuidar dos filhos a muito custo. Lembro-me de ter acessado uma raiva muito intensa escutando a história dela. Fiquei furioso com aquele homem que colocou sua família naquela situação. A história foi se desenvolvendo e fui aos poucos comparando aquela história com a minha própria. Sempre aprendi que a família era algo sagrado e que os pais deviam ser responsáveis pelos filhos, amá-los e respeitá-los. Mas por que sentia tantos sentimentos negativos perante aquele desconhecido, pai de minha colega? Neste momento de olhar para dentro de mim, minha história familiar ganhou mais um sentido, era com meu avô materno que a história do outro estava entrando em ressonância. Aquele homem desconhecido representava meu avô materno, um homem sábio e perspicaz que, devido ao seu vício na bebida, não se desenvolveu e acabou falecendo de um trágico problema de saúde. O que ficou presente na família foi a profunda angústia de assistir um homem que era extremamente inteligente não ter maturidade para gerir a família. A sensação de desperdício sempre foi viva dentro de mim. O que ele poderia ter realizado se não fosse vítima do alcoolismo? Esta história sempre foi um peso para mim, meu avô tão talentoso e elogiado dentro da família, era na verdade uma pessoa frágil e dependente. Na memória de todos, foi alguém importante, mas concretamente trouxe perdas e sofrimentos. Esta pequena ressonância com a história do outro às vezes abre uma porta para melhorar a reflexão sobre a nossa família, ajuda a compreender como a história ocorreu e como ela nos deixou marcas.

Trabalhando o meu *Self*

Quando chegou a minha vez de trabalhar meu *Self*, criei um genograma representado por objetos. Foi então que outra questão ganhou cores na minha família. Estavam todos ali presentes: três gerações da minha família. Fui retratando cada um, trazendo características que me remetessem a eles. Passei, então, a me questionar sobre as figuras masculinas da minha família. Todos, de alguma forma, foram pessoas pacíficas e, muitas vezes, acomodadas. Meu avô materno foi alcoolista e sempre foi muito dependente dos cuidados que a família lhe prestava; meu avô paterno casou-se com minha avó sempre exigente e dominadora; meu pai, através do seu casamento, se uniu a minha mãe, uma mulher de valores muito fortes que sempre a colocaram em posição de destaque.

Olhar a posição do meu pai e dos meus avós me fez avaliar o outro lado. Como o feminino era uma função dominante e forte nas relações. De alguma forma, o masculino tinha pouco espaço para sua manifestação devido ao grande campo de influência do feminino. A força presente, principalmente na minha avó e na minha mãe, sempre acabavam sendo a principal fonte de autoridade. O feminino sempre era fonte de afeto e proteção, mas essa forte ligação que eu vivenciei, principalmente na função de filho, me tornavam dependente e fortemente vinculado à minha família de origem, especialmente a da minha mãe. A minha percepção, sempre presente, era de que um feminino arbitrário exigia, na contraposição, um masculino cauteloso e pacífico. Eu via essa relação como uma das poucas alternativas possíveis. Romper com este padrão no trabalho de *Self* significou novas possibilidades de existir e se relacionar com minha família, assim como me ajudou a concretizar minha forma singular de ser homem e terapeuta. A facilitadora do trabalho de *Self* me encarregou de tirar uma foto com todos os masculinos da família como forma de celebrar este vínculo de gênero entre as diferentes gerações que precisava ser reconhecido e valorizado como um dos muitos aspectos de pertencimento. Infelizmente, a tarefa não foi concluída a tempo, pois meu avô faleceu neste período e a tarefa precisou ser ressignificada de outra forma.

Renegociar posições e funções dentro da família

Quando o Grupo do Trabalho do *Self* encerrou, me defrontei com a tentativa de equilibrar meu passado familiar e os desafios que a fase do jovem adulto traziam. Havia iniciado uma relação de casal com minha esposa e estava estruturando a minha vida profissional, que começava a progredir como terapeuta familiar. Apesar destes avanços, a relação entre minha esposa e minha mãe não estava nada boa. Pequenos atritos entre as duas eram motivos de discussões e brigas no casamento. Embora sem compreender se este movimento era intencional ou não por parte da minha mãe, deixava minha esposa muito triste e decepcionada. Enfrentei, então, o desafio de conciliar de forma construtiva a minha família de origem e a nova estrutura de família atual. Aquilo que sempre foi muito importante para mim – o apoio da minha mãe – agora encontrava resistência da minha esposa, que exigia de mim outro posicionamento, como marido.

Encontrar uma nova posição dentro da minha relação familiar me fez pensar muito no legado teórico produzido por Murray Bowen (2016). Para ele, o *Self* básico é estável e determina a longo prazo o funcionamento de uma pessoa ou família. Ou seja, quanto maior o grau de *Self* básico, menor a ocorrência da reatividade emocional e consequente adoção de comportamentos automáticos e instáveis. Trata-se de possuir uma escala maior de diferenciação e estabelecer uma postura de posicionamento do "eu" que reflete uma composição individualizada de orientação sobre quem somos, nossas crenças, aquilo que nós acreditamos o que faremos ou não faremos. Ter clareza sobre nós permite que entremos em contato com situações de reatividade emocional sem perder a consciência do eu evitando assim a formação de triângulos para diminuir a ansiedade (RODRIGUES-GONZÁLEZ; BERLANGA, 2015). O *Self* básico é uma posição única que só pode ser alterada de dentro para fora através da aquisição de novos conhecimentos e novas experiências. Isso representa que o *Self* básico não pode ser negociado nos sistemas relacionais, ou seja, ele não muda através de coações ou pressões externas (BOWEN, 2016). Mudar nossa posição dentro da nossa família é um ato de coragem. Depois de inúmeros trabalhos com o meu *Self*, em que pude contemplar o meu funcionamento familiar, juntamente com muitos estudos teóricos aliados a uma profunda reflexão sobre movimentos que queria fazer dentro da minha família, me levou a propor uma conversa face a face com a minha mãe, aquela mulher que sempre foi um farol nas fases iniciais da minha vida.

Sempre é muito difícil e desafiador para qualquer jovem, masculino ou feminino, negociar com sua família de origem. São atalhos mais comuns nas relações entre as gerações a aceitação completa do outro, mantendo a formação original de dependência e fusão. Ou, ainda, o uso do rompimento como forma de resolução do conflito através do distanciamento (ANDOLFI, 1996).

No meu mundo interno, ela ainda se apresentava como aquela mãe revestida de autoridade e protegida pela segurança de ser o centro da família. Pessoas como esta são muito difíceis de serem desafiadas do mesmo modo como dificilmente mudam seus posicionamentos sobre si e sobre os outros. Propor um novo acordo familiar com algum membro requer muita segurança, pois estabelecendo novos parâmetros relacionais vamos sistemicamente movimentar a individualidade do outro e exigir que novas organizações sejam experimentadas.

Preparei-me internamente para que, de uma forma madura e decidida, conseguisse comunicar o que me incomodava na minha mãe em relação a minha esposa. Então, tive uma longa conversa com ela sobre as expectativas que tínhamos sobre o nosso futuro. Tentei deixar o mais claro possível como era importante contar com o seu apoio de mãe, mas como também era preciso que ela pudesse respeitar e considerar a forma como eu e minha esposa direcionávamos o nosso casamento e a construção da nossa família.

Ouvi histórias ou trabalhos de *Self* em que as pessoas fizeram profundas transformações em seus papéis familiares, reviveram e ressignificaram fatos terríveis. Meu caso, que retrato neste livro, parece algo simplório e pouco significativo, contudo, retifico a importância das pequenas mudanças no caminho dos terapeutas. Para mim, foi de extrema importância fazer este ajuste de contas geracional com a minha família, me ajudou a perceber e evoluir o meu *Self*. Diferenciar-me da minha família de origem e ter, principalmente, esta conversa e mudança de posicionamento entre mim e minha mãe me possibilitou trabalhar o pertencimento agora de uma outra forma no meu seio familiar. Acima de tudo, acredito que me ajudou a conceder a mim mesmo o ato de me permitir, ter mais convicção no meu trabalho e na minha caminhada como terapeuta.

Referências

ANDOLFI, M. *Terapia familiar*: m enfoque interacional. Buenos Aires: Paidós Ibérica, 1991.

ANDOLFI, M. *A linguagem do encontro terapêutico*. Porto Alegre: Artes Médicas, 1996.

CARTER, B.; MCGOLDRICK, M. *As mudanças no ciclo de vida familiar*: uma estrutura para a terapia familiar. 2. ed. Porto Alegre: Artmed, 2011.

BOWEN, M. *La terapia familiar em la prática clínica*. Bowen Center for the Study of the Family/Georgetown Family Center, 2016.

GROISMAN, M. *Cartas a um jovem terapeuta*. Rio de Janeiro: Núcleo de Pesquisas, 2010.

MAESIMA, G. M.; BARRETO, M.; BEIRAS, A. O conceito de ressonâncias no processo de formação do terapeuta: descobrindo potencialidade e limitações da prática terapêutica. *Nova Perspectiva Sistêmica*, n. 64, p. 105-118, ago. 2019.

RODRIGUEZ-GONZÁLEZ, M.; BERLANGA, M. M. *La teoria familiar sistêmica de Bowen*: avances y aplicación terapéutica. Madri: McGraw-Hill Interamericana, 2015.

LADVOCAT, C. O mapa do terapeuta e a diferenciação do self como recursos para a formação em terapia familiar. *Revista Brasileira de Terapia Familiar*, v. 5, p. 122-132, 2014.

MER DU
NOR
SUD
GOLFE DE MEXIQUE
Tropique du Ca
Tropique du Capricorne
GUIANE ou GUAIANE
PAYS DES AMAZONES
TUCUMAN
GUAYRA

CAPÍTULO 12

RETRATOS E REFLEXOS: MINHA EXPERIÊNCIA NO TRABALHO DO *SELF* DO TERAPEUTA POR MEIO DE FOTO DA FAMÍLIA DE ORIGEM

Juliana Felippin

É loucura pensar que você possa trabalhar com uma família e seu mundo impulsivo se você não pode ter acesso ao seu próprio.
(WHITAKER; BUMBERRY, 1990 apud CRAMER, 2006, p. 128).

O que e como me encontrei neste lugar

Como é sabido pela maioria que nos lê agora (pressupondo que muitos sejam terapeutas de família), Bowen – uma de nossas maiores referências em terapia familiar – diz que amadurecer e diferenciar-se de nossa família de origem é ponto crucial na formação do *Self* do terapeuta.

Trabalhar o *Self* enquanto terapeuta de família nos permite passar por nossas próprias histórias de uma forma muito mais profunda, desafiadora, reveladora e, afirmo, encantadora, o que não significa dizer que isso não seja dolorido. Desde minha formação acadêmica, passei por diversos momentos de vida em psicoterapia. Assumi a "comanda" sugerida na época de faculdade que orientava processo psicoterápico e a supervisão na construção de bons psicólogos. E assim o fiz. Assim o faço. Não acredito que possamos ter todas as visões possíveis de determinados casos ou situações. Entendo necessário, ético e saudável ouvir outras opiniões e sugestões de leituras que ampliem o olhar, a percepção e o suposto saber. Sou discípula de professores universitários com pensamentos predominantemente psicanalíticos, e essa é uma premissa desta abordagem. Aqui, aponto algumas de minhas lealdades: a curiosidade comprometida de saber mais, de desenvolver a escuta, de analisar discursos, observar o não verbal, averiguar contextos e devolver perguntas que levem os sujeitos a pensar. Gosto quando me fazem pensar nos meus caminhos e escolhas. Assim, cheguei a este momento de meu ciclo vital: vinte anos de formada e atuando, e com desejo de sequência, de ampliação, renovação.

Da forma como vivenciei meu trabalho de *Self* da família de origem (e venho vivenciando, pois hoje faço parte de um grupo de trabalho de *Self* da família atual), senti-me acolhida, encorajada e envolvida. O trabalho de *Self* nos tira de um lugar de espectador e nos coloca num lugar de observador ativo – e, por vezes, participativo –, na condição de escultor de uma cena.

Nessa formação, éramos treze participantes, todas mulheres, de vários estados do Brasil. A cada encontro, vivenciávamos dois trabalhos de *Self*. A cada um deles, muitas ressonâncias. E assim é quando trabalhamos com famílias, com casais e com indivíduos. Psicodinamicamente, embasada nas minhas leituras e vivências conjugadas entre o olhar psicanalítico e o olhar sistêmico, assisti às transferências e às contratransferências aflorando em nossos trabalhos, de forma muito similar às experiências vivenciadas em consultório, ao longo de quase duas décadas de atuação em psicologia clínica. Nossos sistemas, ali naquele grupo, estavam conectados por mitos, mandatos, legados, crenças, valores, segredos e padrões, e assim caminhamos. Nesse contexto, importante lembrar dos ensinamentos de Mony Elkaïm (1998) sobre ressonâncias, pois, nessas ações, em contextos múltiplos, explorávamos os possíveis significados de cada história narrada, sentida e/ou reeditada, e, certamente, amadurecíamos, nos víamos, nos encontrávamos e nos refletíamos: cada uma a si mesma, e, em cada uma um pouquinho de cada uma de nós.

Para Fromma Walsh (2016), um terapeuta está sempre em desenvolvimento das competências, e tudo aquilo que tenha vivenciado até então pode vir a ser recurso profissional, o que lhe confere sensibilidade e resiliência, podendo, assim, ir além de técnicas e teorias.

Nesse grupo, encontro a encontro, fomos localizando um lugar de pertencimento que possivelmente nos conferia mais segurança em falar sobre os "nossos sobres", até porque havia um contrato psicológico que regia esse contexto. E ainda assim, dentro das possibilidades e das liberdades, fronteiras eram delimitadas, pois individuando (processo *ad eternum*) pertencíamos e nos separávamos. Sobre isso, Minuchin (2003), com sua inestimável e vasta contribuição, nos diz que individuamos apoiados no coletivo. Logicamente, ele fala da família de origem, mas nós, ali, em nossas esculturas on-line, num movimento de certo modo inovador, trabalhamos nossas identidades e confirmamos o dizer de Whitaker: "a vida em si pode ser terapêutica" (1992, apud CRAMER, 2006, p. 183).

Experienciar as esculturas dos demais colegas me permitia sentir as ressonâncias daquelas histórias na minha história. Fui, com isso, acessando possíveis vulnerabilidades minhas – aquelas que, por projeção, deixamos (eu, por muitas vezes, deixei) para o outro, mas que visualizamos –, e nessa proposta de, no coletivo, trabalhar meu *Self*, vi a mim mesma encarando, trabalhando e ressignificando.

Indiretamente, na vivência do trabalho do *Self* do terapeuta, nos "*terapeutizamos*" em grupo (ainda que essa não fosse a proposta inicial). Além disso, víamos a nós mesmos em situações de supervisão, e, com isso, o aprendizado naturalmente acontecia, andragogicamente, proporcionando amadurecimento profissional e pessoal.

Sobre a construção do *Self*

Escrever este capítulo representou a possibilidade (através da narrativa de minha história, minhas percepções e meus sentimentos acerca de vivências com minha família de origem) de compreender significados que ressoam até hoje e que se relacionam com quem sou e com o modo como atuo, considerando a influência emocional do que fora por mim vivido. Michel White (2012) denomina esse processo de *remembering*, que, em suas palavras, significa a contação de uma história, marcada pela presença e pela atuação de outros atores, em especial, meus pais. Dessa forma, reviso, literalmente escrevo, reedito, ressignifico, me conecto às minhas redes de pertencimento e entendo como trabalho com parentalidade, conjugalidade, individuação e relações fraternais.

Embora imersa no universo sistêmico desde que me entendo por gente, tornei-me psicoterapeuta sistêmica em 2017, dezesseis anos depois de formada em Psicologia. Por que "desde que me entendo por gente"?

Nas minhas escutas e conversas, sempre achei interessante o relato sobre as andanças, as caminhadas e as vivências das pessoas. Sempre fui apaixonada por geografia e mapas. Esse *devir* é experiencial, vivido e marcado por uma mudança. Saí do Rio Grande do Sul aos 8 anos de idade e fui morar em Goiás, onde pude conviver com um *mix* de culturas e pessoas vindas de diferentes regiões do Brasil, mas, ainda assim, convivíamos mais com os gaúchos como nós. Ali, eu ouvia nome de cidades, sobrenomes, origens.

Aos 20 anos, no interior do estado de São Paulo, já na faculdade, o interesse por essas questões só aumentava, até porque o "de onde você veio?" era um quebra-gelo natural para início de conversas, futuras amizades e identificações.

Sinto que a lealdade às minhas origens se faz muito presente em minhas escolhas de estudos e nos aprofundamentos técnicos. Exemplifico com o registro de uma formação em Coordenação de Grupos, realizada pela Sociedade Brasileira de Dinâmica de Grupos (SBDG), na qual os gaúchos Gladis Suliani e Roberto Scola coordenavam os trabalhos. Esses estudos resultaram na minha formação em Terapia Sistêmica pelo Centro de Estudos da Família e do Indivíduo (CEFI), sediado em Porto Alegre-RS. Curiosamente, o InterCiclos, instituição a que me vinculei para aprofundamento em meu *Self*, é sediado em Chapecó-SC, localizada a 170 Km de Carazinho-RS, minha cidade de origem. E essa distância, para uma apaixonada por estradas e andanças, que atualmente mora em Mato Grosso é "*logo ali*", como diriam os goianos.

Uma foto: muitas memórias

A consigna do nosso grupo, para trabalhar nosso genograma, era trazer uma fotografia de nossa família de origem, na qual todos os componentes se fizessem presentes. As atividades foram amável e brilhantemente conduzidas por Lúcia Vinagre, e eu trouxe para meu trabalho de *Self* uma foto de minha formatura em Psicologia.

Na composição da foto que apresentei, estão meus pais sentados, lado a lado (ele, à esquerda, e ela, à direita); eu recostada na poltrona do anfiteatro, próxima à minha mãe, e minhas duas irmãs, atrás de nós, em pé. Somos em cinco. Sou a filha mais velha, com diferença de 4 anos para a irmã do meio e de 10 anos para a irmã mais nova.

Lucia, sempre surpreendente, além de me fazer falar da foto, pergunta de um filme que tenha marcado minha vida, e, lá fundo da alma, resgato: *Kramer vs. Kramer*, de 1979, com Meryl Streep e Dustin Hoffman. Coisas do trabalho do *Self*: inteligência, percepção e intuição sistêmica da facilitadora. Psicodinamicamente, afirmo, conteúdo latente virou manifesto. E muita coisa começou a fazer sentido. O inconsciente trouxe, o genograma fez compreender.

Nossos rastros

Meu pai é o segundo de cinco filhos (a quarta filha é natimorta e o quinto filho é adotivo). Minha mãe é a primeira filha entre sete irmãos, sendo as três primeiras mulheres e os outros quatro filhos, homens.

Nosso modelo de família seguiu os moldes tradicionais característicos dos meados dos anos 1970, quando o homem provia financeiramente e a mulher cuidava da casa e dos filhos. Quando casaram, minha mãe tinha 19 anos, e meu pai, 24 anos. Nasci um ano e dois meses após o casamento deles. Por questões de trabalho, meu pai mudava-se com frequência. Até meus 5 anos, morei em 3 cidades diferentes. E, em 1984, nos mudamos para o interior de Goiás. Minha mãe vivia integralmente para os cuidados da casa, do marido e das filhas. É desse tempo que tenho minhas lembranças de infância e adolescência. Cheguei lá com 8 anos e saí com quase 18.

Somos migrantes, e, da minha infância no Rio Grande do Sul, recordo-me da convivência entre as famílias, sendo que, até hoje, meus tios paternos e maternos, que moram na mesma cidade, mantêm entre si certa proximidade e relacionamento cordial.

Fui uma criança quietinha, "que não dava trabalho", me sentia querida pelos adultos do entorno (avós, tios, padrinhos e vizinhos). Sobre a nossa chegada em outro estado, quando o distanciamento geográfico com a família de origem aconteceu, lembro das amizades de meus pais. Gaúchos numa querência distante se reúnem: os homens fazem o churrasco, as mulheres tomam chimarrão, preparam maionese, e as crianças brincam. Nesse contexto, a bebida aparece, invariavelmente. A mesma bebida que transgeracionalmente estava presente nas relações familiares do meu pai.

Como assinala McGoldrick (2012, p. 416),

> O alcoolismo constitui um processo sistêmico que afeta e é afetado pela interação entre o bebedor e o álcool, o bebedor e ele mesmo, e o bebedor e os outros. Os efeitos do beber resultam em mudanças adaptativas em todos os níveis sistêmicos, e uma vez que ele é altamente destrutivo em todos esses níveis, assim como uma ameaça potencial à vida, o alcoolismo é muito adequadamente chamado de doença.

Ainda segundo essa teórica, diferentemente de outras doenças que podem afetar a vida em família, para essa dinâmica, desenvolve-se um "sistema rígido de negação, numa tentativa de evitar o reconhecimento do problema. Os efeitos do alcoolismo são insidiosos, e tanto distorcem quanto destroem a autoconfiança e a autoestima da família. A negação se torna uma defesa contra o reconhecimento da crescente falta de controle que tipicamente ocorre nos níveis emocional e funcional. A negação pode ser considerada um dos maiores sintomas do alcoolismo, e pode ampliar-se para uma negação tanto do beber problemático quanto do impacto desse beber em outros membros da família (VAILLANT, 1983 apud KRESTAN; BEPKO, 2016). Para endosso de toda nossa percepção e saber sistêmico, "o alcoolismo é um distúrbio com impactos intergeracionais" (KRESTAN; BEPKO, 2016, p. 20).

Osório (2021) aponta que, longe da família de origem, o casal pode testar compatibilidades. Para o autor, o casal pode e deve ter objetivos individuais compatíveis, em um contexto em que cada componente da dupla não abdique de sonhos ou da realização pessoal em prol do outro. Quando um se atrela ao projeto do outro, desconsiderando suas demandas, a amargura pode aparecer, e a alquimia conjugal enfraquecer.

Meu pai, sob efeito do álcool, era brincalhão, mas se fechava, adormecia, entorpecia. Acredito que, diante disso, a tristeza e a impotência de minha mãe aumentavam. Provavelmente, ela poderia sentir saudade dos seus, das referências, de uma rede de apoio. Eu tinha medo de perdê-los. Minha mãe era triste. Meu pai, por sua vez, brincava, contava histórias, levava para passear, contava sobre os lugares que iríamos conhecer em viagens. Era mais legal estar com ele, ainda que fosse constrangedor quando ele bebia.

À título de uma breve recapitulação, caracterizamos o apego como sendo de dois tipos: seguro e inseguro. O apego seguro confere uma dependência equilibrada que produzirá autonomia, autoconfiança e senso positivo de *Self* na criança. Já o apego inseguro proporciona à criança uma regulação de emoções diante de situações de falta de receptividade das figuras de apego, gerando certa dependência. No apego inseguro, ainda verificamos uma subdivisão em três tipos, que são: apego inseguro ansioso, que hiperativa o sistema de apego; o apego inseguro evitativo, que desativa o sistema de apego; e o apego inseguro desorganizado, que configura, ao mesmo tempo, desejo e medo da intimidade.

No apego seguro, observam-se pais disponíveis e receptivos afetivamente, que conseguem fazer uma leitura de sinais emocionais dos filhos, sendo continentes às suas necessidades, criando um ambiente que possibilita à criança se sentir afetivamente segura, regulada emocionalmente, e que se entende digna de afeto e de ajuda em momentos de necessidades ou desafios. Adultos com apego seguro têm tendência a ter boas relações com os demais, boa autoestima, buscam apoio social, não temem o abandono e não se importam se precisar de algo do outro, sabendo pedir e doar.

Pessoas com apego ansioso ambivalente tiveram pais que se mostraram disponíveis de forma inconsistente e imprevisível, sendo intrusivos e com dificuldade de se diferenciar, preenchendo mais as suas próprias necessidades do que as da criança. Logo, as crianças criadas nesse contexto afetivo e que apresentam esse tipo de apego não se regulam com a proximidade, tornam-se carentes e apegadas, não se acalmando nem com a presença do cuidador. Um adulto vinculado ao apego ansioso geralmente é desconfiado, apresentando receio de se aproximar das pessoas, efetua ruptura frequentes, busca constantemente aprovação e receptividade e faz a super ativação do sistema de apego.

No apego desorganizado, encontramos pais amedrontados e assustadores ao mesmo tempo, abusadores de alguma forma, com dificuldades de regular seu próprio afeto, e, mais ainda, o da criança. E, por sua vez, crianças com o sistema de apego predominantemente desorganizado demonstram comportamentos desorientados, pois os pais ativam tanto comportamentos de apego quanto comportamentos defensivos, apresentando angústia quando próximos, com respostas dissociadas, frequentemente estatizados, paralisados e desligados. O adulto que se relaciona por meio do apego desorganizado demonstra dificuldade em formar relações e vínculos significativos, em ver os demais sem distorções significativas, apresentando comportamentos contraditórios (deseja e tem medo da intimidade) e um forte sentimento de indignidade.

No apego evitativo, os pais se mostram desconfortáveis com emoções expressas pela criança, estando, na maioria das vezes, indisponíveis emocionalmente, com baixa sintonia afetiva, e dificuldade em se relacionar com os filhos como criança. E a criança que apresenta esse tipo de apego opta por não buscar sofrimento, não se mobiliza para aproximação e desiste desse recurso, por entender que isso trará sofrimento, desativando o sistema e a necessidade de apego. Já adultos que apresentam comportamentos de apego no estilo evitativo demonstram pouca emoção nos relacionamentos, bem como dificuldade em compartilhar pensamentos e sentimentos, relatar intimidades, sentindo-se desconfortável com proximidades e desativam o sistema de apego.

Considerando os tipos de apego, entendo, pelo narrado acima, que desenvolvi, em especial na pré-adolescência e na adolescência, o apego evitativo. E essa foi uma "descoberta" efetivada via *Self* e nos caminhos psicoterápicos (psicoterapia individual sistêmica) que concomitantemente percorri nesse processo específico.

Um conceito que se revela básico nessa área é apresentado por Murray Bowen (1978), que se refere ao grau de diferenciação alcançado por uma pessoa. Diferenciar-se significa ter autonomia, e, assim, o sujeito vai vivenciando e demonstrando – através da capacidade ou não de estabelecer e manter relacionamentos íntimos com outros, de conseguir controlar a emotividade – como explicita seus pensamentos e sentimentos, e tudo isso sem a necessidade de incluir um terceiro na relação ou de recorrer à alguma fusão.

Assim, entendemos diferenciação como processo, e não como um estado que não pode ser alterado. Bowen (1978), em sua contribuição, não traz uma definição de normalidade familiar; mas nos diz que "todas as famílias variam ao longo de um contínuo, desde a fusão até a diferenciação", e que "as famílias são mais parecidas que diferentes" (NICHOLS; SCHWARTZ, 2007, p. 316).

Nesse cenário, mergulhada em minha própria história, aprofundando as leituras sistêmicas e vivendo a experiência do *Self* do terapeuta, identifiquei triangulações em minha família de origem. Impossível não as visualizar.

Para Bowen (1991 apud CRAMER, 2006), saber sobre triângulos é essencial ao terapeuta, pois, segundo ele, todo relacionamento envolve três pessoas: "o triângulo é um modo natural de ser". Sabemos que todo sistema familiar trará triângulos interconectados, ativados ou não, dependendo das vivências, pontos de transição, dos desafios de cada fase do ciclo vital, e irá considerar, ainda, fatores trigeracionais (estressores horizontais e verticais).

Andolfi nos lembra que os pais geralmente designam papéis e deveres aos filhos, resgatando o conceito de mandatos e legados, sendo esses uma espécie de elo entre o "mito familiar e a maneira como este irá expressar-se pelas expectativas de cada membro da família e, em particular, por intermédio dos pais" (ELKAÏM, 1988, p. 45).

Bowen (1991) postulava, além disso, que, em um relacionamento entre duas pessoas, em momentos críticos, reduz-se ansiedade com a inclusão de uma terceira pessoa na relação, e esses terceiros podem ser (ou geralmente são) os filhos. Olhando novamente para a minha história, identifiquei que minha criança fez esse papel dentro de minha família de origem. O referido teórico conclui que as instabilidades diádicas podem estar vinculadas a uma ambivalência, que traz a necessidade de autonomia e, concomitantemente, a necessidade de conexão entre as pessoas. Logo, gera-se uma estabilidade do sistema relacional, garantida nesse processo triangular, que poderá se perpetuar via padrões de repetição, e pode certamente transcender gerações.

Nessa vivência, entendi que minha mãe se triangulou às minhas irmãs, e eu me triangulei ao meu pai e à minha mãe. Por isso a lembrança do filme *Kramer vs. Kramer*. Nesse filme, o enredo narra a história de um casal, possivelmente em fase de aquisição, com um filho de 6 anos. Em minha interpretação da obra, vejo um homem envolvido no crescimento profissional e uma mulher anulada pela maternidade. O isolamento e o consequente afastamento do casal criaram ambiência para uma mulher desejosa de outras vivências na conjugalidade e na parentalidade, desejosa de abandonar esposo e filho para individuar, entendendo que, naquele momento de desespero, era o que precisava e podia fazer, tanto que ela diz no Tribunal, por ocasião da disputa de guarda do filho: "*eu sei que abandonei meu filho (...) eu não era capaz de funcionar naquela casa*". A partir desse evento, pai e filho criam um elo de conexão, no entanto, é visível o despreparo do pai para o exercício da paternidade, ao ponto de o pai dizer em certa altura do filme: "*sou um sobrevivente*" (sic).

Por que esse filme? Claro que existem razões inconscientes. Assisti novamente à obra depois do *Self*. E qual foi minha "surpresa"? O filho fica com a pai! A mãe "entrega" o filho para o pai. Por amor. Entendi meu resgate inconsciente. Nas minhas lentes, vi uma mulher cansada, fragilizada, que vivia um casamento desgastado e que precisava se reconectar a si mesma. Por estar frágil, por entender que precisa de si, fugiu. Minha mãe não fugiu. Apenas se permitiu fragilizar e ser o que dava conta. Assim como ela, sendo eu a filha mais velha, ela pode ter entendido que eu daria conta como ela deu. Como a minha avó, também filha mais velha deu conta. Deu conta de amadurecer cedo. Compreendi, portanto, que nós três precisamos amadurecer cedo – neta, mãe e avó –, mas essa compreensão é resultado de um processamento pós *Self* e somente ocorreu depois de eu ter assistido novamente ao filme e de me preparar para este relato. Como tudo isso é surpreendente!

Entender-se via genograma possibilita que saiamos de um lugar disfuncional, de uma triangulação ativa, para encarar possíveis triângulos latentes em que conviveremos em três pessoas, mas as relações tecidas mutuamente não serão governadas por emoções reativas. Assim, com essa percepção, essa consciência e essa vivência, cada membro dessa relação "é capaz de concentrar-se em si mesmo em vez de estar tratando de saber qual é a postura dos outros antes de adaptar a própria" (SANTOS, 2008, p. 9).

Quando a minha criança assume um "*upgrade*": filha parentalizada, eu?

McGoldrick (2012) relata que é comum que, em famílias com um dos pais alcoolistas, o filho mais velho, em especial as filhas, se tornem super-responsáveis e assumam funções cuidadoras.

A escolha profissional, em especial a de ser psicóloga e, sequentemente, a de especializar-me em casais e famílias, pode ter origem naquilo que Neil e Kniskern (1990, p. 124) ponderam: "os terapeutas parecem ter sido ajustadores ou esclarecedores ou pais substitutos".

Quando eu tinha 10 anos de idade, minha irmã mais nova nasceu. Levaram sete dias para decidir o nome dela. Sob uma tensão enorme, minha mãe disse a meu pai que ele decidisse o nome e se fechou no quarto com a bebê. Ele por sua vez, pediu que eu fosse até o quarto e que escrevesse o nome de minha irmã, conforme o desejo de minha mãe, num papel e trouxesse a ele. Assim o fiz, e ela foi registrada com o nome que minha mãe desejava.

Possivelmente, ali, naquela situação, amadureci. Dei um salto. Entendi que deveria ser adulta, colaborar, contribuir e seguir não dando trabalho.

Minha mãe solicitava que eu a ajudasse, tanto em tarefas domésticas com os cuidados de minha irmã caçula, assim como minha avó solicitava para ela, quando ela era criança, afinal, éramos as mais velhas. Aleatoriamente e "sem motivos", ganhei uma mobilete com 13 anos. Foi meu passaporte para a adultização precoce. Eu era claramente vinculada a meu pai, e distanciada de minha mãe, que tinha minhas irmãs próximas a ela. Meu pai me ensinou dirigir com 12 anos. O mundo que ele me apresentava era mais alegre, mais livre, ainda que perigoso, com pouca explicação sobre limites. De forma indireta, me eram ofertadas responsabilidades, e eu as agregava ao meu cotidiano. Ainda criança, me submetia a essa obediência. Paradoxal, mas real. Desenvolvi muita potência e pouca necessidade. Entrei no modo fazer para não ter contato com a dor. Era melhor ser alegre e divertida do que encarar a tristeza. E aí nesse ponto há um torpor. Minha mobilete era uma espécie de *déjà vu* de uma época em que meu pai tinha uma moto e experienciávamos momentos maravilhosos em família, passeios, paisagens... sempre em movimento.

Existiam duas falas importantes em minha casa direcionadas a mim. Uma vinha de minha mãe: estude e seja independente. E a outra, vinha de meu pai: eu pago sua escola, portanto, passe em uma universidade pública. Estudar sempre foi um valor em nossa casa. Obedientemente, segui a premissa. E distanciada, queria sair de casa.

Anos mais tarde, fazendo faculdade, entendi que eu deprimi nessa época. Mas disfarçava. Sabia, inconscientemente, que meus pais não dariam conta de lidar com minhas tristezas. Assumi um lugar de controle. De tentativa de autocontrole. Lidava com minhas frustrações e tristezas isoladamente. Eu precisava criar um mundo alegre, dinâmico, acolhedor, cheio de vida.

Escolhas amorosas

Na adolescência, tornei-me uma excelente ouvinte. Transitava por mundos diferentes. Oferecia a compreensão que gostaria de ter. Gostava de estar entre pessoas. Aqui, possivelmente, havia uma identificação com o universo feminino de minha mãe, mas o universo masculino me chamava mais a atenção. A liberdade me encantava. O encontro com minhas vulnerabilidades, naquele momento, não era possível.

Ao participar de um workshop com Cynthia Ladvocat, em 2021, sobre Escolhas Amorosas, descobri que me aliei à alegria do álcool, e não à tristeza da depressão. Ainda que de forma disfuncional, desregulada e frágil, minha vinculação maior foi ao meu pai.

O duograma é uma ferramenta para mapeamento das histórias de casal de uma pessoa. Essa representação gráfica permite a visualização de como o indivíduo se relacionou afetivamente desde a infância até os tempos atuais com figuras amorosas. Ele possibilita compreender como as diversas relações afetivas nos marcam ao longo da vida e auxilia na percepção sobre como vivenciamos amores significativos ao longo do nosso ciclo vital, além de auxiliar a entender como foram nossas formas de apego.

A quem nos lê, pergunto: você consegue perceber a riqueza de detalhes que conseguimos captar num trabalho de *Self*? E, tenha a plena certeza, um pós *Self* segue surpreendendo, revelando, esclarecendo, ressignificando e possibilitando insights, resgates e posicionamentos.

Fiz terapia enquanto universitária. No último ano, fiz análise, duas vezes por semana, "deitada no divã". Quanta descoberta. Ali, ressignifiquei muito minha relação com minha mãe. Acredito que a proximidade física que temos, minha mãe e eu, na foto apresentada para o referido trabalho, lá da minha formatura, se deva a isso, por se tratar de um período muito próximo, em que trabalhamos muito a nossa forma de nos comunicar e de expressar afetos, uma vez que morávamos em estados distantes e nos víamos somente duas vezes por ano.

Self do terapeuta e suas ressonâncias

Em processo de descristalização, ainda guardo um pouquinho daquela visão onipotente do terapeuta, de segurar a emoção diante do outro. De um tempo para cá, extravaso minhas emoções, lembrando que controle é algo altamente importante para mim, mas me permito me comover com a emoção e com as conquistas dos outros, e com as minhas também, ainda que publicamente.

Ter passado pela experiência do *Self* e me entregado a ela com liberdade faz-me constatar o quanto nossa evolução como pessoas e profissionais é dinâmica e contínua. Entendo que buscar pela formação continuada é colocar a si mesmo diante de possibilidades e saberes, e permitir-se ser moldado, "descascado". É interessante e desafiador colocar-se num lugar de certa exposição. Expomo-nos a nós mesmos.

O trabalho do *Self* de terapeuta, como vivi, com um genograma desconstruído, esculpido num retrato, somado à recordação de um filme, trouxe entendimentos de situações e contextos depois de muitos anos. Como é importante ter a leveza e a coragem de confiar em um profissional que, adequada e sensivelmente, nos fará percorrer caminhos de memórias e fatos, até então não percorridos, não lembrados, não trabalhados, não elaborados. Quando é que estaremos totalmente individuados? Quando é que estaremos totalmente prontos?

Considerações finais

Sou apaixonada pela obra, criação e condução de Mony Elkaïm (além de outros, em especial, Maurizio Andolfi), e, seguindo rumo à conclusão de meu texto/relato/reflexão, trago uma frase de uma de suas pacientes, cujo teor encaixou-se perfeitamente em meu roteiro e pode ser que encaixe no seu também: "Meu pai (*e mãe*) me amou (*me amaram*) intensamente, mas ele (*s*) nunca me conheceu (*conheceram*) como sou" (ELKAIM, 2008, p.53, grifos da autora).

Quando pais têm dificuldade de assumir suas funções, possivelmente vejam a si mesmo enredados em ciclos repetitivos, ou da família, ou da cultura vigente. Na intersecção do que somos e do que percebemos, vivemos nossas vidas, nossos possíveis, nossas realidades.

"Amamos nossos filhos como imaginamos que eles sejam, mas o que pensamos deles não é necessariamente como eles são – menos ainda aos olhos deles". Desse modo, podemos assim formular a mensagem implícita que um pai envia ao filho: "Eu o amo como acho que você é, sem perceber que, talvez, você seja diferente: mas como eu amo e quero seu bem, aceite meu amor como algo positivo" (ELKAIM, 2008).

Nos escritos de Cerveny (2001, p. 75), temos a confirmação de que "talvez possamos dizer, sem exagero, que todo terapeuta de família se deparou com pelo menos uma repetição de padrões intergeracionais de sua família de origem, durante seus atendimentos clínicos".

Grandesso (2000 apud CRAMER, 2006, p. 277), por sua vez, nos diz que "não há como ser terapeuta apartado da própria vida vivida, das histórias pelas quais constrói sua autobiografia".

Quando conhecemos nossa historicidade, no mínimo trigeracionalmente, compreendemos que, entre nós, não há "gente boa ou gente ruim". Cada um, a seu modo, oferece o que – psíquica e afetivamente – adquiriu e tem, e como dá conta de manejar cada situação ou desafio, acreditando piamente que é o melhor a ser feito ou viver naquele momento, respeitando as demandas de cada ciclo vital. Reitero, aqui, a importância de olharmos para os fatores estressores horizontais na linha do tempo de cada família, além de considerar contribuições culturais, étnicas, sociais, financeiras dentre outras.

Bowen (1991) traz o conceito de Processo de Projeção Emocional Familiar, que referenda a ideia de que, mesmo experienciando vivências com nossas famílias de origem, nos diferenciamos, assim como nossos pais se diferenciaram dos seus, configurando a transmissão multigeracional. Dessa possibilidade, as famílias não escapam. Logo, não existe grau máximo de diferenciação (BOWEN, 1991).

Famílias normotípicas, funcionais, possibilitam aos seus componentes formas e espaços de crescimento, através da experimentação de sua singularidade. Desse modo, há uma possibilidade de evolução, reorganização, flexibilização e criação. As regras que essas famílias criam "servem de guias e estão a serviço dos esforços de crescimento" (WHITAKER; BUMBERRY, 1990, apud CRAMER, 2006 p. 137). O ideal seria que houvesse nitidez na observação e na visualização desses triângulos, coalizões, emaranhados, que, enfrentados, não desencadeariam sintomas a serem perpetuados.

Portanto, a todos os terapeutas seria pertinente, continente e revelador passar por trabalhos de *Self*. Escrevo no plural porque a cada genograma que fazemos novos elementos são percebidos, outras memórias são resgatadas, ressignificadas. Desemaranhamos o novelo e seguimos tecendo as relações, em especial com nossa família de origem, de forma mais transparente, mais lúcida, mais diferenciada, e, consequentemente, afetiva, como damos conta de ser. Afinal, a vida não para, e os estressores seguem nos provocando, nos permitindo evoluir, não estagnar, crescer, desde que se olhe para tudo que aconteceu. Genogramas são potentes mapas mentais e, com eles, compreendemos o passado e suas relações, o que nos possibilita seguir e ser. Diferenciados e pertencentes.

Cynthia Ladvocat (2014, p. 10) reitera que:

> O crescimento e amadurecimento profissional têm íntima relação com a sua posição frente ao material clínico e frente à sua própria visão de mundo. Por isso, é importante exercitar todos os sentidos do terapeuta, as ressonâncias e as cenas temidas que coloquem sua pessoa em risco. Essas cenas estão relacionadas com cenas vividas ou fantasiadas em sua história familiar.

Embasada em Andolfi (1984 apud LADVOCAT, 2014), ela ressalta que existem três fatores cruciais na formação de um terapeuta de família: o primeiro é aprender sobre terapia em seminários e cursos; o segundo é aprender sobre terapia e sobre ser terapeuta a partir de atendimentos clínicos e supervisões; e, na sequência, baseado em seu processo psicoterápico pessoal, aprender a ser terapeuta usando a si mesmo com todo aporte técnico e teórico, lapidado pela sua personalidade, seu *Self*.

Hazam e Zeifman (1999, apud MENDES, 2021) apontam que, na idade adulta, temos a oportunidade de sobrepor os sistemas afetivos comportamentais. As relações de apego na fase adulta podem atuar de forma recíproca, protegendo e cuidando, sendo protegido e sendo cuidado, concomitantemente – mas não, necessariamente, de forma equitativa, até porque cada membro do casal tem um histórico de apego e sua forma singular de encontrar estratégias de regulação afetiva. Mas esse já é um outro assunto. Aqui, já entramos no *Self* do terapeuta/família atual.

Autorizo-me a escrever um texto desta profundidade por ter entendido, via trabalho do *Self* do terapeuta, que minha atual distância emocional dos fatos narrados ainda traz implicações afetivas a meu sistema de origem. Hoje, de uma forma mais autônoma, diferenciada e integrada, pude ver minha historicidade com outros olhos, com uma transparência madura, distante (ainda que pertencente), com objetividade emocional e profissional. O objetivo, logicamente, foi além das expectativas, pois ressoa nesta escrita, em meus atos, meus gestos, meu ser.

O caminho para a diferenciação, segundo Andolfi (1984), somente é trilhado a partir da troca com os outros. Nossa identidade é moldada e enriquecida via aprendizado de novas formas de relação, que nos permitem variar funções dentro dos subsistemas que darão continuidade em nossa história, numa escalada evolutiva, com novos e diferentes protagonistas.

Percebem que um movimento conclama o outro? Então, sejam bem-vindos aos desvendamentos dos *Self*ies do terapeuta. Certamente isso fará muita diferença para você também.

Referências

ANDOLFI, M. *Por trás da máscara familiar*. (Tradução de Maria Cristina R. Goulart). Porto Alegre: Artes Médicas, 1984.

BOWEN, M. (1978). *Family therapy in clinical practice*. New York: Jason Arons.

BOWEN, M. *De la família ao individuo*. Barcelona: Ediciones Paidós Ibérica, 1991.

CERVENY, C. M. O. *A família como modelo*: desconstruindo a patologia. Campinas: Livro Pleno, 2001.

CRAMER, C. T. *Ecos da vida, a construção do terapeuta de famílias*: a prática clínica sob a lente das vivências na família de origem. Dissertação (Mestrado em Psicologia Clínica) - PUC São Paulo, São Paulo, 2006.

ELKAÏM, M. *Como sobreviver à própria família*. (Tradução de Maria Alice S. Doria). São Paulo: Integrare Editora, 2008.

ELKAÏM, M. *Formações e práticas em terapia familiar*. Porto Alegre: Artmed, 1988.

ELKAÏM, M. *Panorama das terapias familiares*. (Tradução de Eleny Corina Heller). São Paulo: Summus, 1998.

GRANDESSO, M. A. *Sobre a reconstrução do significado*: uma análise epistemológica e hermenêutica da prática clínica. São Paulo: Casa do Psicólogo, 2000.

KRAMER VS. KRAMER. Robert Benton; Stanley Richard Jaffe. EUA: Sony, 1979.

KRESTAN, J. C. A. C.; BEPKO, C. Problemas de alcoolismo e ciclo de vida familiar. In: MCGOLDRICK, M.; CARTER, B. *As mudanças no ciclo vital familiar*: uma estrutura para a terapia familiar. (Tradução de Maria Adriana Veríssimo Veronese). 2. ed. Porto Alegre: Artmed, 1995.

LADVOCAT, C. O mapa do terapeuta e a diferenciação do self como recursos para a formação em terapia familiar. *Revista Brasileira de Terapia Familiar*, v. 5, p. 122-132, 2014.

MCGOLDRICK, M.; CARTER, B. As mudanças no ciclo vital familiar: uma estrutura para a terapia familiar. In: *As mudanças no ciclo vital familiar*: uma estrutura para a terapia familiar. (Tradução de Maria Adriana Veríssimo Veronese). 2. ed. Porto Alegre: Artmed, 1995

MCGOLDRICK, M. *Genogramas*: avaliação e intervenção familiar. (Tradução de Sandra Maria Mallman da Rosa). 3. ed. Porto Alegre: Artmed, 2012.

MENDES, M. A. *A clínica do apego*: fundamentos para uma psicoterapia afetiva, relacional e experiencial. Novo Hamburgo: Sinopsys Editora, 2021.

MINUCHIN, S., LEE, W-Y., SIMON, G. *Técnicas de terapia familiar*. Porto Alegre: Artes Médicas, 2003.

NEIL, J.; KNISKERN, D. *Da psique ao sistema*. Porto Alegre: Artmed, 1990.

NICHOLS, M. P., & SCHWARTZ, R. C. *Terapia familiar*: conceitos e métodos. (Tradução de M. A. V. Veronese). 7. ed. Porto Alegre: Artes Médicas, 2007.

OSÓRIO, L. C. *Casais e famílias*: um enfoque atual. 2. ed. Belo Horizonte: Artesã, 2021.

SANTOS, N. E. B. dos. A *triangulação e seus múltiplos aspectos no contexto familiar*: um olhar relacional-sistêmico. Trabalho de Conclusão de Curso (Especialização em Terapia Relacional Sistêmica) - Instituto Familiare, 2008.

WALSH, F. *Processos normativos da família*: diversidade e complexidade. Porto Alegre: Artmed, 2016

WHITE, M. *Mapas da prática narrativa*. Porto Alegre: Pacartes, 2012.

CAPÍTULO 13

UM TESTEMUNHO SOBRE AS REPERCUSSÕES DO TRABALHO DE *SELF* DO TERAPEUTA NA MINHA VIDA E NO PROCESSO DE DIFERENCIAÇÃO NA FAMÍLIA DE ORIGEM

Gianne C. Gemeli Wiltgen

Introdução

Quando recebi o convite, por parte da Danielle Doss Damo, para participar de um trabalho de *Self*, não fazia ideia do que era, nem de como isso mudaria minha vida. Aceitei por sempre estar interessada em aprender e oferecer um trabalho melhor para meus clientes. À medida que fomos realizando os encontros, conduzidos com muita eficiência e humanidade pela querida Lúcia Vinagre, fui me surpreendendo sobre como um trabalho assim podia ser tão terapêutico e transformador.

A impressão que tinha era de um "intensivo de terapia", pois, em poucas horas de cada trabalho, mesmo sendo de um colega, ou na parte teórica, muitas coisas se tornavam conscientes do meu *Self* e da minha história familiar. Neste breve capítulo, mas repleto de verdade e de amor, apresento essas experiências e as mudanças que influenciaram a minha vida. Certamente, quando o terapeuta trabalha seu *Self*, ele se torna melhor e mais assertivo para seus clientes.

A experiência vivenciada com o trabalho de *Self* do terapeuta

Quando comecei o trabalho de *self* do terapeuta em relação à família de origem, eu morava numa pequena cidade do oeste de Santa Catarina, ao lado de Chapecó, chamada Coronel Freitas, cidade onde que fixei residência por motivo do casamento, vinda de Tubarão, cidade litorânea na qual cursei a faculdade de Psicologia.

Junto com meu marido Adelmar, escolhemos construir nossa vida em comum, constituir nossa família e trabalharmos nas cidades pequenas da região. Sempre gostamos de cidades pequenas e o do oeste catarinense. Sem perceber que nossas "raízes familiares" estão exatamente em cidades do interior e no oeste de Santa Catarina.

No entanto, com o crescimento dos filhos – e eles deixando de aproveitar o pátio de casa para brincar –, indo todos os dias de ônibus para estudar, além da minha maior demanda de trabalho em Chapecó, em meados de 2018, comecei a pensar em mudarmos. O marido, no entanto, não tinha essa vontade nem reconhecia essa necessidade.

Até o momento, eu não havia percebido as motivações inconscientes para tal mudança, tais como a "invasão" de pessoas que trabalhavam em minha casa há muitos anos com maior autoridade do que eu sobre o funcionamento da nossa casa. Uma crise conjugal, que melhorou em partes com psicoterapia de casal, mais nos nossos papéis parentais do que conjugais (eu hiperfuncionando e o marido hipofuncionando na família), o que gerava tensão no sistema familiar, e o filho mais velho trazendo sintomas de ansiedade e déficit de atenção.

A sensação de uma casa sem limites e fronteiras era clara e intensa, devido a dois fatores principais: diversos funcionários entrando e saindo da casa para trabalhar; minha mãe, que havia mudado para a casa ao lado final de 2006, sob nosso convite, já que precisei da ajuda dela com os dois filhos diagnosticados com refluxo quando bebês, o que estabeleceu uma rotina diária da sua presença em nossa casa.

Segundo Minuchin (1982, p. 59),

> A função das fronteiras é de proteger a diferenciação do sistema. Para o funcionamento apropriado da família, as fronteiras dos subsistemas devem ser nítidas. Devem ser definidas suficientemente bem para permitir que os membros do subsistema levem a cabo as suas funções, sem interferência indevida, mas devem admitir contato entre os membros do subsistema e outros. A composição de subsistema, organizado em torno das funções familiares, não é especialmente tão significativa quanto a nitidez das fronteiras do subsistema. Um sistema parental, que inclui uma avó ou uma criança parental, pode funcionar muito bem, desde que as linhas de responsabilidade de autoridade sejam nitidamente delineadas.

Sentia-me "sobrecarregada" nos cuidados com minha mãe, que requeria e requer cuidados pelo nível de desnutrição e adoecimento do seu corpo, entre outros aspectos, responsabilizando-me pelas compras de mercado, consultas médicas, farmácias, alimentação. Isso faz parte da "missão familiar", assim denominada pelo Dr. Moisés Groisman, com quem tive a oportunidade de compreender num trabalho teórico vivencial no Rio de Janeiro. Percebi, então, que posso e devo pedir ajuda, dividindo essa missão com meus dois irmãos.

Segundo Groisman, Lobo e Cavour (2003), um indivíduo, quando nasce, já vem inserido numa história familiar. Essa história envolve o passado de várias gerações, ao mesmo tempo que passa a receber uma série de expectativas futuras, oriundas de delegações ou projeções dos pais, avós e da família extensiva. Ou seja, ao vir ao mundo, o indivíduo não se constitui como uma tela em branco a ser preenchida daquele momento em diante; ele já traz referências. Dependendo do momento do ciclo vital familiar, tanto da família nuclear quanto da família de origem dos pais, normal ou acidental, o indivíduo terá uma determinada inserção no *script* familiar, uma posição na escala familiar (TOMAN, 1994 apud GROISMAN; LOBO; CAVOUR, 2003). Essa inserção lhe conferirá uma missão em relação à sua família de procriação e até mesmo em relação às respectivas famílias de origem do pai e da mãe. Nesse sentido, de acordo com Groisman, Lobo e Cavour (2003, p. 30), "Todo ser humano tem uma missão familiar a cumprir, explicita ou implícita, grande ou pequena, possível ou impossível".

Quando, em 2018, no trabalho de *Self* com o genograma simbólico descobri, ou tomei consciência, de que minha feminilidade adulta foi, de certa forma, interrompida com a morte de meu pai quando tinha 15 anos. É na adolescência que o complexo de Édipo é reeditado, segundo o olhar psicanalítico. Nesta fase importante do desenvolvimento meu "objeto de amor" desapareceu, prejudicando assim o meu desabrochar como mulher. Não houve o direcionamento da energia feminina para o masculino. Acredito ser esse o motivo que me fez demorar a descobrir minha sexualidade genital adulta, que aconteceu quando já estava na universidade.

No Grupo de Trabalho do *Self* do terapeuta, a sugestão da facilitadora Lúcia, e das colegas foi de me apropriar minha feminilidade verdadeira, sem adornos (pois o uso de joias, cosméticos e vestidos eu já fazia). Pediram para que eu pudesse encontrar uma forma de expressão do feminino sem que houvesse necessidade de algo fora de mim fosse usado. Me pediram para refletir sobre o que me faltava para que eu pudesse me tornar mais tranquila e me sentir mais mulher. As palavras de Lúcia ressoam ainda em mim: "Quando se olha para o feminino, o masculino pode se aproximar e complementar".

Foi, então, que entendi também um pouco do distanciamento na minha relação conjugal. Como é difícil percorrer um caminho que não se conhece. O desconhecimento e o medo de investir e perder me paralisaram. Tive dificuldade de sair do individual para o casal. Tive medo de me perder e não abri espaço para o "encontro" com o outro formando uma conjugalidade saudável.

No início de 2018, mudamos para um apartamento alugado, um terço menor que nossa casa de Coronel Freitas. Era uma mudança que atendia às necessidades de passar menos tempo na estrada e proporcionar maior independência dos filhos, locomovendo-se a pé para alguns compromissos. Optamos por contar com uma funcionária para os serviços domésticos apenas duas vezes por semana, sem vínculo afetivo ou empregatício. E as visitas à minha mãe passaram a ser uma vez na semana.

Para mim, o apartamento era perfeito; só faltava um quarto para visitas, pois esta era uma voz do passado e no presente, em que minha mãe diz sobre a necessidade de receber com conforto os hóspedes, ou seja, um "mandato invisível" ou "lealdade invisível" sem perceber, e que agora não podia cumprir. Segundo Boszormenyi-Nagy e Spark (1983), a palavra "lealdade" etimologicamente deriva da palavra francesa *loi* ("lei"), o que implica atitude de acatamento à lei. As famílias têm suas próprias leis, que fazem parte do padrão do sistema familiar herdado e desenvolvido pelos pais e filhos na atual família nuclear. Este padrão de relacionamento cria uma rede de obrigações que

> (...) através de uma contínua troca de expectativas entre o indivíduo e o sistema de relações a que ele pertence, é responsável pela constituição de uma contabilidade que mantém o sistema familiar através de um balanço imaginário. Assim, cada membro da família acha-se subordinado a expectativas que cumprir, ampliar ou reagir de algum modo (BOSZORMENYI-NAGY; SPARK, 1983, p. 30).

O relato de como minha vida estava mais leve é frequente nos meus encontros de *Self*. Mandando na minha casa, organizando do meu jeito, ensinando aos filhos os deveres domésticos, a privacidade que tínhamos pela primeira vez em nossa história como família e o quanto era bom visitar e dar assistência à minha mãe uma ou duas vezes na semana.

A única pessoa que não estava se adaptando era o marido: não se sentia parte dessa nova casa, preferia ficar sozinho na casa do interior em sua "caverna", com seus *hobbies* de livros e marcenaria. Isso me entristecia, mas, em parte, parecia normal. Estabelecemos, desde o primeiro mês de namoro, o respeito às diferenças e aos espaços individuais, pois somos muito diferentes. E essa foi a forma que encontramos para não ter conflitos e estabelecer uma vida de casal, mas de modo um tanto "paralelo", como duas estradas na mesma direção, mas sem a interjeição.

E por que não brigamos? Em outro momento, no meu trabalho de *Self* da família atual ou *Self* do casal, através do desenho de uma cena familiar e da sua representação com o psicodrama, apareceu o real motivo de eu evitar brigar e que nunca havia enxergado: a ilusão de que criei o casamento perfeito de meus pais, tipo seriado dos anos 80 – "casal 20", em que nunca se via discussão ou brigas. Por isso, grande parte da crise de casal que enfrentamos aconteceu pelos "não ditos necessários", que viram "mal ditos".

Não falar ou expressar o que sentia, não brigar, era uma espécie de "mandato familiar" em que é seguido o mesmo padrão de comportamento dos pais. Inclusive, no *Self*, a professora Lúcia perguntou se eu me lembrava de alguma briga entre o casal de pais e foi então que mais "uma ficha caiu": houve uma discussão entre eles, com nós nos quartos tentando ouvir (curiosidade infantil). Um mês depois dessa discussão, meu pai, Pedro, teve um infarto e morreu aos 42 anos, ou seja, inconscientemente associei brigas como algo tão negativo e grave que pode levar à morte.

E esse lugar de "não falar" novamente mostrou seus prejuízos: em 2018, descobri um nódulo maligno (câncer) na tireoide, o qual tratamos, de forma cirúrgica, com retirada parcial da tireoide. Isso me fez reforçar a importância de expor meus sentimentos, sejam eles bons ou ruins, com quem me relaciono. Assim, com o apoio do meu marido e melhorando a comunicação, nos aproximamos mais, e o amor e admiração que sempre existiu pôde vir mais à tona, criando uma maior conexão.

O tango, dança de casal tipicamente argentina, como uma dança metafórica da relação do casal, foi um dos trabalhos que Lúcia Vinagre desenvolveu conosco num dos encontros de *Self* do casal. E serviu para eu perceber como tinha andado meu processo de "diferenciação do eu" (Teoria do Bowen). Numa relação de casal, eternamente haverá passos em que se dança juntos e em separado, com momentos de aproximação e distanciamento. Ou seja, o que é ser indivíduo e ser casal: mesmo distantes, sentindo-se juntos; juntos, não deixando de ser indivíduo.

Jung fala da busca da individualidade como uma qualidade do indivíduo. E é na adolescência que esse processo se intensifica, pela necessidade de haver diferenciação do modelo familiar, contestar e afastar-se desse modelo para encontrar-se igual e diferente dos progenitores, para, assim, integrado, tornar-se um adulto. Rogozinski (apud GROISMAN, 2003) conceitua diferenciação como um processo de individuação e pertencimento que ocorre dentro de um sistema relacional. Essas forças, tanto de individuação como de pertencimento, atuam na constituição do *Self* e têm, portanto, uma importância fundamental na motivação para aprender de uma pessoa. As características individuais e, às vezes, distantes do coro familiar precisam ser vistas como marcas de originalidade e não como quebra de um pacto de lealdade à coesão familiar, caso contrário, o envolvimento emocional com questões familiares impede a dedicação ao próprio crescimento. Em outras palavras, a função que a pessoa exerce na família torna-se maior do que ela mesma (ANDOLFI, 1984 apud GROISMAN; LOBO; CAVOUR, 2003) e a tarefa de cuidar, prioritária a de aprender.

Então, é compreensível que minha individualização tenha ficado prejudicada e "embolada" devido à morte de meu pai quando eu tinha 15 anos. Isso porque, neste período chamado adolescência, há a necessidade emocional de contradizer "as leis" dos pais, afastar-se do sistema parental e encontrar seus pares por identificação, para poder estruturar o indivíduo que se quer ser. E como fazer isso quando a morte interrompe tal processo e, em vez de ter raiva e fazer críticas, você sente dor e saudade de quem se foi (principalmente se for pai ou mãe)? Como assinalou Bowen (1978 apud GROISMAN; LOBO; CAVOUR, 2003, p. 127).

> Quanto maior for o grau de fusão do sistema, menos diferenciados serão seus membros e maior a dificuldade de separação entre eles. Na adolescência, quando se precipita o processo de separação, o sistema é desafiado a dar uma resposta, que poderá ser através de uma patologia que tenta evitar a separação e ao mesmo tempo denunciar o seu estrangulamento. A pouca diferenciação dos membros de uma família leva a uma confusão de papéis que provoca perturbações na estrutura hierárquica familiar, com inversões nas quais os filhos tornam-se pais e os pais tornam-se filhos, ou todos são irmãos, sem haver uma divisão nítida entre os papéis de pais e filhos.

E nas triangulações, tema de outro encontro de *Self*, percebi como e por que fui para um papel parentalizado com minha mãe, invertendo a hierarquia e tendo dificuldade de viver o meu próprio luto. A Sensação de que "a perdi" para o sofrimento que tomava conta dela, mais a fragilidade que demonstrava, além de duas ocasiões em que ela "quase" morreu, ascendeu em mim essa vontade de protegê-la e cuidá-la. Consta na literatura estudada que, quando um filho perde um pai por morte, é comum ocorrer que, por algum tempo, ele também sinta a perda da mãe, num processo de luto.

Whitaker e Bumberry (1983, p. 138) descrevem o que seria uma família saudável:

> Uma família saudável pode viver com triângulo cambiantes e coalizões flutuantes, sem dar margem à insegurança e ao ciúme. De fato, ter a liberdade de experiências todas as possíveis combinações triangula-

res e permutações é uma experiência enriquecedora. Ser leve para formar uma equipe, daí desengajar-se e trocar de parcerias, é vital para o estabelecimento de fronteiras sadias. Isto também inclui a necessidade de separar-se realmente, de sair e se ser um indivíduo sem sentir-se culpado de deixar a família. É apenas quando você é livre para não pertencer que juntar-se a alguém tem algum sentido. O agrupamento é então claramente volitivo, uma questão de escolher e não de obrigação.

Assim, esperar ser cuidada como uma filha, na minha relação conjugal foi fácil. Somente depois de um tempo, crises, psicoterapia e o trabalho de *Self*, é que pude me colocar no papel de esposa em relação ao meu marido. Para Lúcia Vinagre, "A demanda emocional de faltas e carências, que trazemos da nossa história com a família de origem, nunca será suprida pelo cônjuge".

O que observo na prática clínica há 24 anos, entretanto, é que, em geral e inconscientemente, essas demandas são trazidas para a relação de casal, podendo gerar crises pequenas ou grandes, mais cedo ou mais tarde, explícitas ou implícitas, com mais cobranças ou mágoas por não serem atendidas. No trabalho de *Self* do casal, através do diagrama familiar e outras reflexões, foi possível perceber como o vazio que senti e ainda sinto pela morte do meu pai influenciou nos meus movimentos, na relação de casal, entre aproximação e distanciamento, vulnerabilidade e força, entre ser cuidada e querer cuidar demais dos outros, e o quanto busquei o "preenchimento" do vazio na comida, especialmente nos doces.

Considerações finais

Minha experiência pessoal com o trabalho de *Self* do terapeuta, que constitui este capítulo, por isso mesmo denominado "Um testemunho sobre as repercussões do trabalho de *Self* do terapeuta na minha vida e no processo de diferenciação na família de origem", entre tantas outras constatações, me fez perceber o quanto a ansiedade exagerada está alimentada por toda essa história de perdas e ganhos, conquistas e derrotas, vidas e mortes, falências e prosperidades, ilusões e separações, vazios e preenchimentos, erros e acertos no *continuum* que é a vida.

Trata-se de um processo de sempre de vir a ser e nunca de estar terminado. E o que apresentei foi, portanto, a minha história, a história da minha família e a história do meu *Self*, vivida até aqui.

Referências

BOSZORMENYI-NAGY, I.; SPARK, G, M. *Lealtades invisibles*: reciprocidad en terapia familiar intergeneracional. Buenos Aires: Amorrortu, 1983.

BOWEN, M. *Family Therapy in Clinical Practice*. Nova York: Jason Aronson, 1978.

GROISMAN, M. (Org.). *Além do paraíso*: perdas e transformações na família. Rio de Janeiro: Núcleo de Pesquisas, 2003.

GROISMAN, M.; LOBO, M.; CAVOUR, R. M. *Histórias dramáticas*: Terapia Breve para famílias e terapeutas. 2. ed. Rio de Janeiro: Rosa dos Tempos, 2003.

MINUCHIN, S. *Famílias funcionamento & tratamento*. Porto Alegre: Artes Médicas, 1982.

WHITAKER, C. A.; BUMBERRY, W. M. *Dançando com a família*. Porto Alegre: Artes Médicas, 1990.

CAPÍTULO 14

DA SOMBRA À LUZ: RELATO DE EXPERIÊNCIA COM O TRABALHO DO *SELF* DO TERAPEUTA

Dalvana Zago

Quando me foi proposto o desafio de escrever sobre minha experiência com esse trabalho lindo e intenso que é o *Self* do terapeuta, eu aceitei sem refletir sobre como seria. Após, começaram os questionamentos sobre a responsabilidade que havia assumido: será que daria conta? Teria tempo suficiente para fazer, em razão da demanda atual de trabalho? Seria uma história interessante e que alguém gostaria de ler? Estaria disposta emocionalmente e em me expor? Teria assumido essa responsabilidade se não tivesse sido no impulso, visto a autoexigência que me acompanha na vida? Muitas escolhas que não foram analisadas previamente já trouxeram sofrimento, outras, foram importantes e trouxeram crescimento, espero que essa que ora compartilho seja do time das consequências boas, e desejo que eu possa, com a minha vivência, contribuir com a sua história.

Nesta escrita, vou abordar minha experiência com o *Self* do terapeuta, trabalho em que foi analisado uma foto da minha família de origem, que é composta por pai, mãe e três filhos(as), sendo eu a caçula dos três. Antes de seguir para o relato de minha experiência, não poderia deixar de agradecer à Danielle Doss Damo e à Lúcia Vinagre pela confiança em mim depositada e pela contribuição que são em minha vida.

No primeiro encontro do trabalho de *Self* do terapeuta, tivemos a apresentação das participantes e das coordenadoras, e, após, fizemos a reflexão de um texto que havia sido enviado anteriormente. Esta é basicamente a estrutura dos encontros, inicialmente acontece a discussão de um texto relacionado ao *Self* do terapeuta e posteriormente é realizada a análise da foto e vivência da história, se é assim que pode ser descrito. Quando nos apresentamos, minha imagem parecia muito escura, como uma sombra, então a Lúcia pediu que eu diminuísse a luz para que fosse possível me enxergar mais nitidamente. Durante esse primeiro momento, uma conversa interna se estabeleceu: "eu já trabalhei o suficiente a morte do pai, não preciso mais voltar nisso; você precisa voltar lá para se liberar e conseguir seguir em frente". Não dei importância e segui prestando atenção na reflexão. Somente no final é que essa conversa interna fez sentido.

Depois que você começa a abrir as gavetas onde ficaram guardadas muitas vivências e sofrimentos que foram difíceis de suportar, você passa a não ter medo de fazer isso, é como se soubesse que continuaria existindo, mesmo sentindo algo muito doloroso. Nos últimos anos, sempre que solicitado, eu me oferecia para participar de vivências nos cursos que fazia, pois em cada participação fui compreendendo e ressignificando algo da minha vida. Nesse primeiro encontro do trabalho de *Self* logo me ofereci para participar, mas não achei que fôssemos analisar a foto; me ofereci achando que seria uma atividade de aquecimento e que as fotos seriam analisadas a partir do segundo encontro. Ledo engano, seguimos direto para a minha foto e o tema foi: vamos descobrir qual a sombra que me acompanha.

Todas tínhamos enviado anteriormente uma foto da nossa família de origem. Quando solicitado fui buscar nos álbuns que tenho em minha casa e não encontrei nenhuma em que estivéssemos nós cinco. Entrei em contato com a mãe e ela também não encontrou.

Enviei, então, uma foto em que meus avós paternos estavam juntos conosco. A descrição seria assim: meus avós sentados, cada um em uma cadeira, do lado do meu avô estava meu irmão e atrás dele meu pai, ambos em pé. Do lado da minha avó, estava minha irmã e atrás da avó, minha mãe, ambas em pé também e eu estava no colo da mãe. Na época, deveria ter uns dois ou três anos de idade.

Então a Lúcia começou a pedir para que eu contasse sobre o que estava vendo naquela foto. Fui descrevendo que observava os homens de um lado e as mulheres de outro, a única coisa que ligava essa divisão era a mão de minha avó em cima do ombro do meu avô. Todos olhavam para a pessoa que estava tirando a foto e eu estava olhando para outra direção.

Para que você leitor possa compreender melhor a sequência dessa experiência vou contar primeiro a história da minha família e junto vou trazendo o referencial teórico da abordagem sistêmica.

A trama complexa de histórias individuais, vínculos entre gerações e experiências compartilhadas compõe a história de uma família e segue durante um período de tempo em que a evolução não é definida apenas pela passagem do tempo, mas também pela sucessão das gerações (ANDOLFI, 2019).

> *Meus avós paternos são de descendência italiana, casaram-se no Rio Grande do Sul e depois mudaram-se para Santa Catarina onde criaram dez filhos. Meus avós maternos também são de descendência italiana, casaram-se no Rio Grande do Sul, depois de alguns anos vieram para Santa Catarina e tiveram treze filhos.*

Segundo McGoldrick (1995, p. 184) "Tornar-se casal é uma das tarefas mais complexas e difíceis do ciclo de vida de uma família". A união de um casal não é simplesmente uma reunião de duas pessoas, existe a transformação de dois sistemas inteiros. Essa formação de intimidade requer que os parceiros mudem seu apego emocional primário dos pais para o relacionamento com o(a) companheiro(a) (NICHOLS; SCHWARTZ, 2007).

O sistema de valores e crenças constitui a identidade cultural de uma família, muitas vezes, ampliado pelas normas e pelos costumes de um contexto social específico e é transmitido através das gerações. Essa identidade que constitui a família vai influenciar a forma como são desempenhados os papeis familiares: pai, mãe, filhos, irmãos e como são vivenciados eventos do ciclo de vida importantes que acontecem – mortes, separações, nascimentos, etc. –, como uma espécie de roteiro familiar (ANDOLFI, 2019).

> *Meus avós paternos encontraram dificuldades logo no início da constituição da família, pois a primeira filha deles faleceu com dois anos de idade e, segundo meu tio, que residiu com eles, meu avô sempre falava que não havia superado a perda dessa filha.*

Para Brown (1995, p. 394), "A morte e uma doença grave de qualquer membro da família rompem o equilíbrio familiar". Essa percepção é corroborada por Silva (2009, p. 378), que afirma que "As perdas podem acontecer em qualquer etapa do ciclo de vida familiar, afetando a todos os integrantes da família, cada um à sua maneira". O sintoma é considerado como uma expressão do contexto familiar, e, quando algum membro da família apresenta algum tipo de luto individual, pode-se entender que a família como um todo ainda não elaborou a perda, havendo uma cristalização do sintoma (SILVA, 2009).

Navego na história familiar salientando que o relato que faço não corresponde à verdade dos fatos, significam apenas minha visão sobre eles e revelam como me marcaram e influenciaram. Sendo assim, penso no quanto essa perda logo no início da constituição da família paterna tenha influenciado emocionalmente todos os membros, mesmo os que vieram posteriormente. Os questionamentos que ficam são de como esse luto foi vivenciado, se ele teve espaço para ser vivenciado, quais as expectativas foram depositadas nos filhos que vieram posteriormente a essa perda. Será que meu avô conseguiu olhar para seus outros filhos ou ficou cristalizado nesse fato. Que impactos essa perda teve na vida de meu pai, mesmo sendo ele o oitavo filho. Enfim, talvez não terei essas respostas, mas os questionamentos me ajudam e levantar hipóteses para minha história atual. Seguimos:

> *Meus avós paternos trabalhavam na agricultura e minha avó, por um período, foi parteira. Meu tio conta que ela fazia quilômetros para fazer o parto das mulheres que necessitavam, e eu sinto muito orgulho de saber que ela trouxe tantas pessoas à vida. Segundo relatos familiares, por um longo período meu avô fez uso de bebida alcóolica e não se dava muito bem em seus negócios de trabalho. Porém, desde a minha convivência com ele, meu avô já havia parado com o uso de bebida e não conheci esse avô mencionado. Conheci um que estava sempre reclamando da vida e dizendo que iria morrer, porém era muito afetivo comigo. Duas lembranças da convivência com ele estão guardadas na memória, de um dia em que ele pontuou para que ficasse mais longe do caderno em que estava fazendo atividades da escola, pois daquele jeito iria prejudicar minha visão. Essa é uma memória de cuidado, de alguém que me en-*

xergou de alguma forma. E ainda de sempre me pedir para ir comprar o refrigerante que ele gostava. Já minha avó, solicitava-me todo sábado para tirar uns pelinhos que nasciam em seu rosto e para isso me dava uma quantia em dinheiro, o que me trazia um sentimento de importância. Ambos sempre foram muito presentes na minha infância e no início da vida adulta. Talvez isso explique a presença deles na foto, pois foram um suporte para meus pais, que devido suas dificuldades e exigências da vida, necessitaram deles. Além dos avós, meus tios que residiam com eles também desempenharam essa segurança, proteção e cuidado, pois enquanto meus pais trabalhavam eu permanecia na casa deles.

Meus avós maternos tiveram treze filhos, destes, dois faleceram (a décima e o décimo segundo filho), ambos antes de um ano de idade. Em ordem de nascimento minha mãe é a segunda filha. Meus avós maternos sempre trabalharam na agricultura e a avó também era costureira. Lembro dela me contando que aprendeu a costurar sozinha e costurava as roupas para os filhos. Então, as pessoas da cidade viam e começaram a fazer encomendas, segundo ela, costurava ternos e vestidos lindos. Com meu avô materno, não tenho lembranças da convivência, pois ele faleceu quando eu tinha dois anos. A convivência com a avó era mais nos finais de semana quando íamos com a mãe visitá-la. Ela morava no interior e eu gostava de ir até a casa dela, pois brincava muito com os(as) primos(as).

As histórias que contam sobre meu avô é de que fazia uso de bebida alcoólica e gostava de jogar, às vezes, perdendo certa quantia em dinheiro nesses jogos. Segundo a mãe, ele nunca foi um pai agressivo, mas apresentava esse comportamento com a bebida e os jogos e de certa forma isso gerava ansiedade no *ambiente familiar. Relata ainda que sempre tiveram uma vida difícil e não tinham boas condições financeiras. Segundo minha avó e o que ela considerava ser positivo, conta-me que ele foi um bom marido.*

Nas duas famílias, os avós faziam ou fizeram uso de bebida alcóolica e, de acordo com Kreston e Bepko (1995, p. 416), "O alcoolismo tanto interrompe a realização das tarefas desenvolvimentais quanto pode ser uma resposta a estresses impostos pelas fases desenvolvimentais específicas". O alcoolismo é um exemplo clássico de fator negativo na transgeracionalidade e de proporções epidêmicas (KRESTON; BEPKO, 1995).

Seguindo nessa reflexão, Kreston e Bepko (1995) mencionam que o alcoolismo difere de outros problemas ou doenças, pois a família, assim como o bebedor, desenvolve um rígido sistema de negação, na tentativa de evitar o reconhecimento desse mal. Seus efeitos distorcem e destroem a autoconfiança e a autoestima da família. Essa negação, maior sintoma do alcoolismo, é como uma defesa que não reconhece a falta de controle que ocorre nos níveis emocional e funcional. Para exemplificar esse contexto de negação, Sampaio (2010, p. 184) refere que "A pessoa que só bebe cerveja, mesmo que em grande quantidade, ou que não bebe todo dia" dificilmente se autoidentifica ou é identificada pelos demais como sendo uma alcoólatra.

E dessas duas famílias, uniram-se meus pais. Após o casamento foram trabalhar na agricultura, assim como meus avós. Segundo a mãe, no início da vida conjugal tiveram muitas dificuldades financeiras, pois trabalhando com a agricultura dependiam do clima, e as vezes, perdiam a safra e só conseguiam pagar as despesas. Em meio a essas dificuldades foram constituindo a família. Tiveram três filhos, sendo eu a caçula deles. Meu pai também fez uso de bebida alcóolica e sempre gostou de jogos. Nunca foi um pai agressivo com os filhos nem com a mãe, mas quando bebia acabava deprimindo e lembrando de situações que tinham lhe desagradado e ficava remoendo aquilo. Essas situações acabavam causando muitas ansiedades no ambiente familiar.

O alcoolismo pode ser definido como um distúrbio que afeta a transgeracionalidade e atinge todo seu ciclo de vida familiar. É possível que essa disfuncionalidade familiar tenha sido originada e possa ser observada na história das gerações passadas. Verifica-se como resultado do alcoolismo uma repetição por parte dos filhos como um legado herdado (KRESTON; BEPKO, 1995).

Segundo Groisman (2022), sendo seres relacionais, estamos mergulhados em um sistema de forças familiares, recebendo, queiramos ou não, a influência da família de origem e do parceiro, na nova configuração familiar. Quando existe uma sintomatologia emocional em um dos membros do casal, esta pode ser reflexo de uma crise ou conflito conjugal no presente, que está oculto e que se refere ao seu passado familiar.

Sampaio (2010) menciona que o padrão familiar mais observado nas famílias nas quais um membro é dependente químico é de indefinição de hierarquia ou ausência de barreiras entre as gerações, regras e limites ausentes ou ambíguos e vínculos de dependência simbiótico entre os membros. É comum ainda observar a mãe do dependente tendo um perfil superprotetor, controlador e hiperfuncionante, enquanto a figura paterna é ausente ou periférica e sem autoridade (embora possa ser autoritária).

Após um período na agricultura, resolveram mudar-se para a cidade e foi nessa época que a mãe retomou seu trabalho de doméstica. Ela contou-me que naquele momento resolveu que iria "dar conta da família", já que era um dinheiro garantido que teriam todo mês. Apesar de morar na cidade, inicialmente meu pai continuou trabalhando na agricultura com um tio, e como a mãe trabalhava o dia todo, ou eu ficava na casa dos meus avós paternos ou ia junto com o pai para a roça. E esses momentos, eram de muita brincadeira e liberdade. Meu primo, que era da mesma idade, ia junto e passávamos horas brincando. Isso fez com que me apegasse emocionalmente com o pai, mas ao mesmo tempo tinha dificuldades em sentir-me próxima e conectada a ele, talvez em virtude do alcoolismo e do humor deprimido que faziam com que ele fosse distante emocionalmente.

Conforme Kalina (1991), uma característica importante observada nas famílias com a presença de alcoolismo, independentemente de classe social, é a ausência de um pai firme, de identidade bem-definida e que cumpra sua função específica. Na maioria dos casos, os pais são figuras ausentes ou homens passivos e distantes das esposas.

O pai fazia uso de bebida, fumava cigarro e tinha um humor mais deprimido ou uma visão mais pessimista da vida. Como não existiu um diagnóstico, não posso afirmar que ele fosse depressivo, mas levanto essa hipótese. Desenvolveu uma hipertensão e não quis tratar, ocasionando um infarto e seu falecimento aos 40 anos. Nessa época, eu estava com 8 anos de idade, minha irmã com 12 e meu irmão com 16 anos.

Estava amanhecendo naquele domingo, a mãe já havia levantado e ele permanecia no quarto. Ele gritou pelo nome dela e quando ela chegou no quarto ele estava caído na cama. A mãe então pede socorro para meus irmãos, que ainda dormiam, para buscarem ajuda. A lembrança que ficou foi de estarem colocando ele no carro e eu estar paralisada na porta de entrada para a sala, olhando tudo aquilo. A sensação era de estar sozinha. Posteriormente, minha tia me levou para a casa dela e lembro de não querer mais ver aquilo. Era uma mistura de sentimentos, mas o que ficou gravado foi o alívio e depois a culpa por tal sentimento. O restante eu não recordava.

Quanto mais importante a pessoa era para a vida da família, e quanto mais central seu papel no funcionamento dela, maior a perda. A morte de um dos pais de uma criança pequena é em geral muito mais devastadora do que a perda de um avô idoso, que já tinha se tornado mais periférico para o funcionamento da família (WALSH; MCGOLDRICK, 1998).

A reação das crianças à morte vai depender de seu estágio de desenvolvimento cognitivo, do modo como os adultos lidaram com elas e do grau de cuidado que elas perderam. É importante que os adultos não excluam a criança da experiência da perda tentando poupá-la da dor, geralmente o modo como ela vai lidar com a perda vai depender do estado emocional do pai/mãe sobrevivente (WALSH; MCGOLDRICK, 1998).

Conforme menciona Brown (1995), a morte pode ser esperada ou inesperada e cada tipo de morte tem implicações na reação e no ajustamento familiar. As mortes que são súbitas pegam o indivíduo e a família despreparados e podem reagir com choque, pois não há tempo para despedidas ou para resolução das questões do relacionamento. Não há nenhum luto antecipatório, nem preparo psicológico. Após a intensa reação inicial, a perda é muitas vezes encoberta e torna-se um "tabu".

Depois da perda, a mãe que já trabalhava muito para o sustento da família, vendo-se sozinha com três filhos, se dedica ainda mais ao trabalho. Talvez não tenha mudado a rotina, mas mudou o peso emocional de estar sozinha. Eu me aliei à dor dela e passei a ser sua companhia. Meu irmão se dedicou ao trabalho e acredito que ficou emocionalmente revoltado com a perda. Minha irmã três anos depois, saiu de casa, para trabalhar em uma cidade distante. Eu não me recordo de momentos em que choramos juntos depois do enterro. É como se cada um tivesse se fechado ainda mais em seu mundo particular. Em conversas que tive com a mãe, depois de adulta, lembro de ela contar que chorou por uns dois ou três meses e após ergueu a cabeça, pois sabia que precisava ser forte por nós.

Segundo Walsh e McGoldrick (1998), "Para o cônjuge sobrevivente, a perda do parceiro na fase com filhos pequenos é complicada pelas obrigações financeiras e de cuidados com os filhos, que podem interferir nas tarefas do luto". A morte é o evento que mais perturba a família. A perda de um de seus membros é sempre ameaçadora, ocasionando a modificação do equilíbrio e da estrutura da família, demandando uma reorganização de todo o sistema familiar. Se a família não compartilha seus sentimentos, cria uma lacuna que inviabiliza o processo de luto e a consequência será uma reorganização de forma não saudável (MOTTA; CAVOUR, 2010).

Como mencionado, não lembro de episódios em que choramos juntos ou que conversamos abertamente sobre a con-

vivência com o pai, de como foi sofrido vivenciar sua perda ou como cada um se sentiu diante da fatalidade. Quando comecei a cursar Psicologia, lembro de inocentemente, perguntar para uma das professoras se uma criança de oito anos entendia o que era a morte, pois havia ficado marcado em mim o fato de não ter chorado no velório do pai. Em relação à nova configuração da família tenho a sensação de emocionalmente sentir-me responsável pelos meus irmãos. Sempre que meu irmão fazia algo de "errado", eu sentia muita angústia e ansiedade, como se tivesse que fazer algo para ele melhorar. E assim era com minha irmã também. Toda vez que contavam sobre alguma dificuldade, eu entendia que estavam pedindo para que eu me responsabilizasse, fizesse algo para ajudá-los. Acredito que estava numa posição emocional que não era de filha, não que fizesse de fato alguma coisa, mas emocionalmente sentia muita responsabilidade e isso sempre me gerou muito sofrimento.

Minha irmã foi residir em outra cidade e constituiu a família dela. Meu irmão também constituiu sua família e eu permaneci residindo com a mãe. Depois do ensino médio, formei-me em um curso técnico e trabalhava na cidade onde morava com a mãe. Após, comecei a graduação em Psicologia. A escolha de cursar Psicologia nunca foi um sonho, na verdade eu não sabia exatamente o que queria seguir profissionalmente. Foi algo que surgiu na minha vida e hoje percebo que foi muito valioso. Dizem as "más línguas" que quem faz Psicologia é porque quer se tratar. Talvez tenha algo de verdade nisso.

Um ano depois de formada em Psicologia eu resolvi me mudar para a cidade onde minha irmã residia, pois onde morava não tinha espaço para seguir minha profissão. Lembro de fazer tudo isso sem pensar muito. A mãe respeitou minha esco-

lha, mas lembro de ela chorar muito. No primeiro dia na casa de minha irmã eu tropecei na escada e caí, era de manhã e eu chorei pelo resto do dia sem parar. Acho que foi o momento em que caiu a ficha de que havia saído de perto da mãe. Depois da perda do pai acredito que eu fui a companhia dela e ela a minha segurança. Nos apegamos emocionalmente uma à outra e isso também não foi saudável.

De acordo com Andolfi (2019, p. 50), "O alto nível de fusão emocional dentro de uma família impede aos indivíduos que a compõem de haver uma percepção clara de si mesmo como pessoas dotadas de um *Self* completo em relação aos outros". Enquanto a fusão é definida como um senso de pertença que não tolera qualquer separação, o corte emocional é seu extremo oposto e ambos são problemáticos. É ilusória a ideia de que a independência pode ser alçada simplesmente deixando a casa dos pais e recusando qualquer contato com a família de origem. Os problemas não resolvidos acabaram pesando e poderão se repetir em outros relacionamentos sem a consciência, fazendo com que a pessoa tente encontrar laços compensatórios para preencher o vazio e anestesiar a dor (ANDOLFI, 2019).

Conforme apontam Carter e McGoldrick (1995), a fase em que os pais lançam os filhos pode ocasionar dificuldades no sentido da família querer se agarrar ao filho ou ter sentimento de vazio e depressão, particularmente nas mulheres que centram suas principais energias em seus filhos e então sentem-se despreparadas para enfrentar essa nova fase.

Desde o nascimento do indivíduo existe um paradoxo, pois ele ajuda a compor e necessita da família, porém num determinado momento, ele precisará realizar seu voo solo, dispensando cada vez mais o suporte familiar, o que gera uma decomposição dessa mesma família. Tornar-se-á um ser individual e não um ser familiar. Será um ser individual conectado à sua família (GROISMAN, 2010).

Comecei então, meu voo solo. Permaneci por dois anos naquela cidade, onde tive muitos aprendizados e comecei a "engatinhar na vida". Passei em um concurso público e me mudei para outra cidade onde estou até os dias atuais. Depois de iniciar o curso de Psicologia passei por vários processos de psicoterapia, mas sinto que só comecei a mergulhar de fato na minha história quando comecei a fazer a formação em psicologia sistêmica de casal e famílias. Não tenho dúvidas de que todos os processos psicoterapêuticos realizados anteriormente me fortaleceram para conseguir mergulhar na formação. Nela, tinha uma parte de trabalho de Self do terapeuta, em que olhamos para nossa família de origem. A principal ferramenta utilizada foi a apresentação do genograma, que é um mapa da família. Para fazê-lo fui entrevistar meus tios, a avó e a mãe, e perguntar sobre as histórias de vida deles e de como se constitui. Lembro de estar muito emocionada e nervosa antes da apresentação e enquanto contava sobre a história da minha família eu chorei muito. Quando a gente começa a "fuçar" no passado familiar, muita coisa do presente começa a fazer sentido.

Foi através dessa formação que tive conhecimento do trabalho de Self do terapeuta e então comecei a participar. Esses principais recortes que lhes foram apresentados também fizeram parte da descrição daquela foto para que Lúcia pudesse compreender e conduzir a parte prática. Na segunda parte, ela pediu que eu escolhesse colegas para representar a mãe, o pai, meu irmão e minha irmã, além de uma colega para me representar. Após, começaram os diálogos entre essas pessoas.

Um fato interessante foi que, naquele dia, antes de entrar na aula eu havia realizado uma meditação, dessas guiadas nas quais imaginamos cenas e era sobre o assunto avós e pais. Na hora da despedida foi como se eu visse uma criança agarrada ao pescoço do pai e não querendo largar. Então a Lúcia usou isso e pediu que eu estendesse os braços em direção ao pescoço da colega que representava o pai e começasse a dizer-lhe tudo que eu não consegui expressar após seu falecimento. Enquanto ela ia falando eu estava muito emocionada, quando foi o momento de falar senti minhas emoções indo embora, como se eu tivesse fechado a gaveta delas novamente. Ela pediu para seguir sem dar tempo de pensar e então a gaveta se abre e começo a transformar minhas emoções, guardadas por tanto tempo, em palavras, acompanhada de muito choro. Enquanto ia falando ia soltando as mãos do pescoço "dele" e me levantando da cadeira, numa simbologia de me apoiar nas minhas pernas. Foi um momento muito intenso, eu toquei no núcleo da minha dor, esse que eu havia escondido até de mim mesma.

De acordo com Motta e Cavour (2010, p. 70), "Despedir é compreender emocionalmente a impossibilidade de se pedir algo a quem já morreu e, dessa forma, reorganizar o campo emocional e os vínculos da família". Lamentar e expressar os sentimentos relacionadas à morte e ao morto viabilizam ao mesmo tempo a coesão e a diferenciação no relacionamento familiar. Transformar a negação da morte, que adoece, numa possibilidade de valorização da vida e dos vivos, e, simultaneamente, recolocar os mortos no passado, no lugar da saudade, é introduzir o presente e o futuro na continuidade do ciclo familiar, descongelando o tempo (MOTTA; CAVOUR, 2010).

Segundo Groisman (2010), as intervenções terapêuticas com uso de recursos dramáticos, articulam o racional e o emocional, tornando mais rico o trabalho terapêutico e possibilitando a vivência, no aqui e agora, objetivamente, envolvendo alguma situação que aconteceu em outro momento. Sinto que foi isso que aconteceu, eu revivi nesse momento, emoções que estavam cristalizadas no passado. Aquela conversa interna que se estabeleceu no início da aula agora fazia sentindo, precisava voltar lá para conseguir liberar tudo isso.

Considero que essa vivência foi a mais impactante desse dia, mas seguimos com outras conversas com os membros da minha família e pontuarei o que mais ficou marcado na memória desse dia. O diálogo estabelecido com a colega que representava minha mãe foi no sentindo de ela me enxergar como uma pessoa adulta e não mais a menininha que ela queria ter por perto. Expressei-me com certa raiva, pois sentia que com esse olhar a mãe ainda não me "liberava" para seguir minha vida. E na tentativa de seguir sem "autorização" sentia-me culpada. Sinto que sempre fui mais crítica com a mãe e hoje percebo que acabava projetando nela algo que também era meu, o medo de seguir sozinha na vida.

No diálogo com minha irmã pude acessar um sentimento de pena, pois ela saiu de casa muito cedo e sozinha. Compreendi que essa pena também fazia parte de mim, pois quando ela saiu eu também me senti sozinha, ela foi minha cuidadora em muitos momentos, enquanto a mãe trabalhava. Em relação ao meu irmão, com a perda do pai, por ele ser homem e o filho mais velho, sentiu um peso muito grande em ter que dar conta da família. Financeiramente ele e minha irmã, até que estava em casa, auxiliavam a mãe. Meu irmão por conta de todos es-

ses acontecimentos, acabou se envolvendo com bebida alcoólica por muitos anos e trazendo ansiedades para todos nós. Após quase separar-se conseguiu parar com o vício. Ouvir o que cada um sentia me fez humanizá-los e me aproximar de uma forma mais saudável deles. Ao finalizar expressei meu amor por eles e o quanto são importantes na minha vida.

Conforme pontua Andolfi (2019, p. 53), "para alcançar o processo de diferenciação é necessário tornar-se adulto e reconectar-se com o passado através da elaboração das perdas, traumas e conflitos abertos dentro do sistema familiar extenso".

Considerações finais

Quando a família passa por uma perda todos sofrem de diferentes maneiras e geralmente sofrem sozinhos, sem compartilhar as emoções, na tentativa de proteger o outro e de ser forte. O que ficou claro para mim depois desse processo é que falar e expressar é que nos torna mais fortes e consequentemente nossas relações se tornam mais saudáveis. Evitar o tema da morte porque está no passado torna a vida sem brilho e sem vitalidade.

Depois do trabalho do meu *Self* e da posterior participação do *Self* das colegas representando pessoas da família delas, me experimentando em vários papéis, algumas portas da minha vida foram se abrindo. Sinto que estou me relacionando de uma forma mais saudável com a mãe, meus irmãos e sobrinhos, me aproximei deles de coração aberto. Profissionalmente estou mais segura, encontrando equilíbrio entre razão/técnica e emoção. Quando a gente consegue conhecer/reconhecer nosso funcionamento e nossa história, consequentemente fica mais fácil não se misturar com a história do outro e conseguir ajudá-lo de uma maneira mais genuína. Hoje consigo auxiliar outros indivíduos e famílias a expressarem o que parece ser tão difícil. Consigo transitar pela dor do outro, pois sem sentir e expressar a minha dor, ficava difícil ouvir ou permitir que o outro expresse a dor dele.

Além do trabalho público, iniciei atendimentos em consultório particular e os clientes foram surgindo. Sempre prezando pela qualidade do atendimento, fazendo psicoterapia, supervisão e estudando a teoria, assim tenho certeza que estou seguindo um caminho de valor, segurança e ética profissional.

Diferenciar-se é um processo de crescimento e despedidas da nossa família de origem. É um trabalho constante de separar-se e continuar pertencendo. Sigo agora meu caminho individual. Adentrei a floresta da minha vida com mais força e vitalidade e já ando com minhas próprias pernas, mas sigo conectada com a família de origem e conseguindo transitar por assuntos antes não falados nem sentidos, pois a luz entrou e iluminou a sombra que nos acompanhava.

Referências

ANDOLFI, M. A *Terapia Familiar Multigeracional*: instrumentos e recursos do terapeuta. Belo Horizonte: Artesã, 2019.

BROWN, F. H. O Impacto da morte e da doença grave sobre o ciclo de vida familiar. In: CARTER, B.; MCGOLDRICK, M. (Orgs.). *As mudanças no ciclo de vida familiar – uma estrutura para a Terapia Familiar*. Porto Alegre: Artmed, 1995. p. 393-407.

CARTER, B.; MCGOLCRICK, M. As mudanças no ciclo de vida familiar: uma estrutura para a terapia familiar. In: CARTER, B.; MCGOLDRICK, M. (Orgs.). *As mudanças no ciclo de vida familiar – uma estrutura para a Terapia Familiar*. Porto Alegre: Artmed, 1995. p. 7-28.

GROISMAN, M. O mito da família eterna: Terapia Familiar Breve na tentativa de suicídio. In: GROISMAN, M. (Org.). *Além do paraíso*: perdas e transformações na família. Rio de Janeiro: Núcleo Pesquisas, 2010. p. 12-54.

GROISMAN, M. *Terapia familiar do luto*: da morte à vida. Rio de Janeiro: Núcleo Pesquisas, 2022.

KALINA, E. *Drogas*: terapia familiar e outros temas. Rio de Janeiro: Francisco Alves, 1991.

KRESTON, J.; BEPKO, C. Problemas de Alcoolismo e o Ciclo de Vida Familiar. In: CARTER, B.; MCGOLDRICK, M. (Orgs.). *As mudanças no ciclo de vida familiar – uma estrutura para a Terapia Familiar*. Porto Alegre: Artmed, 1995. p. 415-434.

MCGOLDRICK, M. A união das famílias através do casamento: o novo casal. In: CARTER, B.; MCGOLDRICK, M. (Orgs.). *As mudanças no ciclo de vida familiar – uma estrutura para a Terapia Familiar*. Porto Alegre: Artmed, 1995. p. 184-205.

MOTTA, E. A.; CAVOUR, R. M. A. tempo de despedida: vida e morte na família. In: GROISMAN, M. (Org.). *Além do paraíso: perdas e transformações na família*. Rio de Janeiro: Núcleo Pesquisas, 2010. p. 55-85.

NICHOLS, M. P.; SCHWARTZ, R. C. *Terapia Familiar*: conceitos e métodos. Porto Alegre: Artmed, 2007.

SAMPAIO, R. Dependência química: doença ou sintoma?. In: GROISMAN, M. (Org.). *Além do paraíso*: perdas e transformações na família. Rio de Janeiro: Núcleo Pesquisas, 2010. p. 182-215.

SILVA, D. R. Famílias e Situações de Luto. In: OSÓRIO, L. C.; VALLE, M. E. P. (Orgs.). *Manual de Terapia Familiar*. Porto Alegre: ArtMed, 2009. p. 376-398.

WALSH, F.; MCGOLDRICK, M. A perda e a família: uma perspectiva sistêmica. In: WALSH, F.; MCGOLDRICK, M. (Orgs.). *Morte na família*: sobrevivendo às perdas. Porto Alegre: Artmed, 1998. p. 27-55.

AUTORAS ORGANIZADORAS

Danielle Doss Damo

Psicóloga e Terapeuta da Casal e Família; Mestre em Psicologia; Especialista em Psicossomática; Álcool e Outras Drogas; e Psicopatologia; Atualização na Accademia de Psicoterapia della Famiglia-Itália; Supervisora Clínica; Presidente Associação Catarinense de Terapia Familiar – ACATEF – Gestão 2016-2019; Membro Titular Associação Brasileira de Terapia Familiar – ABRATEF; Coordenadora Conselho Deliberativo Científico da ABRATEF – Gestão 2022-2025; Diretora InterCiclos Instituto de Formação e Centro de Pesquisa e Terapia; Palestrante; Organizadora do Grupo de Trabalho do *Self* do terapeuta; Autora do Livro: Quando o divórcio acontece só no papel (2021) – Editora Appris; Organizadora do Livro: Diário de uma formação em terapia de casal e família (2022) – Editora Letras e Versos.

Lúcia Vinagre

Psicóloga, Analista Reichiana e Terapeuta de Casal e Família; Facilitadora de Grupos de Trabalho do *Self* do terapeuta- InterCiclos; Practicum na Accademia de Psicoterapia dela Famiglia – Itália; Membro Titular da Associação de Terapia Familiar do RJ -ATFRJ; Membro Titular da Associação Brasileira de Terapia Familiar – ABRATEF; Terapia de Casal com Vanda DÝorio e Regina França; Teoria e Prática em Análise Junguiana (UVA); Diferentes Niveles de Operatividade em Terapia de Pareja (IESBA); Mediação – Centro Milanese di Terapia dela Famiglia- Milão; Supervisão Clínica em Análise Reichiana – Scuola Italina; Diplomatura em Terapia de Pareja (IESBA); Mediação Integrativa Sistêmica – Amanapaz; Autora do Livro: O casamento psíquico (2017) – Editora Appris

AUTORES CONVIDADOS

PARTE 1

Cynthia Ladvocat

CRP 05-2921; Mestrado em Psicologia: Família e Casal – 2001 - PUC-Rio; Formação em Psicoterapia Analítica de Grupo – SPAG; Membro Docente e Didata da Sociedade Psicanalítica do Rio de Janeiro – SPRJ; Practicum na Accademia di Psicoterapia della Famiglia - ROMA, ITÁLIA; Especialização em Geriatria e Gerontologia – UFF; Membro da European Family Therapy Association – EFTA; Presidente da Associação de Terapia de Família do RJ – 2002-2006; Membro do Conselho da Associação Brasileira Terra dos Homens; Presidente da Associação Brasileira de Terapia

Familiar – ABRATEF 2008-2010; Coordenadora do CDC - Conselho Deliberativo Científico da ABRATEF – 2012-2014; Presidente do XIII Congresso Brasileiro de Terapia Familiar – Rio de Janeiro, Agosto 2018; Membro Emérito do CDC-ABRATEF – 2022.

Daniela Bertoncello

Psicóloga formada pela PUC-PR em 1989. Terapeuta familiar, de casal e individual sistêmica desde 1992. Especialista em Psicologia Clínica e Magistério Superior. Mestra em Psicologia Social & Saúde pela UTP. Professora de Cursos de Pós Graduação. Uma das coordenadoras do Grupo de Estudos "Diálogos Científicos" da APRTF – Associação Paranaense de Terapia Familiar, no tema da Infidelidade Conjugal, desde 2016. Uma das Organizadoras e Autoras do Livro Infidelidade Conjugal & Processos de Apego, da Editora Artesã. Foi coordenadora do CDC – Conselho Deliberativo e Científico da ABRATEF – Associação Brasileira de Terapia Familiar, no biênio 2016-2018. Foi Presidente da APRTF no biênio 2014/2016 e Vice Presidente no biênio 2012/2014. Foi Coordenadora da Clínica Social da APRTF no biênio 2008/2010. Autora da fan page: REFÚGIOS – Psicóloga Daniela Bertoncello.

Gloria Ferrero

Sono laureata in Psicologia Clinica e specializzata in Terapia Sistemico-Relazionale presso il Centro Milanese di Terapia della Famiglia di Milano. Vivo a Torino dove esercito come libera professionista occupandomi prevalentemente di Psicoterapia familiare e di coppia. Mi occupo da molti anni di formazione alla psicoterapia sistemica presso il Centro Milanese di Terapia della Famiglia. Il mio interesse per i processi formativi e di apprendimento mi ha portato a ideare e sperimentare nuove tecniche, come quella del Duogramma, nei gruppi di formazione di studenti e professionisti. Attualmente mi interesso inoltre dei temi legati alla psicoterapia e alla formazione in modalità on line.Nel 2020 ho ontribuito alla fondazione dell' Associazione Inventure, di cui sono Presidente, che promuove attività formative e di ricerca sui temi del lavoro dignitoso e dell'inclusione. Ho fondato il progetto IF Life Design per la progettazione del futuro professionale.

Leda Rúbia Maurina Coelho

Terapeuta e supervisora nas abordagens sistêmica e comportamental. Pós-doutora pelo Núcleo de Pesquisa Dinâmica das Relações Familiares UFRGS (2019), orientada pela Dr[a] Adriana Wagner, Doutora em Psicologia/ área de concentração clínica (PUC 2016) pelo Grupo de Avaliação e Atendimento em Psicoterapia Cognitivo Comportamental, Mestre em Educação (UPF

2007), Especialista em Intervenções Psicossociais (UPF 2009), Especialista em Terapia de Família e Casal (DOMUS- 2022) e Psicóloga (UPF 2004). Pesquisadora colaboradora sobre a temática *Self* do terapeuta no Núcleo de Estudos e Intervenções em Indivíduos, Casais e Famílias (Grupo de Pesquisa NEFAC- IMED). Membro da Addiction and the Family International Network - Rede Internacional de Profissionais Experts no Impacto da Dependência Química na Família (AfiNet). Foi docente e supervisora de estágios da graduação em Psicologia em diversas instituições de ensino superior do RS no período entre 2005 e 2019. Tem experiência em supervisão e atendimento de psicólogos e na área de prevenção e promoção a saúde em diferentes contextos, tratamento e prevenção da dependência de álcool e drogas, treinamento de habilidades sociais e trabalho com a Pessoa do Terapeuta, tendo publicado diversos artigos e capítulos de livros sobre estes temas.

Paolo Bucci

Psicólogo, Psicoterapeuta, já foi Psicólogo Diretor junto ao Departamento de Saúde Mental de Roma, já foi Presidente da Sociedade Italiana de Terapia Familiar, Didata da Escola Romana de Psicoterapia Familiar, Membro do Comitê Direcional da Sociedade Italiana de Psicologia e Psicoterapia Familiar, Sócio Fundador do Istituto Psicoanalitico di Formazione e Ricerca "A.B. Ferrari".

Teresa Arcelloni

Psichiatra e Psicoterapeuta Sistemica. Sono nata nel 1959 a Piacenza, una città del Nord Italia dove ho svolto negli anni la mia attività clinica. Sono didatta del Centro Milanese di Terapia della Famiglia dalla fine degli anni novanta. L'interesse per la Terapia di Coppia e per la Terapia Sessuale Sistemica mi ha portato ad approfondire queste tematiche che ho presentato in svariati Seminari e Workshop Internazionali in particolare in Messico, Cile e Brasile oltre che nel mio Paese. Il pensiero sistemico mi ha guidato nelle ricerche sugli aspetti sociali della storia della Germania, dal periodo nazista fino alla evoluzione della Repubblica Federale Tedesca, un campo che tutt'oggi mi appassiona.Nella formazione e supervisione di tanti psicoterapeuti ho sempre cercato di favorire un approccio personale e auto riflessivo, nell'idea che formazione e terapia ricoprissero ambiti differenti, con obiettivi diversi, ma con connessioni vitali. Con Gloria Ferrero, mia collega e coterapeuta ho condiviso terapie di coppia, approfondimenti e discussioni, con lei abbiamo ideato il Duogramma, uno strumento della nostra formazione che è frutto della complessità di tanta attività di psicoterapia e insegnamento.

PARTE 2

Dalvana Zago

Brasileira, filha de Sabino e Terezinha, irmã mais nova de Sandro e Vanessa. Graduada em Psicologia pela Universidade do Oeste de Santa Catarina (2015). Capacitada em Psicologia em Especialidades Médicas – Oncologia Adulto e Cuidados Paliativos – pelo Hospital de Clínicas de Porto Alegre (2018). Especialista em Terapia de Casal e Família pelo Interciclos Instituto de Terapia de Casal e Família de Chapecó (2021). Trabalha como psicóloga na Prefeitura Municipal de Chapecó desde 2018, com atendimentos individuais e em grupos na área da saúde. Trabalhou na área da assistência social com atendimentos a indivíduos e famílias em situações de violação de direitos e vulnerabilidades sociais. Atua como psicóloga clínica em consultório particular com atendimentos de indivíduos, casais e famílias, de forma presencial e online, desde 2020. Coautora do livro: "Diário de uma Formação em Terapia de Casal e Família" (Letras e Versos, 2022).

Gianne C. Gemeli Wiltgen

Psicóloga há mais de 24 anos, com vasta experiência adquirida em prefeituras,unidade de saúde , polícia militar de Santa Catarina, Cooperativas e consultórios. Com orgulho de ter atendido mais de 4.000 clientes até o momento. Palestrante desde 1998, realizando trabalhos no

Pará, Bahia, São Paulo, Paraná e principalmente em Santa Catarina. Em torno de 50.000 expectadores já assistiram seus trabalhos. Membro da ACATEF desde 2002, quando se tornou terapeuta de casais e de famílias. Após anos de estudo e treinamento na Núcleo Pesquisas, em 2017, formou-se no modelo de Terapia, chamado de Sistêmico Breve, desenvolvido por Dr. Moisés Groisman, modelo este em que já atuava desde 2006 quando no início da sua formação. Participou em mais de 20 simpósios e congressos, sendo que um dos mais especiais, um curso com o renomado Terapeuta Familiar , Maurizio Andolfi, na Accademia Di Psicoterapia della famiglia, em Roma- Itália, por 2 vezes : julho de 2018 e novembro de 2019. Os cursos mais recentes foram: a formação em Sexualidade Humana, finalizado em 2019 e o treinamento para ser uma Terapeuta EMDR, abordagem americana para reprocessamento de traumas, em 2021. Filha de Pedro e Antonieta Maria, irmã de Emersom e Humberto, esposa de Adelmar, mãe de Arthur e Enzo.

Guilherme Marafon

Brasileiro, formado em psicologia pela Universidade Comunitária de Chapecó Unochapecó. Especialista em Terapia Familiar Sistêmica pelo Instituto Inter-Ciclos. Atualmente ocupa o cargo de segundo tesoureiro da Associação catarinense de terapia familiar gestão 22/25. Professor do Curso de Formação de Terapia de Casal e Família. Coautor de capítulo do livro: Quando o divórcio só acontece só no papel. Desenvolve seu trabalho como terapeuta de casais e famílias na Clínica @elementarpsico.

Juliana Oliveira Felippin

Psicóloga, CRP 18/474, Graduação pela Unesp/Assis (2001), Psicoterapeuta Sistêmica Individual, de Casais e Famílias, Especialização em Terapia Sistêmica (CEFI POA), Formação em Coordenação de Dinâmica de Grupos (SBDG) Desenvolvimento Interpessoal Avançado (SBDG), Formação em Coaching (SLAC) Participante do Grupo de Trabalho do *Self* do terapeuta (Família de Origem e Família Atual) do InterCiclos, Experiência em Psicologia Clínica e Organizacional, docência universitária, desenvolvimento de equipes e lideranças, Idealizadora e sócia da Clínica e Instituto Persona

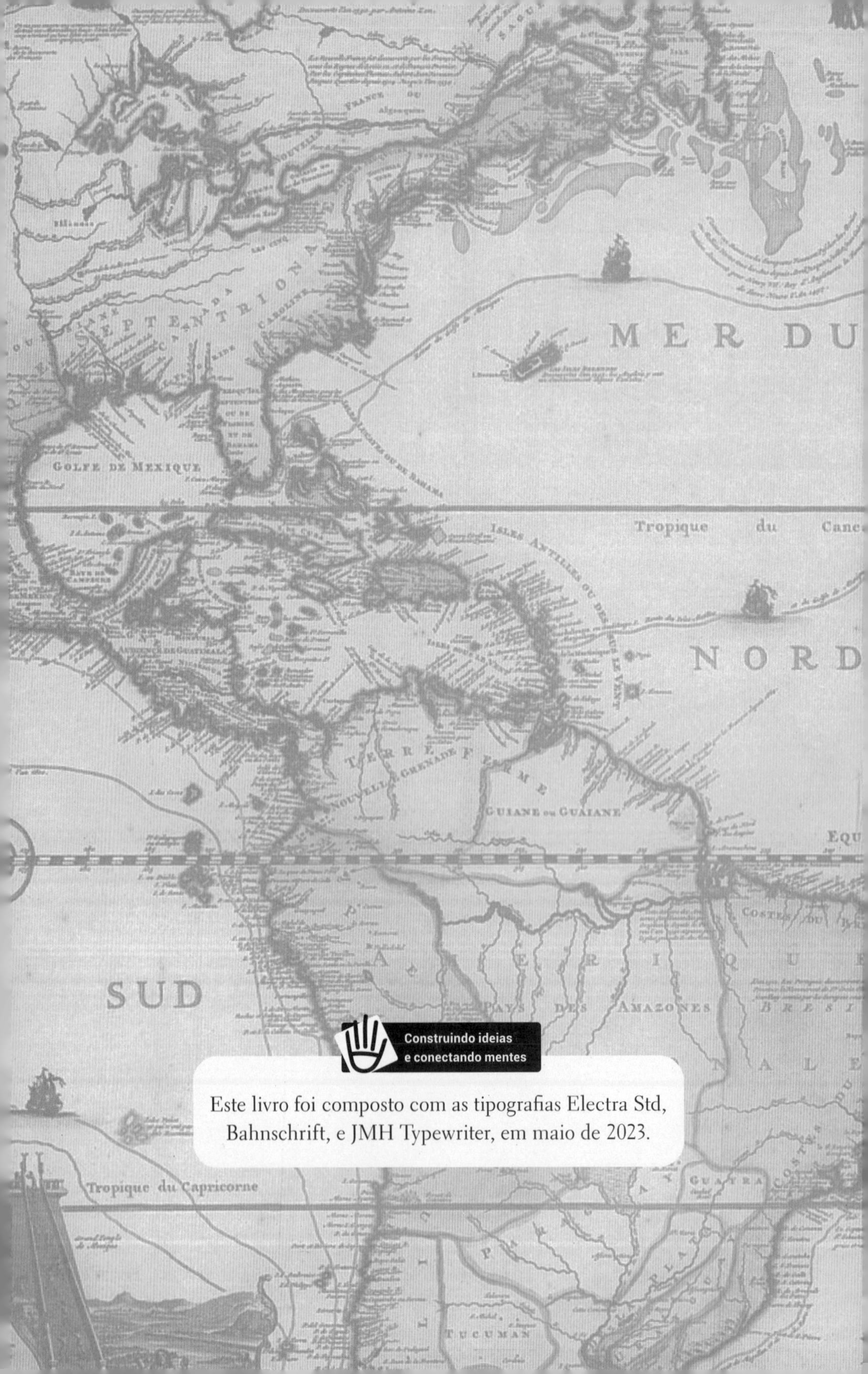

Construindo ideias
e conectando mentes

Este livro foi composto com as tipografias Electra Std, Bahnschrift, e JMH Typewriter, em maio de 2023.